古代歷史文化研究輯刊

五 編

王明蓀 主編

第 25 冊

中國現代化的推手
——以留美實科女生爲主的研究（1881-1927）（上）

王惠姬 著

國家圖書館出版品預行編目資料

中國現代化的推手——以留美實科女生為主的研究
（1881-1927）（上）／王惠姬 著 — 初版 — 新北市：花木蘭文
化出版社，2011〔民 100〕
目 2+234 面：19×26 公分
（古代歷史文化研究輯刊 五編：第 25 冊）
ISBN：978-986-254-438-9（精裝）
1. 清末留學運動　2. 婦女教育　3. 教育現代化
618　　　　　　　　　　　　　　　　　100000596

ISBN-978-986-254-438-9

9 789862 544389

古代歷史文化研究輯刊
五 編　第二五冊　　　　　　　ISBN：978-986-254-438-9

中國現代化的推
——以留美實科女生爲主的研究（1881-1927）（上）

作　　者　王惠姬
主　　編　王明蓀
總 編 輯　杜潔祥
印　　刷　普羅文化出版廣告事業
出　　版　花木蘭文化出版社
發 行 所　花木蘭文化出版社
發 行 人　高小娟
聯絡地址　新北市永和區中正路五九五號七樓之三
　　　　　電話：02-2923-1455／傳眞：02-2923-1452
電子信箱　sut81518@gmail.com
初　　版　2011 年 3 月
定　　價　五編 32 冊（精裝）新台幣 56,000 元

中國現代化的推手
——以留美實科女生爲主的研究（1881-1927）（上）

王惠姬　著

作者簡介

王惠姬，台灣省彰化縣人，出生於台北市。國立政治大學歷史系學士及碩士。2007年國立中正大學歷史學博士。曾任專任教職於台灣省訓練團，又曾兼任教職於淡江大學歷史系、東海大學歷史系與逢甲大學及勤益科技大學等校。現任亞洲大學通識教育中心專任副教授。對中外文化交流史事頗有興趣，長期鑽研近代史、婦女史、華人留學及華僑史、宗教及藝術史等，發表多篇專文。

提　要

　　本研究發現清末自1881年金雅妹留學美國以來，至1927年為止，留美實科女生至少有124位。實科主要指理工農醫等學科，其中攻讀醫科的人數最多，有41人，主要是婦產科；其次是化學科，有15人；再次依序是數學（11人）、生物（10人）、護理（9人）、心理（8人）、營養（7人）、物理（6人）、衛生（4人）、植物（4人）、動物（3人）、農業（2人）、牙醫（1人）、兒科（1人）、化工（1人）、美術與建築（1人）、航空（1人）、園藝（1人）等。她們當中已就讀密西根大學與哥倫比亞大學為最多。另外自費者也有多位獲得教會資助或是美國大學的獎學金，以及清華的津貼。她們在國內大多就讀教會女校，少數就讀中國政府公立或國人私立女校。在國內預備階段的教育程度，清末時期多為中學程度；1920年開始出現大學程度者，顯示教育素質逐漸提升，直到1937抗日戰前她們的人數雖不若留美男生，也比不上留日女生，但獲得高級學位者不少，初步統計有博士15位，碩士29位、學士37位。

　　她們除了用功讀書，學習當時的各類科學新知以外，也把握機會體驗美國文化與生活，參與課外活動，包括假期訪友、郊遊旅行，打工以及談戀愛等等，生活多采多姿；甚且藉此機會，觀察美國女子的言行舉止，效尤她們的獨立自主，勇敢自信等優點，反省比較中國女姓文化的缺失，作為攻錯的參考。

　　她們返國後，以行醫濟世最具有貢獻，如金雅妹、許金訇、石美玉、康成、李碧珠、林惠貞、王淑貞、鄺翠娥、倪徵琮、葛成慧、丁懋英、方連珍。陶善敏與楊崇瑞從事公共衛生。前者鑽研防疫科學，後者還在助產士學校主持訓練培育新式助產士，先後在衛生所開班、學校授徒。還有伍哲英、潘景之等，以專業護理知識，協助醫師與醫院的護理工作，並且參與護士的培育訓練。其次，如吳貽芳、王世靜、王季玉、余寶笙等是擔任中上學校的實科教師，甚至出掌校長。

　　若當教師是知識的傳遞者；做科學研究工作，則是知識的生產者。她們從事專精的科學研究的人數雖少，貢獻卻是頗具開創性。尤其沈驪英改良麥類等農作物品種，酆雲鶴對麻織品的改良，以及嚴彩韻、龔蘭真的營養學研究等，使抗戰期間棉糧的生產，維繫中國軍民衣食的基本需求。在獨當一面之餘，還能與丈夫或其他男性協同合作，進行更大規模的科學研究，產生更多的影響與貢獻。許多留美實科女生，無法更上一層樓的從事科學研究，或者說科學研究的成就不高，歸咎其因，恐怕主因還是為結婚進入家庭，難以擺脫家務的牽絆；加上性別文化的偏見，包括女性的身心結構與性情，不適合學習科學，遑論研究科學。

　　近代西方，雖先後出現居里夫人等少數幾位得諾貝爾獎女科學家，但鳳毛麟角，且性別歧視仍存，不下於東方社會。本文證明中國留美實科女生，以往在留學教育史的研究上被埋沒；在婦女史上，也長期受到忽略。其實，在攻讀實科的諸領域中，女性不但未曾缺席，且有頂尖的表現與獨特的貢獻。她們具有先進的女科學家角色，對中國現代化的推動，儼然另一群不可或缺的推手。

目次

附　表

緒　論

一、近代中國出洋留學的源起與發展

　　古往今來，世間人類的活動，激發多元文化現象，不同地區的族群，藉著海陸等交通方式，發展互動關係，包括政治聯盟、商業貿易、宗教傳播、文化交流等，目的不外乎趨福避禍，擁有更美好的人生。以中國為例，她既是東亞的最大國，又有悠久的文明，早在孔子的時代，就有周遊列國的「游學」行動。第一世紀，又有「出國留學」的創舉。西元 65 年（東漢明帝永平八年），蔡愔等出西域求佛法。繼起的僧人，如法顯在 399 年（東晉安帝隆安三年）、玄奘等在 629 年（唐太宗貞觀三年）先後赴印度學佛多年，取佛經返國弘法。當時朝廷並未對他們出國採擬任何具體的計劃。〔註1〕相對地，外國人到中國遊學或留學，也由來已久。西元前第二世紀（西漢武帝）時，發展出「絲路」，遠近國家慕名前來採購絲綢等；唐代也有日本「遣唐使」等，來華學習文化。可見中外各國透過留學方式，進行文化交流，意在引介他國文化精華，以攻錯求進。

　　明末天主教士來華，清初又有國人赴歐洲留學。據方豪研究，1862 年以前共有 14 人，在義大利半島上的那不勒斯（Naples）留學。〔註2〕1654 年（清順治十一年）有鄭瑪諾隨天主教士赴羅馬；1681 年又有黃姓與沈姓青年，隨傳教士赴法、葡兩國。他們進修神學為主，〔註3〕但影響層面有限。當時中國

〔註 1〕 瞿立鶴，〈五十年來的留學教育〉，收在中國教育學會主編《近五十年來之中國教育》（台北：復興書局，1977），頁 464。

〔註 2〕 方豪，〈同治前歐洲留學史略〉，《六十自定稿》（台北：雲天出版社，1970），頁 379-401。

〔註 3〕 陳捷，《天主教傳入中國概觀》（台北：文海出版社，1970），收在沈雲龍主編《近代中國史料叢刊》輯 65，頁 21。

自視甚高，以「華夏中心」的文化思維，在亞洲甚至世界自居於中心位置，並不重視西方文化。清廷自 1720 年（康熙五十九年）以禮儀之爭等問題而禁洋教，不准教士入中土，國人不許入教，西學連帶中斷，直到 1846 年（清道光廿六年）解禁。當禁教期間，正值西方十九世紀產業革命以後，歐美國家多方面有長足進步，更思向外拓展勢力，於是西商與西洋文化復洶湧而至。

相對於十九世紀以來西方的漸趨富強，中國卻內憂外患迭起，如 1840 年代以來的鴉片戰爭與太平軍亂、1894 年（清光緒廿年）的中日戰爭等一連串的挫敗受辱，引起國人震驚，而有倡議改革等言論。1898 年，維新派所倡議的變法改革，爲清廷保守派所阻。十九、廿世紀之交，拳亂又起，非理性排外反教的結果，釀成八國聯軍攻陷京城，中國局勢每下愈況。因應西方衝擊而引起的問題，中國的知識分子試圖尋求解決之道。他們從不願「以夷變夏」到必須正視「洋務運動」。華夏文化做爲世界中心的傳統信念遞次喪失，不少中國人轉向西方取經，試圖「以西援中」，追求現代化。1902 年以後，中國大學教書的，逐步出現洋人與留學生爲主的現象。〔註4〕1905 年科舉制度廢除，莘莘學子紛赴異邦，接受新教育，謀求另類出路。〔註5〕出洋留學成爲廿世紀以來中國人的夢寐所求。直至今日，留學運動超過 100 年的時間。

中國近代留學運動，因政局的遞嬗，具有不同階段性。按其歷史背景、目的、學習重點與特色，可分成以下數波。（一）清末時期（1854-1911）：包括容閎留美至中日戰爭結束（1847-1895）、甲午戰後至辛亥革命（1896-1911）兩段。前段是「洋務運動」的產物，有選派幼童留美、福州馬尾船政學堂學生赴英法習船政、淮軍軍官赴德習陸軍等，共約 200 多人。後段仍爲「新政」重點；留日達 2 萬人，1905、1906 年爲顛峰，各約 8,000 人。（二）民初北洋政府時期（1912-1927）：也可分兩階段，即民元至五四運動時期、五四以後至國民革命軍北伐。前者特色在留歐儉學，1919-1921 年間達到高潮，總數近 2,000 人；〔註6〕後者於 1921-1933 年間有 200 人留俄，〔註7〕日後多爲

〔註4〕 Y. C. Wang, *Chinese Intellectuals and the West, 1872-1949*（Chapel Hill: The University of North Carolina Press, 1966）, p. 499.

〔註5〕 章清，〈近代中國留學生發言位置轉換的學術意義──兼析近代中國知識樣式的轉型〉，《歷史研究》第四期（1996 年 8 月），頁 71-72。

〔註6〕 〈各屆勤工儉學生赴法情況表〉，清華大學中共黨史教研室編《赴法勤工儉學運動史料》第二冊（上）（北京：北京出版社，1980），頁 156-158。

〔註7〕 馬林安，〈淺論中國近現代留學生的分期、特點和代表人物〉，《西北大學學報》（哲學社會科學版）1992 年第 2 期，頁 88。

共黨人才。（三）國民政府時期（1928-1949）：可分三階段——抗日戰前（1928-1937）、抗戰期間（1937-1945）與戰後（1946-1949）。抗日戰前，留學政策有所整頓，鼓吹學習實科，留美人數後來居上，超過日本。抗戰期間物質條件艱苦，人數驟降，留日學生更見式微。抗戰勝利後至大陸政權易手前，留學熱潮捲土重來。（四）海峽兩岸分治時期（1950-迄今）：國府遷台後，繼續舉辦公自費留學，仍以留美人數最多。〔註8〕1979年與美國斷交後，留美人數漸減。中共政府成立初期，留學生改派赴蘇聯、東歐等共產國家，至文化大革命時期（1966-1976）停擺，〔註9〕1978年改革開放後，留學人潮再創高峰，留美人數更居首位。

　　留學生返回中國，多備受矚目，甚至位高權重，對國計民生諸多方面有重大影響。上述各階段的留學史中，留美學生影響尤大。

二、留美學生的一枝獨秀

　　1776年，美國以基督教清教徒的理念立國以來，至十九世紀，因政治民主、科技發達而國力興盛。他們尾隨西、荷、英等歐洲國家，組織商人集團來華貿易；各基督教派也組織差會，來華傳教。美國對華關係較友善，如1870年代美國駐華公使蒲安臣（Anson Burlingame）退休後，爲中國政府辦外交，促進中美兩國友誼。民間與教會團體，也資助許多中國教友赴美留學。在中國沿海口岸，傳教士爲傳教而設立西式學校，也有美國倫敦婦女會員古特拉富夫人（Mrs. Gutzlaff）在澳門設立西塾，而貧寒出身的容閎（1828-1912），於1835年（道光十五年）入該校就讀。1841年入馬禮遜學校（Morrison School）讀小學。該校校長柏朗牧師（Rev. S. R. Brown），爲美國耶魯（Yale）大學畢業生，1847年因病返國，攜同願意至美求學的容閎與其同學黃勝、黃寬（1828-1878）兄弟，進入孟松學校（Manson Academy）。兩年後黃勝因病返國；黃寬轉至英國學醫，是近代中國留歐學醫的第一人，於1857年回粵懸壺濟世。容閎則先後由香港教會與美國喬治亞州薩伐哥那婦女會資助，1854年自耶魯大學畢業回國，是近代中國第一位留美學生。〔註10〕

〔註8〕　參見王煥琛編著《留學教育——中國留學教育史料》共五冊（台北：國立編譯館，1980）。（下文簡稱《留學教育》）
〔註9〕　馬林安，〈淺論中國近現代留學生的分期、特點和代表人物〉，頁88。
〔註10〕　容閎，《西學東漸記》，收在沈雲龍主編《近代中國史料叢刊》輯95（台北：文海出版社，民62年），頁1-23。

　　容閎返國不久，值自強運動開始，遂倡議留學美國，「以西方之學術，灌輸於中國，使中國日趨於文明富強之境。」〔註11〕他由江蘇上海道丁日昌引薦，向兩江總督曾國藩與直隸總督李鴻章建議，獲得他們的採納，1871 年得代爲奏定〈選派幼童赴美肄業章程〉。次年，陳蘭彬與容閎分任正副監督，率領 12-14 歲的幼童 30 名赴美留學。此爲中國正式選派學生留美的開始。到 1875 年爲止，每年一批，共 4 批計 120 多名。〔註12〕這些留美幼童，日後多有優異表現，如唐紹儀、詹天佑、梁敦彥等，〔註13〕對中國的貢獻顯著。他們也有鼓勵、資助自己的子女、甥姪等人赴美留學，如牛尚周女兒牛惠珠，幼即赴美留學等。〔註14〕據容閎《西學東漸記》第二十章所記：「……自中日、日俄兩次戰爭，中國學生陸續至美國留學者已達數百人……」〔註15〕可知後來仍不乏有志人士，賡續赴美留學。再者，美國也最早退還庚子賠款，1909 年起運用此款，規劃中美文化交流，包括留美教育，培養不少優秀人才，促進中國的現代化；更造就許多親美人士，影響日後中美關係更密切。

　　1875 年，福州船政學堂由兩江總督沈葆楨選派學生數人，隨法人日意格（Prosper M. Giquel）赴法國習船政，〔註16〕這是中國官派赴歐留學的開始。此後又選派 6 批次分赴德、法、英三國習船政，直到 1900 年因經費困難而停派。〔註17〕當時是本諸「師夷長技以制夷」的理念，以擴充海軍、鞏固國防。十幾年培植的海軍在甲午戰爭中一敗塗地，割地賠款，喪權辱國。有識人士鑒於明治維新有成，認爲從日本間接學習歐美先進國家的文化最爲簡便，大力鼓吹留日。1898 年，兩廣總督張之洞所撰《勸學篇》，其中〈游學〉一章分析日本強盛原因，力倡留學日本。他說：

〔註11〕　同上書，頁 27。

〔註12〕　同上書，頁 100-104、107-112、117；〈擬選子弟出洋學藝摺〉，（清）曾國藩撰，世界書局編《曾文正公全集》（台北：世界書局，民 41 年）第三冊，奏稿，頁 944-947。

〔註13〕　宋晞，《旅美論叢》（台北：中國文化學院，1965），頁 10-30。

〔註14〕　胡光麃，《波逐六十年》（香港：新聞天地社，1964），頁 84；胡光麃，〈早期出洋的遊學生，1872-1912〉，《傳記文學》卷 34 期 2（1979 年 2 月），頁 81。

〔註15〕　容閎，《西學東漸記》，頁 12。

〔註16〕　舒新城，《近代中國留學史》（上海：中華書局，1933；台北：中國出版社，1973 影印），頁 14。

〔註17〕　許應騤，〈四屆出洋學生已屆三年，因籌費爲難應一併遣撤回華片〉，（清）左宗棠等編《船政奏議彙編》五（台北：大通書局，民 57 年），卷 53，頁 2669-2671，轉引自林子勛《中國留學教育史》（台北：華岡出版公司，1976），頁 91。

日本小國耳，何興之暴也。伊滕（博文）、山縣（有朋）、榎本（武揚）、陸奧（宗光）諸人，皆二十年前出洋之學生也，憤其國爲西洋所脅，率其百餘人分詣德法英諸國，或學政治工商，或學水陸兵法，學成而歸，用爲將相，政事一娪，雄視東方……至游學之國，西洋不如東洋：一、路近省費可多遣，一、距華近易考察，一、東文近於文易通曉，一、西書甚繁，凡西學不切要者，東人已刪節而酌改之，中東情勢風俗相近，易倣行，事半功倍，無過於此。若欲求精求備，再赴西洋，有何不可？〔註18〕

上述張之洞的說法，以日本路近、費省，又中日同文同種，情勢風俗相近，可事半功倍。此無異爲留學日本的宣言書。〔註19〕清廷諭示《勸學篇》「持論平正通達，于學術人心，大有裨益，著將所備副本四十部，由軍機處頒發各省督撫學政各一部，俾得廣爲刊布，實力勸導，以重名教而杜危言。」〔註20〕表明對他的主張很重視。

此外，當時日本來華考察遊歷的文武官員，與中國當政者晤面時，也有提議選派人才赴日留學。如1898年日本駐華使臣矢野文雄函告總署，表示該國政府擬與中國倍敦友誼，若派學生留學日本，願支助經費。〔註21〕他們或只基於個人的構想，就如黃福慶在所著《清末留日學生》一書中所言，他們美其名爲親善提攜，說是「基於維持東亞經綸之大策」，也有可能實則包藏禍心，欲藉培養中國的親日人才，以實行其大陸政策。〔註22〕惟清廷重在「師夷之長技以制夷」的目的，對日本的野心未多加考慮。這一年，總署奏陳〈遴選生徒游留日本事宜片〉，議定派同文館學生赴日。〔註23〕同年，日人高楠順次郎在日創辦「日華學堂」，專爲中國留學生準備日本語文及各學科，而國內也有羅振玉在上海創辦「東文學社」，陳寶琛在福州設立「東立學堂」，〔註24〕

〔註18〕張之洞，《勸學篇》，遊學第二，收在沈雲龍主編《近代中國史料叢刊》9輯（台北：文海出版社，民56），頁6。

〔註19〕實藤惠秀著，譚汝謙、林啓彥譯，《中國人日本留學史》（香港：中文大學出版社，1982），頁42。

〔註20〕（清）顏世清編，北洋洋務局纂輯，《約章成案匯覽》乙篇（上海：點石齋石印本，光緒卅一年），卷32下，頁21。

〔註21〕舒新城，《中國近代教育史料》（台北：天一出版社影印，1973）（一），頁219。

〔註22〕黃福慶，《清末留日學生》（台北：中央研究院近代史研究所，1975），頁7-8。

〔註23〕舒新城，《近代中國教育史料》（一），頁216-220。

〔註24〕實藤惠秀著，譚汝謙、林啓彥譯，《中國人日本留學史》，頁29、40。

以便中國學生預習日語。在中日雙方都有利的情況下，中國人留學日本形成熱潮，致廿世紀初留日人數後來居上，超過留學歐美。

　　張之洞認爲遊學國西洋不如東洋，但他也說：「若欲求精求備，再赴西洋，有何不可？」〔註25〕清末留學已有所謂「西洋一等，東洋二等、國內三等」的說法。驗諸 1906 年的歸國學生考試，錄取最優等 8 名，其中留美生佔 7 名、留英生 1 名，而無留日學生，〔註26〕可窺見一斑。這顯示清末留學生處於起步期的較低水平，留美生程度一枝獨秀，程度高於留歐、日學生；也可見留歐美學生的社會地位，始終高於留日學生。惟留學西歐如英、德、法、比等文明國家，路遠費昂，且語文學習不易，曠日費時。隨著清華學堂的庚款留美考試，以及中日兩國敵對情況加劇，留美轉爲主流。美國成爲一般中國學子欲赴西洋留學的優先選擇，甚至成爲百年之計。至今留學潮方興未艾，留美更是一枝獨秀。它對於中國的影響與作用，自有其重要意義，值得研究。

　　以 1931 年上海密勒氏評論報社所出版的《中國人名錄》（*Who's Who in China*）第四版及續集爲例，該書共收錄 1,211 位名人，包括政治家、外交官、法官、醫師、教授、學者、科學家（農業、工業等）、作家、編輯、新聞記者、社會改革家、實業家、建築師、工程師、基督教領袖、銀行家、圖書館員、音樂家與藝術家等，其中 348 位是留美返國學生，〔註27〕佔總數的四分之一。國民政府的重要人物，除了蔣介石與其部分軍事將領是留日出身，其餘多爲留美碩博士，包括他的姻親孔宋家族等，對政策導向具有重要作用。事實上，還有很多未被列入該書的留美學生，尤其留美女生，多默默奉獻，爲國家擔任重要工作，乏人紀念。

三、實科受到重視

　　「實科」係與實學有關。中國有悠久的實學傳統，自宋明道學家首先提出實學範疇，明清之際形成一種講求經世致用、注重實功實利的思潮。「實科」一

〔註25〕　張之洞，《勸學篇》，遊學第二，收在沈雲龍主編《近代中國史料叢刊》第九輯，頁 6-7。

〔註26〕　留美生 7 名，即陳錦濤、顏惠慶、謝天保、顏德慶、施肇基、徐景文、張煜全，留英生 1 名即李方，見王煥琛《留學教育》第二冊，頁 788-789。

〔註27〕　Jerome Cavanaugh, ed., *Who's who in China*, Shanghai: The China Weekly Review, 1931.

詞，源起於清末中國；而在洋務運動中，即以西方自然科學爲主要內容。〔註28〕
1901年袁世凱的上疏中，有「崇實學」、「增實科」的用詞。〔註29〕實科重視數
學與自然科學，接近現今一般所理解的狹義的「科技」，直到1930年代抗日戰
爭初期，仍包括理、工、農、醫等四大類的科目。〔註30〕「實科」也與實業有
關，包括工商、農林、路礦等專業，如1903年湖北總督端方以比利時重視實業
教育，主張多派學生赴該國學習。〔註31〕由此看來，實科與實業有關，但不完
全相同；前者指科技知識教育的科目，後者是應用到事業或企業的延伸。因此，
可以說實科是實業的基礎。

　　十七世紀西方啓蒙運動以來，科學革命帶來諸多進步。但中國對人類文明
有過偉大貢獻，對此卻多所隔閡。鴉片戰爭以後，禁教解除，大批傳教士來
華，配合醫療與教育爲傳教媒介，帶來不少實用科學知識。自強運動期間，
曾國藩、李鴻章等大官，也奏設製造局與造船廠等國防工業機構，聘請英美
法等國人士，翻譯一些科技方面的初級書籍。如1857年李善蘭和偉列亞力譯
出《幾何原本》的後9卷，銜接明末徐光啓和利馬竇所譯該書的前6卷。1859
年（清咸豐九年），李善蘭譯介哥白尼學說《談天》；1873年（清同治十二年）
華衡芳譯介賴爾的《地質學原理》，分別具有天體演化和自然進化的重要思
想，惟內容一鱗半爪，影響有限。十九世紀末，中國有成千的官自費留學生，
出國學習造船與駕船、電工、架線、採冶、機織、軍事技術等。較著名的，如
詹天佑修習鐵路工程學、顏永京修習現代心理學、伍連德修習現代疾病傳染學
等，都與中國舊式知識有別；其中官派赴英學輪船駕駛3年的嚴復，貢獻更大。

　　嚴復在1879年返國服務於海軍，1894年中國被日本戰敗後，著手翻譯西
方學術論著。康有爲、梁啓超等維新派推展開民智運動，廣設新式學堂，教
授數算、格致（物理與化學）和醫學等課程。嚴復的譯著漸受注意。直到1908
年，他共翻譯 8 部西方經典名著，涉及生物進化、哲學、政治、經濟、邏輯
等多方面，尤以赫胥黎的《天演論》，介紹達爾文「物競天擇，適者生存」的
原則，以及弱肉強食、汰弱留強的觀念，對中國思想文化的革新，影響深遠。

〔註28〕張太原，〈20世紀30年代的文實之爭〉，《近代史研究》2005年第6期。
〔註29〕天津圖書館、天津社會科學院歷史研究所編，《袁世凱奏議》上（天津：天津
　　　　古籍出版社，1987），頁270-271。
〔註30〕教育部中國教育年鑑編纂委員會編，《第一次中國教育年鑑》（上海：開明書
　　　　店，1934；台北：宗青圖書公司，1981影印），教育統計，頁3-4。
〔註31〕王煥琛，《留學教育》第二冊，頁601-602。

嚴復批判中國傳統重視儒家的爲政及治人之術，貶抑科學技術爲末藝的觀念，把「政」和「藝」的關係予以新解。他指出「西藝爲西政之本」，〔註32〕「藝」就是科學，包括邏輯、數學、化學、物理、醫藥、農礦、舟車、兵治，都是富強的實資；中國政治難以競爭生存，在於不以科學爲本。自強運動所以無效，「正坐爲之政者，于其藝學一無所通，不通而欲執其本，此國財之所以糜，而民生之所以病也。」〔註33〕他反覆強調中國「富強之基，本諸格致」〔註34〕、「中國此後教育，在在宜著意科學。」〔註35〕因此，自然科學是組成知識不可或缺的部分，是訓練思維方法的必要基礎。嚴復可說是改造中國傳統學術使轉型爲強調科學的重要倡導人。隨著官立新式學堂，如北洋大學（1895年）、上海交通大學（1897年）、山西大學（1902年）等陸續建立，文、理、工、商、法、醫等新學科的建制，呼之欲出。

1905年，八股取士的科舉制度作廢，實科逐步取代舊學，成爲新學堂的教學重點。1907年7月，支持革命的留學生吳稚暉和李石曾在巴黎創辦《新世紀》周刊，創刊號就提到革命與科學是未來的趨勢。「科學公理之發明，革命風潮之澎漲，實十九、二十世紀人類之特色也。此二者相成相因，以行社會進化之公理。」〔註36〕1910年，清學部對中國普通中學實行課程改革，仿照德國採用文實分科制，課程門類不變，分門教授，教學要求和時間各有側重。文科重經學，實科重工藝。而「工」指工程等應用科學；「藝」則如上述，主要指數算、理化、農醫等科學。民國肇建，政府爲建設需要，頗重視實科教育。1912年1月，教育部以「中學校爲普通教育」，而取消文實分科。1919年，全國中學校長會議再次提議中學文實分科。但被認爲如此將使學生定向過早，因而未得推行。〔註37〕相對於中學教育的試圖改革課程，文實分科不成，大學教育則在民國新立後，採取文實分科。

1912年，由京師大學堂改名的北京大學，首先廢止「經學科」，改「格致」

〔註32〕嚴復，〈與《外文報》主人書〉，《嚴復集》第三冊（北京：中華書局，1986），頁558。

〔註33〕同上註。

〔註34〕嚴復，〈救亡決論〉，《嚴復集》第一冊，頁42。

〔註35〕嚴復，〈與《外文報》主人書〉，頁328-329、337-338、559。

〔註36〕王奇生，《中國留學生的歷史軌跡1872-1949》（武漢：湖北教育出版社，1992），頁332。

〔註37〕《教育大辭典》編纂委員彙編，《教育大辭典》第十冊（上海：上海教育出版社，1991），頁327。

爲「理科」；次年，教育部公佈的〈大學規程〉中規定，大學理科下設數學、
星學、理論物理學、實驗物理學、化學、動物學、植物學、地質學和礦物學
等九門。隨後，各大學仿效北大廢門設系，逐漸以學系爲主幹。惟當時留學
生仍以赴日學法政爲多數，中國的科技新知與發展尚在起步。直到五四運動
時期，在追求「民主」和「科學」的兩大目標下，知識分子多懷抱「科學救
國」、「實業救國」與「教育救國」的志向，爲實科在中國的成長創造環境，
更何況「中國所缺乏的莫過於科學。」〔註38〕

　　中國百年來諸多建設工作需要人才，尤須有爲的青年男女作動力，而廣派
留學是中國現代化的重要途徑。廿世紀初，日本現代化不久，科學研究與教育
尚不能與歐美相比。美國並非科學最早發達的國家，但在十九世紀將科學轉化
爲技術，卻有突出的貢獻。至廿世紀初，在科學研究水準已趕上歐洲國家，並
且建立較爲完備的教育體系。美國應用科學技術發展經濟，給當時留美學生印
象深刻，有謂「美國賴以發達其天然之富者，工藝工程也，故工藝之巧，工程
之精，各國中當推美國爲第一。」因此，中國學生「以留學美國者最多，留學
美國者，以專門工程及實學爲最多。」〔註39〕而且其中不乏女生。

四、女子留學生的出現

　　女性在中國，佔人口的一半。她們在近代中國留學史中，並未缺席。她
們的出洋留學，比男子更具劃時代的歷史意義。多數女子受到中國傳統文化
的束縛，如「男主外，女主內」、「纏足」、「女子無才便是德」等，長期留守
深閨，不諳外事，所受教育只爲「賢妻良母」的目標，直到1840年代有歐美
傳教士來華設立教會女校，鼓吹女子接受基督教模式的新教育，以求自立。
1895年以後，中國維新派人士也附和西洋傳教士，倡議「戒纏足」、「興女學」，
促使另一半人口同負救亡圖存的責任。1907年清廷頒訂女子小學與師範學堂
章程，女子始得與男子同受學校教育，因此早期出洋的中國女子，若非具備
相當的決心與勇氣，是難以跨越家門、國門而成行的。姑且不論留學的成效，
僅就她們飄洋過海，在異國學習一事，就已突破傳統，值得敬佩。近代世界
各國婦女地位的提昇與形象的改變，是「現代化」的重要指標之一。中國女

〔註38〕　任鴻雋，〈中國科學社社史〉，中國人民政治協商會議全國委員會文史資料研
　　　　　究委員會編《文史資料選輯》輯15（北京：1961），頁3。
〔註39〕　朱庭棋，〈美國留學界〉，《留美學生年報》1910年。

子留學生，做為知識分子的菁英，是中國教育現代化過程中的重要一環，更是中國女子近代化過程中至關重要的一步。〔註 40〕因此，考察女子留學史，藉以管窺中國社會的變遷，具有重要意義。

中國女子出洋留學的歷史，以留美為最早。一直以來，史家都以 1881-1892 年間由教會資助赴美習醫的 4 名女生，即金雅妹、何金英、康愛德與石美玉，為最早的留美女生。〔註41〕其實，早在 1840 年已經有女子留美。據《中華基督教會年鑑》記載，是年有歐美傳教士得盲女 6 人，分送至外國受教育，其中 2 人至美，4 人至英，各受適當教育。後來，有 1 位留英的女生返國，擔任寧波瞽人院院長。這是近代中國第一所盲人學校，也是西式盲人教育的開端。惟這六位女生的姓名、入學等資料不詳。到 1874 年，才又有莫賴等傳教士，在北京設一瞽人院。其後，一些大城市如福州、長沙、奉天等，相繼設立盲童學校。〔註42〕留美的 2 位盲女，後來的情形未見記載，但她們由教會資送，從中國到外國受教育，可以確定是最早赴美留學的女生。她倆留美之後，再過四十多年，才有前述的 4 位女生留美習醫。她們都在教士或教會的幫助下赴美學習，也被稱為教會留美女生。

然而，女子出洋留學的人數，直到抗日戰前，均以赴日為最多。女子赴日留學，始於 1895 年中日甲午戰後。這是緣於眾多留日學生的影響。他們有的鼓勵妻女、姐妹赴日留學，甚至攜同至日，一起生活、學習。〔註43〕同時，在國內維新派倡導下，中國人自辦的女子學校，首先於 1898 年在上海創立。從此，婦女得以走出閨閣，進入學校受教育，從而邁向社會與世界，甚至出洋留學。據考查，1899 年有單士厘隨外交官夫婿錢恂赴日，1903 年她攜其兒媳一同留日，自謂「女學生以吾家為第一人」，〔註44〕其實最早的留日女生，

〔註40〕 王奇生，《中國留學生的歷史軌跡 1872-1949》（武漢：湖北教育出版社，1992），頁 332。

〔註41〕 褚季能，〈甲午戰前四位女留學生〉，《東方雜誌》卷 31 號 11，婦女與家庭，頁 10-11。

〔註42〕 不著撰人，〈中國婦女青年會紀略〉，中華續行委辦會編《中華基督教會年鑑》（1）（上海：商務印書館，1914；台北：中國教會研究中心與橄欖文化基金會，1983 重印），頁 132、133。

〔註43〕 〈在中國留學生其一〉，《順天時報》光緒卅一年六月十九至廿一日，收入李又寧、張玉法合編《近代中國女權運動史料》下冊（台北：傳記文學出版社，1975），頁 1256；曹汝霖，《一生的回憶》（台北：傳記文學出版社，1970），頁 18。

〔註44〕 錢單士厘，《癸卯旅行記》，收在鄭逸梅、陳左高主編《中國近代文學大系》

是 1899 年的 9 歲女子夏循蘭就讀日本華族學校。1900 年又有浙江女子錢豐保赴日，次年秋入東京實踐女校就讀。此後人數益增。奉天省於 1905-1911 年間選派 90 名女生赴日習師範教育。據稱 1907 年僅東京地區就有近百名女留學生。據不完全統計，中國留日女生在 1908 年有 126 名，1909 年有 149 名，1910年有 125 名。〔註45〕

　　直到廿世紀前期，也就是 1937 年抗日戰前，男女留學生均以赴日人數為最多。至於對廿世紀中葉以前的女子留日研究，較有系統的論著不多，周一川的《中國人女性の日本留學史研究》可稱得上是佳作。此書由其博士論文改寫而成。但由於未參閱教育部檔案，仍有一些留日女生，未列入其研究論著中，殊為可惜。她研究清末至 1949 年的留日女生，其中的一個結論，認為女子留學日本是日後留學歐美的準備。〔註46〕

　　女生赴歐留學，最早為留法，1899 年有滿族女子裕德齡（1881-1944）、裕容齡（1882-1973）姐妹赴法，不久入巴黎音樂院習芭蕾舞蹈，是為最早留法女生。〔註47〕其次是留英，最早是金章（約 1884-1939）於 1900 年由父親資送，與其兄弟金城等數人赴英留學。〔註48〕留德女生則以韋增瑛（1885-1975）為最早。她是中國合作事業先驅薛仙舟的甥女，1905-1911 年間隨薛留學德國。〔註49〕留學比利時女生，以韓慕羅為最早，1909 年夏到比國就讀大學。〔註50〕

　　　　　第九集第廿四卷，書信日記集二（上海：上海書店，1993），頁 497；鐘叔河主編《走向世界——近代中國知識分子接觸東西洋文化的前驅》（台北：百川書局，1998），頁 556-557。

〔註45〕　王奇生，《中國留學生的歷史軌跡 1872-1949》，頁 328。

〔註46〕　周一川，《中國人女性の日本留學史研究》（東京：株式會社國書刊行會，2000），頁 322-323。

〔註47〕　德齡與容齡原籍隸八旗漢軍正白旗，生於天津，因父親裕庚調任駐法公使而隨同赴法；時均未滿 20 歲，1902 年在巴黎公演「希臘劇舞」、「玫瑰與蝴蝶」；其兄裕勛齡也在法學陸軍，長於攝影）。1903 年初因父親任滿，一塊回國。參見馬清福〈生於清末的紀實女作家〉，《文壇佳秀——婦女作家群》（瀋陽：遼寧人民出版社，1997），頁 223-224；孫石月，《中國近代女子留學史》（北京：中國和平出版社，1995），頁 35-36。

〔註48〕　金章（約 1884-1939），號陶陶，浙江南潯人，父親經營蠶絲業致富，且頗富新派西化思想，曾創辦電燈廠，投資興辦西式醫院。她排行第三，14 歲時（1898年）入讀上海中西女塾，1900 年由父親資送，與長兄金城、次兄金東溪、弟金西，一同赴英留學；1905 年又相偕返國，1909 年嫁王繼曾後，曾隨同赴法擔任外交職務，並進修；其子王世襄為今中國大陸出名藝術家。參見晨舟《中國文博名家畫傳》（北京：文物出版社，2002），頁 11-30。

〔註49〕　李石曾，〈石僧筆記〉，收在收在中國國民黨中央委員會黨史委員會編《李石

留歐女生雖與留日女生同樣早，但人數甚少，影響不大。

五、留美女生與女性新形象

　　女生留美的人數雖較留日少，但素質程度普遍較高。這可從三方面觀察。一、由於國內女學較女子出國留學起步稍慢，不少女子出國前並未進過學堂，一般名門閨秀至多也只讀過幾本女誡、女訓一類的書，中文識字不多，遑論外文。早期的留日女子大都名門閨秀出身，跟隨父兄或夫婿抵日留學，多屬伴讀性質，比如廣東何香凝新婚不久，夫婿廖仲愷先赴日留學，1902 年冬返國省親，她才隨赴日本，就讀實踐女校。二、許多留日女子因父兄夫婿學成將歸國，也跟著輟學同歸，完成學業者不多。如 1904 年實踐女校首次為 2 名中國學生提早舉行隆重的畢業典禮。該校原有 6 名中國女生，其中 4 人已隨父兄回國而輟學。〔註51〕再如秋瑾以自主意識，於 1904 年隻身赴日就讀實踐女校，〔註52〕開女子個人出國的先例，則屬罕見。三、日本一些女校為中國女子專設速成班，有半年制專修科至兩年制本科不等。所謂「本科」，實際只有小學程度。因此，學業造詣不高，只能說藉機開闊眼界，增廣見聞。留美女生則不然，她們大多出身教會女校，具備英文與西學知識，較易與歐美的中上學校接軌；而且留美期間，大多成績優異。1910 年代以後不乏獲得博士、碩士學位者。女生留歐，獲得專上程度者雖較留日多，但碩士、博士人數仍不如留美者。直到廿世紀中葉，留日女生普遍為中等程度，少數為專上程度，罕見碩士、博士。

　　女子留學生返國後，表現不盡相同。留日女生大多受賢妻良母觀影響，進入家庭，較少在社會上工作；即或外出工作，成就不高。留美女生則不然。她們返國後，大都學以致用，在社會上工作，成為職業婦女，建立一番事業。中國留美女生，在近代中國社會新舊轉型中，既是女子受教育到達最高階段的優秀者，返國後又多有重要貢獻。她們做為女性知識分子的新典範，這一

　　　　曾先生文集》下冊（台北：中國國民黨黨史委員會，1980），頁 88。
〔註50〕韓慕羅原籍貴州貴筑縣，是北洋女子師範學校最初畢業的學生；以直隸官費，抵達比國時 19 歲，入黎業斯大學就讀化學科第 1 年，直到 1917 年學成返國。參見教育部檔案：平檔，留學事務・比利時，〈前 2 年度留比學生案〉、〈前 4 年度留比肄業生案〉；《順天時報》1916 年 12 月 6 日第四版，〈來信〉；留比同學會編，《留比同學錄》（上海：編者自印，1933）。
〔註51〕實踐女校畢業典禮，按常規是在每年 3 月舉行。見王奇生《中國留學生的歷史軌跡 1872-1949》，頁 327。
〔註52〕王燦芝編，《秋瑾女俠遺事》（台北：台灣中華書局，1976），頁 1-3。

段的史事值得探究。然而，留學教育在近年的中國近現代歷史研究中雖受重視，留美教育的研究成果也頗受矚目，尤其是對中國的「近代化」或「現代化」貢獻，但大多偏重男性學人及其科技新知或教育的貢獻，而罕見對留美女生的研究探討。其實留美學生當中，不乏女生學習自然科學，甚至也出國深造，返國有所貢獻。

　　長久以來，對女留學生的相關研究不多，更遑言留美修習實科的女生。此處所謂的「實科」，在現今的教育領域雖不常用，而代以理工科，也就是接近現今狹義的「科學」。本文概括前述的「實科」涵義，採取理、工、農、醫等四大類的科目，也就是包括數學、物理、化學、生物、動物學、植物學、農學、醫科、護理、營養學、建築、工程與航空等，但不包括商業類科。體育、家政雖然在國外被列為理科，大學畢業授與理學士（B. S.），但因為在中國人眼中，往往將其性質連結傳統概念，而具有爭議性，故本文擬暫不納入討論。讀者若有興趣可參考筆者的拙文。〔註53〕

　　再者，一般觀念往往認為女性較適合學習人文科學，質疑是否適合從事自然科學研究。因此，少數篇章提及零星的個人，如宋家三姐妹，〔註54〕以及一些稍有名氣的留美女生，如石美玉、林徽音、毛彥文等。大多數論述略而不提，或者只是附帶提及，一筆帶過，少見專文探討。她們究竟是哪些人？人數有多少？是什麼出身背景？留美學習成績如何？返國後又在哪些方面有所表現？她們在社會參與的角色，對中國現代化的推動，有何時代意義？都值得探究。因此，本文擬以近代留美主修理科的女生與中國的現代化為研究主題，探討時間始自清末1881年有女性習醫開始，直至1927年北洋政府時代結束為止。首先希望地毯式的蒐羅留美主修理科的女生名單，包括她們的出身背景，在美學習的校系及其他課外表現等，再探討她們返國後，以「科技救國」的貢獻。由於能力與篇幅所限，主修人文科學與社會科學的女生及其貢獻，容後探討。

〔註53〕　如王惠姬，〈二十世紀前期女子留學生與中國體育的拓展（1900-1937）〉，《走向近代》編輯小組編，《走向近代：國史發展與區域動向》（台北：東華書局，2004）；王惠姬，〈廿世紀上半葉留美女生與中國體育的拓展（1910s-1930s）〉，《中正歷史學刊》第七期（嘉義，2005）；王惠姬，〈廿世紀初期留美女生與中國家政的發展（1910s-1930s）〉，《中正歷史學刊》第八期（2006）。

〔註54〕　可參考的論著甚多，例如（美）埃美利‧哈恩，《宋氏家族》，北京：新華出版社，1985。

需要注意的是,「現代化」（Modernization）定義,因時因地制宜,難有統一的標準說法。有學者認爲資本主義與社會主義的現代化,內涵並不相同。〔註55〕即使美國,在1910年代、1920年代,甚至1930年代,現代化大抵指向工業化與城市化,但細節仍有時空差異。通常與現代化過程的本質特徵有關的社會變革因素,包括國際依存的加強、製造業和服務業的增長、出生率和死亡率的降低、持續的經濟成長、更公平的收入分配、各種組織和技能的增生及專門化、官僚科層化、政治參與大眾化,以及各級水平的教育擴展。〔註56〕在中國,現代化的實質內容也眾說紛紜;是否等同「西化」,則仁智互見。事實上,現代化的層面廣泛,包羅萬象。留學生不可能全盤移植西方文化,包括科學、技術與民主自由等制度與知識體系,總是經過選擇,在不同程度上有所取捨。五四前後,留美學生已成爲主要的風雲人物,經由他們的導引,整個學術界比較重視「實學」和「科學」,把科學視爲學術成敗的關鍵。於是,數算、理化、生物、農業、醫學等實科,紛紛嶄露頭角,確立其較人文社會科學更優勢的地位。同時在引進中國的歷程中,也有衝突與融合,不可能完全去掉傳統文化的影響,總是有助力與阻力,呈現「新中有舊,舊中有新」的現象。筆者基本上贊同葉維力（Weili Ye）的主張,也就是以留美女生的留學經驗及其生活表現,來說明其「現代性」及其對中國政治、經濟與社會多方面的影響力。〔註57〕

六、研究回顧

婦女雖佔人口的半數,但一向附屬於男性,以致於相關史料不是難尋,就是描述有限,在中國也不例外。多數研究論著,只做綜合性概述,並未能詳細探討,建立較清楚的輪廓。回顧前人的相關研究成果,可分成留學教育史、婦女史兩方面加以探討。

〔註55〕（印度）A・R・德賽〈重新評估"現代化"概念〉,見（美）塞繆爾・亨廷頓羅等著,羅榮渠主編,《現代化的理論與歷史經驗的再探討》（上海:上海譯文出版社,1993）,頁26-45。

〔註56〕（美）吉爾伯特・羅茲曼（Gilbert Rozman）等編,國家社會科學基金"比較現代化"課題組譯,《中國的現代化》（美國自由出版社,1982）（南京:江蘇人民出版社,1998）,頁4。

〔註57〕Weili Ye, "Seeking Modernity in China's Name: Chinese Students in the United States, 1900-1927"（Ph. D. dissertation of History in University of Stanford, 2001）, pp. 4-7.

（一）留學教育史方面

與本文相關的留學教育史研究，可再分為女子教育、高等教育與留學教育三部分。茲分別要述研究文獻回顧如下。

1. 女子教育

歷年來國內外有關的研究成果，碩士論文不少，如廖秀眞從歷史角度分析清末女學的初步發展，但對女子留學教育討論不多。賈德琪的〈清末新女子教育之興起（1842-1911）〉，主要探討清末中國新式女子教育，受西方教育的影響而建立及其發展，對女子留學著墨不多。〔註58〕趙淑萍以民初女學生的自覺意識為討論重心，但強調在國內的學習經驗。〔註59〕喻蓉蓉著重女子教育在五四時期的成長，及當時傑出知識女性的表現，但很少涉及她們的求學經歷。〔註60〕李美玲以教育學角度，觀察中國近代女學的發展內涵，但較缺乏歷史角度的分析比較，對女子留學教育也涉獵不多。〔註61〕曾芳苗研究教會所辦的金陵女子文理學院的師生及特色，其中不少留美出身，可供研究參考。〔註62〕也有博士論文，如美國的 Mary Jo, M.A., "Abundant Life: Matilda Thurston, Wu Yifang and Ginling College, 1915-1951"，探討金陵女子大學前後兩任校長的作為，〔註63〕比較她們行事風格的異同。此外，林卉玲以台灣女留學生在北美公共空間中身體經驗之轉變為例，探討女性流動經驗下的身體與空間關係的轉化，對女生留美期間的所受教育經驗與跨文化適應，〔註64〕

〔註58〕廖秀眞，〈清末的女子教育（1897-1911）〉，台北：國立台灣大學歷史研究所碩士論文，1980。賈德琪，〈清末新女子教育之興起（1842-1911）〉，台北：台灣師範大學教育研究所碩士論文，1980。

〔註59〕趙淑萍，〈民國初年的女學生〉，台北：台灣師範大學歷史研究所碩士論文，1996。

〔註60〕喻蓉蓉，〈五四時期中國之知識婦女〉，台北：政治大學歷史研究所碩士論文，1987。

〔註61〕李美玲，〈中國近代女子教育研究（1912-1949）〉，台北：台灣師範大學教育研究所碩士論文，1998。

〔註62〕曾芳苗，〈民國教會女子教育──「金陵女子文理學院」的個案研究（1915-1951）〉（桃園：國立中央大學歷史研究所碩士論文，1996）。下文均簡稱〈民國教會女子教育〉。

〔註63〕Mary Jo, M.A., "Abundant Life: Matilda Thurston, Wu Yifang and Ginling College, 1915-1951", Ph. D. dissertation of the Ohio State, 2002.

〔註64〕林卉玲，〈女性流動經驗下的身體與空間關係的轉化──以台灣女留學生在北美公共空間中身體經驗之轉變為例〉，台北：台灣大學建築與城鄉研究所碩士論文，2003。

也有參考價值。

　　台灣對女子教育研究的出版，如盧燕貞的論述，內容爲概括性的敘述。〔註65〕中國大陸出版的女子教育相關著作，在1950年以前，如程謫凡的《中國現代女子教育史》可算佳作。〔註66〕近年來還有杜學元、〔註67〕黃新憲、〔註68〕閻廣芬、〔註69〕雷良波等人的編著出版，〔註70〕內容多屬於綜合論述，部分提到留美女生，但並未突破意識型態，仍以女子教育發展，賦予婦女解放的特定意涵。美國方面，如Margaret E. Burton在1911年出版的兩種撰著：*The Education of Women in China*與〔註71〕*Notable Women of Modern China*；後者最早提到石美玉、康愛德等早期留美女生的生平事蹟。〔註72〕Ida Belle Lewis, *The Education of Girls In China*，〔註73〕收集清末民初中國女學萌芽期的資料，對女子留學涉及不多，卻是早期研究中國女子學校教育的重要成果。

2. 高等教育

　　由於留美女生大多出身國內教會學校，接受科學與體育的新教育內容，而且受到不同時期政府留學政策的影響，甚至返國後從事教育工作，因此在台灣地區對中國高等教育方面的相關研究，碩士論文如彭國樑運用教育部的高等教育檔案，以及基督教教育相關專書與期刊雜誌，論及1949年以前華東基督教大學之江、東吳、聖約翰、滬江、金陵大學與金陵女子文理學院等六校的發展與影響。〔註74〕胡國台探討1900以前美國教會在華教育事業之建立；〔註75〕李

〔註65〕 盧燕貞，《中國近代女子教育史》，台北：文史哲出版社，1998年，係由其碩士論文修改出版。

〔註66〕 程謫凡，《中國現代女子教育史》，上海：中華書局，1936。

〔註67〕 杜學元，《中國女子教育通史》，貴陽：貴州教育出版社，1996。

〔註68〕 黃新憲，《中國近現代女子教育》，福州：福建教育出版社，1992。

〔註69〕 閻廣芬，《中國女子與女子教育》，保定：河北大學出版社，1996。

〔註70〕 雷良波、陳陽鳳、熊賢軍編，《中國女子教育》，武漢：武漢出版社，1993。

〔註71〕 Margaret E. Burton, *Notable Women of Modern China*（New York: Fleming H. Revell, 1911）下文簡稱 Burton, 1911:1.

〔註72〕 Margaret E. Burton, *The Education of Women In China*（New York: Fleming H. Revell, 1911）下文簡稱 Burton, 1911:2.

〔註73〕 Ida Belle Lewis, *The Education of Girls In China*（New York: Teacher College, ColumbiaUniversity, 1919; Reprinted by San Francesco: Chinese Materials Center Inc.1974）

〔註74〕 彭國樑，〈華東基督教大學之發展與影響（1912-1949）〉，台北：政治大學教育研究所碩士論文，1971。

玉瑛整理近代中國基督教教育至 1930 年的發展，也論及教會所辦著名的女子醫學院，如北京協和女子醫學院、上海女子醫學院、夏葛女子醫學院等。〔註 76〕

　　台灣與香港地區出版的高等教育著作，則有中央研究院近代史研究所的《近代高等教育研究》，已出版的專書，如黃福慶的中山大學、〔註 77〕蘇雲峰的清華大學〔註 78〕等；林治平主編的《中國基督教大學論文集》；〔註 79〕吳梓明所編的《中國教會大學歷史文獻研討會論文集》。〔註 80〕在中國大陸方面，也有不少中國近代教會學校論著，如 Jessie G. Lutz（魯珍晞）著《中國教會大學史》，有中譯本的出版。〔註 81〕有關女子教育的論著，主要有朱峰《基督教與近代中國的女子高等教育──金陵女大與華南女大比較研究》。〔註 82〕其餘還有王立新著重美國傳教士與晚清中國的現代化；〔註 83〕顧長聲探討傳教士與近代中國的發展；林蔚、章開沅等編撰教會大學與中西文化、社會轉型；李楚才編著的教會教育，視為帝國主義侵華教育史資料；高時良主編的中國教會學校史；內容都提及教會女子教育。〔註 84〕吳梓明以嶺南大學為中心，探討基督宗教與中國大學教育。〔註 85〕以上各書在 1980 至 1990 年代初期出版者，多未擺脫以往意識型態，認為基督教是西方帝國主義在華奴化中國的

〔註 75〕　胡國台，〈早期美國教會在華教育事業之建立（1830-1900）〉，台北：政治大學歷史研究所碩士論文，1976。

〔註 76〕　李玉瑛，〈近代中國基督教教育之研究（1842-1930）〉，台中：東海大學歷史研究所碩士論文，1982。

〔註 77〕　黃福慶，《國立中山大學》，台北：中央研究院近代史研究所，1988。

〔註 78〕　蘇雲峰，《從清華學堂到清華大學：近代中國高等教育研究（1911-1929）》，台北：中研院近史所，2000。

〔註 79〕　林治平主編，《中國基督教大學論文集》，台北：宇宙光出版社，1993。

〔註 80〕　吳梓明編，《中國教會大學歷史文獻研討會論文集》，香港：中文大學出版社，1995。

〔註 81〕　傑西‧格‧蘆茨（Jessie G. Lutz）著，曾鉅生譯，《中國教會大學史》，杭州：浙江教育出版社，1981。

〔註 82〕　朱峰，《基督教與近代中國的女子高等教育──金陵女大與華南女大比較研究》，福州：福建教育出版社，2002 年。（下文簡稱《基督教與近代中國的女子高等教育》）

〔註 83〕　王立新，《美國傳教士與晚清中國的現代化》，天津：天津人民出版社，1997。

〔註 84〕　顧長聲，《傳教士與近代中國》，上海：上海人民出版社，1981；章開沅主編，《社會轉型與教會大學》，武漢：湖北教育出版社，1998；李楚才編，《帝國主義侵華教育史資料：教會教育》，北京：教育科學出版社，1987；高時良主編，《中國教會學校史》，長沙：湖南教育出版社，1994。

〔註 85〕　吳梓明，《基督宗教與中國大學教育》，北京：中國社會科學出版社，2003。

工具。此外，美國的學者 Philip West 對燕京大學存在期間（1916-1952）中國
與西方關係的研究也有探討，但罕見留美女生的討論。〔註 86〕

3. 留學教育

抗戰前留美教育的學位論文，屈指可數。碩士論文如楊彬甫的〈留美學
生對中國文學與教育的影響（1917-1949 年）〉、熊淑華的〈留美學生與中國啓
蒙運動（1915-1923 年）〉，對留美女生少有著墨。Weili Ye 在 1994 年曾在
Modern China 刊載一篇論述"'Nü Liuxuesheng' The Story of American-Educated
Chinese Women, 1880s-1920s"即「女留學生」1800 年代至 1920 年代的受美國
教育的中國女子的故事，〔註 87〕但多提到學人文科學的女生，實科女生只見
學醫科的石美玉、康愛德、劉劍秋及姓名未詳的一名牙醫。1994 年，密西根
州立大學的碩士論文：Jan Stacey Bieler, "The Lost Reformers: Chinese Students
in the United States from 1906-1931"，探討留美中國學生會所創刊英文《留美中
國學生月報》（*Chinese Students Monthly*；簡稱 CSM）出版期間（1906-1931）
的內容與貢獻；雖附上圖片與部分文章，〔註 88〕惟該報作者名字未有中英文
對照，能確認的留美女生有限。博士論文如前述的 Weili Ye 探討中國留美學生
在中國的追求現代化（1900-1927）。1978 年中國大陸改革以後，則有 Linglan
Cao 訪談紐約 40 個中國留美女生，探討其出國深造原因、在美國求學經驗及
決定返國與否的因素。〔註 89〕

與留學教育相關的研究專著，以舒新城所作《近代中國留學史》爲開山
作品。還有前述汪一駒（Y. C. Wang）的英文著作，王煥琛、林子勛的編著論
述，〔註 90〕李炎〈我國留學教育政策之演進〉、王煥琛〈民國以來之留學教育〉；
〔註 91〕而國史館所編印《中華民國史教育志》第十三章談國際文化交流，則

〔註 86〕 Philip West, *Yenching University and Sino-Western Relations, 1916-1952*, Boston:
Harvard University Press, 1976.

〔註 87〕 Weili Ye, "'Nü Liuxuesheng' The Story of American-Educated Chinese Women,
1880s-1920s" *Modern China*, Vol. 20, No. 3（July 1994）

〔註 88〕 Jan Stacey Bieler, "The Lost Reformers: Chinese Students in the United States
from 1906 to 1931", Ann Arbor, M.A.: Michigan State University, 1994.

〔註 89〕 Linglan Cao, "Dreams and Dilemmas: Chinese Female Students Experiences of
Overseas Education in the United States", New York, Ph. D. Dissertation: Teacher
College of Columbia University, 1997.

〔註 90〕 林子勛，《中國留學教育史 1847 年至 1975 年》（台北：華岡出版公司，1976）。

〔註 91〕 李、王兩二文刊載於《國立教育資料館資料初輯》第九輯（1984 年 6 月），
頁 1-192。

專論民國時期的留學教育。〔註92〕調查統計方面，重要出版品有程其保與梅貽琦主編的英文書《百年來留美學生調查統計》(*A Survey of Chinese Students in American Universities and Colleges in the Past One Hundred Years*)。〔註93〕

近年來，中國大陸由於改革開放，學者對留學教育史的研究，日益重視，論述也漸增。在留學教育方面的研究也頗多，如王奇生、黃新憲等；其中李喜所與劉集林的《近代中國的留美教育》、謝長法的《借鑑與融合：留美學生抗戰前教育活動研究》專重探討留美教育，但對留美女生著墨不多。〔註94〕姚公騫等主編的《中國百年留學精英傳》，提到赴各國留學生精英，但女生不多，只有抗戰期間留美的王承書、謝希德等。〔註95〕李又寧主編的《留美八十年》兩冊，雖提到女子留美，惟只有少數個案，且罕見1927年以前的女生。〔註96〕此外，如孫石月的《近代中國女子留學史》，〔註97〕是研究女子留學史的首例，但對留美女生的描述，偏重對中國大陸中共政權有貢獻者，並不完整。既然多數的論述尚未能詳細談及留美學實科的女生，因此這方面的研究，仍有很大的空間。

（二）婦女生活與婦女運動史方面

台港地區有關婦女運動的碩士論文，主要有張三郎側重五四前後的女權運動，如接受高等教育的機會、婚戀自主；〔註98〕王孟梅著重抗戰期間婦女工作，包括婦女聯合組織，動員支援與慰勞前方將士的表現，以及保育兒童的貢獻。〔註99〕張錦堂以廣東省地區觀察國共兩黨對動員婦女的異同與特色。〔註100〕安珍榮研究中華基督教女青年會（1916-1937），其中有部分留美

〔註92〕 國史館編，《中華民國史教育志（初稿）》（台北：國史館，1990），頁321-343。

〔註93〕 Yi-chi Mei & Chi-pao Cheng, *A Survey of Chinese Students in American Universities and Colleges in the Past One Hundred Years*（New York: China Institute in America, 1954）

〔註94〕 李喜所、劉集林合著，《近代中國的留美教育》，天津：天津古籍出版社，2000；謝長法，《借鑑與融合：留美學生抗戰前教育活動研究》，石家莊：河北教育出版社，2001。

〔註95〕 姚公騫等主編，《中國百年留學精英傳》，共四冊，南昌：百花洲文藝出版社，1997。

〔註96〕 李又寧主編，《留美八十年》（二），紐約：天外出版社，1999。

〔註97〕 孫石月，《中國近代女子留學史》，北京：中國和平出版社，1995。

〔註98〕 張三郎，〈五四時期的女權運動〉，台北：國立台灣師範大學歷史研究所碩士論文，1986。

〔註99〕 王孟梅，〈抗戰時期的婦女工作〉，台中：東海大學歷史研究所碩士論文，1987。

〔註100〕 張錦堂，〈動員婦女：國共兩黨在廣東省的婦女運動（1924-1927）〉，台北：

女生自教會學校出身或任教的資料。〔註101〕博士論文，主要如柯惠鈴以近代中國革命運動中的婦女（1900s-1920s），探討性別與政治的關係；〔註102〕許慧琦從「娜拉」在中國的議題，探討新女性形象的塑造與演變。〔註103〕有關婦女生活方面的研究，如劉慧俐的〈醫師專業生涯與婚姻、家庭之研究——著重女醫師角色之探討〉，探討女醫師專業生涯，受到婚姻與家庭的阻力與助力，雖以 1980 年代台灣的女醫師爲主要研究對象，但仍有參考價值。〔註104〕

　　至於婦女文化的相關著作，在 1950 年以前，如陳東原的《中國婦女生活史》，從上古至清末民初，說明傳統到近代婦女生活的變遷，是綜合性敘述。〔註105〕又如王立明的《中國婦女運動》，作者本人爲留美出身的婦運女傑，著重說明她倡導婦運的理念。〔註106〕此外，談社英的《中國婦女運動通史》，著重介紹國民黨的婦女運動與領導人物。〔註107〕1950 年以後，婦女文化的著作在台灣地區，主要有楊續蓀的《中國婦女活動記》；李又寧、張玉法主編的《近代中國婦女運動史料》，以及《中國婦女史論文集》二集；鮑家麟主編的《中國婦女史論文集》，共四集；〔註108〕中央研究院近代史研究所的《近代中國婦女史研究》第 1-12 輯；陳三井主編的《近代中國婦女運動史》；〔註109〕呂芳上、游鑑明、羅久蓉主編的《無聲之聲：新代中國的婦女與國家》。〔註110〕

　　　　　台灣師範大學歷史研究所碩士論文，1993。
〔註101〕安珍榮，〈中華基督教女青年會研究（1916-1937）〉，台北：國立台灣師範大學歷史研究所碩士論文，2001。
〔註102〕柯惠鈴，〈性別與政治：近代中國革命運動中的婦女（1900s-1920s）〉，台北：政治大學歷史研究所博士論文，2004。
〔註103〕許慧琦，〈「娜拉」在中國：新女性形象的塑造與演變〉，台北：政治大學歷史研究所博士論文，2001。
〔註104〕劉慧俐，〈醫師專業生涯與婚姻、家庭之研究——著重女醫師角色之探討〉，台北：國立台灣大學公共衛生研究所碩士論文，1984。
〔註105〕陳東原，《中國婦女生活史》，上海：商務印書館，1937 二版；台北：台灣商務印書館，1970。
〔註106〕劉王立明，《中國婦女運動》，上海：商務印書館，1933。
〔註107〕談社英，《中國婦女運動通史》，上海：中華書局，1937；後在台灣改寫，書名《婦運四十年》。
〔註108〕李又寧、張玉法主編，《近代中國女權運動史料 1842-1911》上下冊，台北：傳記文學出版社，1975；李又寧、張玉法主編，《中國婦女史論文集》第一集，台北：台灣商務印書館，1981。
〔註109〕陳三井主編，《近代中國婦女運動史》，台北：近代中國出版社，2000。
〔註110〕呂芳上、游鑑明、羅久蓉主編，《無聲之聲：近代中國的婦女與國家》，台北：

　　近廿年來，中國大陸出版的婦女運動史料與論述，如中國大陸出版的《中國婦女運動歷史資料》，按年代階段分五冊，即 1840-1919、1919-1927、1927-1937、1937-1945、1945-1949，收集不少婦女運動歷史資料，惟與共黨無關的部分多略去。〔註111〕劉巨才的《近代中國婦女運動》、計榮主編的《中國婦女運動史》，偏重中共領導的婦女運動；〔註112〕宋瑞芝主編的《中國婦女文化通覽》，分經濟、政治、軍事、教育、科技、宗教、文學、藝術、體育、職業、婚姻、禮儀、生活、書報等篇；除了後四篇，其餘著重個別人物的介紹，其中有一些留美女生。〔註113〕《上海婦女志》，則是以上海婦女爲主的紀事，也有幾位上海活動的留美女生；〔註114〕羅蘇文的《女性與近代中國社會》；杜芳琴的《發現婦女的歷史》；李小江的《性別與平等》；劉寧元主編的《中國女性史類編》，也可供參考。〔註115〕此外，還有王恩銘的《美國婦女研究》，介紹美國建國以來的婦女發展與變遷。〔註116〕惟這些論述多含政治性的意識型態，呈現公式化的中國「五四」婦女史觀。

　　自清末以來，中國維新派人士受民族主義歷史觀的影響，多認爲傳統女子缺乏教育，因而提倡興女學。五四時期以後，大陸受國共兩黨等政治運動影響，學者如前述陳東原所著《中國婦女史》以下，多賦予「傳統」婦女爲被壓迫的受害者形象，認爲中國女性的歷史是「一部被奴役的歷史」，故必須倡議婦女解放運動。事實上，這種批判傳統的公式化「五四」婦女史觀，是一種意識形態的想像建構，缺乏對傳統歷史本質的考察。1976 年以後，這種看法逐漸受到質疑與修正。因此，也不乏學者的研究新發現，較傑出的論述，如 1994 年美國史學家高彥頤女士（Dorothy Ko）所著的 *Teacher of the Inner*

　　　　　　中央研究院近代史研究所，2003。
〔註111〕中華全國婦女聯合會婦女運動歷史研究室編，《中國婦女運動歷史資料》共五冊，北京：中國婦女出版社，1986-1991 年。
〔註112〕劉巨才，《中國近代婦女運動史》，北京：中國婦女出版社，1989；計榮主編，《中國婦女運動史》，長沙：湖南出版社，1992。
〔註113〕宋瑞芝主編，《中國婦女文化通覽》，濟南：山東文藝出版社，1995。
〔註114〕《上海婦女志》編纂委員會編，《上海婦女志》，上海：上海社會科學院，2000。
〔註115〕羅蘇文，《女性與近代中國社會》，上海：上海人民出版社，1996；杜芳琴，《發現婦女的歷史》，天津：天津社會科學出版社，1996；李小江等主編，《性別與平等》，北京：生活‧讀書‧新知三聯書店，1994；劉寧元主編，《中國女性史類編》，北京：北京師範大學出版社，1999。
〔註116〕王恩銘，《二十世紀美國婦女研究》，上海：上海外語教育出版社，2002。

Chambers: Women and Culture in Seventeenth-Century China.〔註 117〕以及胡纓的〈歷史書寫與新女性形象的初立：從梁啓超〈記江西康女士〉一文談起〉，刊載於《近代中國婦女史研究》第 9 期。〔註 118〕前者提出明末清初的江南閨秀，在當時巨大的社會經濟和文化變遷的背景，如坊刻的興起、讀者大眾群的出現，女子教育的提升與旅行出遊的機會增多，對情感的重新關注，甚至名妓文化能見度的豐富多彩，使上層婦女即使在男性支配的儒家理想化的理念下，生活社交、情感聯誼等文化生活方式，遠非「受壓」和「無聲」，讓人一改以往的傳統婦女史觀。後者也以文本比較方法，分析康成在梁啓超筆下與美國教會檔案史料中的描述，各有所偏重。前者為維新派代表，以她的下層邊緣出身，賦予「新女性」的形象與重要意義，來期待中國的前途，在於鼓勵女子教育，有更多後繼者。後者代表來華的美國差會，則立足於反種族歧視，認為中國前途在全面基督教化。雙方各取所需來做歷史敘述的書寫，也篩掉一些材料而做成「現代女子」的詮釋，以致解釋會顯示出爭議與矛盾。藉由這個性別研究的個案，提醒吾人對不同版本中被遺忘的部份，要慎重地加以審視。

　　在美國方面，除上述高彥頤女士的論著外，博士論文如 Connie A. Shemo 所撰的 "An Army of Women: The Medical Ministries of Kang Cheng and Shi Meiyu, 1873-1937." 以大量教會檔案探討康成與石美玉的醫療傳教作為，形同一批娘子軍。〔註 119〕Charlotte Louise Behan, *The Woman's Movement and Nationalism in Late Ch'ing China.*〔註 120〕此外，還有王政（Zheng Wang）所著的 *Women in the Chinese Enlightenment: Oral and Textual Histories*，探訪六位成長於五四時期中國新女性的生平事蹟，其中有留美學實科女生馬心儀等。〔註 121〕美國女史學家白馥蘭（Francesca Bray）研究中國科技史，發覺婦女在科技方面的被忽略，證性

〔註 117〕 此書有中譯本，即（美）高彥頤著，李志生譯《閨塾師──明末清初江南的才女文化》，南京：江蘇人民出版社，2005。

〔註 118〕 胡纓，〈歷史書寫與新女性形象的初立：從梁啓超〈記江西康女士〉一文談起〉，刊載於《近代中國婦女史研究》第九期（2001 年 8 月）。

〔註 119〕 Connie A. Shemo, "An army of women: The Medical Ministries of Kang Cheng and Shi Meiyu, 1873-1937." Binghamton: Dissertation of History in State University of New York, 2002.

〔註 120〕 Charlotte Louise Behan, *The Woman's Movement and nationalism in late Ch'ing China.* New York: Columbia University, 1976.

〔註 121〕 Zheng Wang, *Women in the Chinese Enlightenment: Oral and Textual Histories*, Berkeley and Los Angeles: University of California, 1999.

別結構中，婦女工作即所謂「婦工」在建築、紡織與生育科技的意義及功用，令人耳目一新。以往科技史家認爲直到十五世紀，中國在生產能力和發明上都超越西方，但此後，則進入停滯與衰落期，且沒能產生構成眞正歷史的重大質變。〔註122〕她的研究成果，提示性別結構中，即使平民階層男女的性別分工是嚴格區分而非彼此關聯，但所有各階層婦女在科技發展的歷史過程中，都不是處於邊緣，而是不可或缺的部分。如此，對以往只見男性科技史家的刻板印象，作了相當的修正。但該書並未述及中國在廿世紀初民國時期的婦女建築與醫學等科技發展情形。

綜上所述，可明顯看出近廿年來學界對留學教育史與近代婦女史的研究成果日漸豐碩。但美中不足的部分，是多偏向一般留美男生、中國國內女子教育及婦女運動，對近代中國留美女生的研究，關注不夠。孫石月的《近代中國女子留學史》，雖在論述女子留學史的出版上爲首例，但對留美女生的描述，偏重對中國大陸中共政權有貢獻者，並不完整。既然多數的論述，尚未能詳細談及留美女生，因此這方面的研究，仍有很大的空間。就如前文所述，留學美國的風氣，在廿世紀前期達到高潮。留美學生當中，也有女生，但她們大半受到忽略，在歷史上幾乎一片空白。正如歷史學家林亨特所言，性別是文化與社會關鍵最具關鍵的界線之一，不對性別作一番討論，則無法完整地說明文化的統一性和差別性。〔註123〕女性在科學中，似乎屬於被遺忘和貶抑的一族。留美實科女生的出身背景、留學生涯、學識造詣與返國後的表現，對國家的貢獻，對社會風氣的影響等生平事蹟，在研究上大有開拓的空間。探討這些問題，可以了解近代科學與婦女的關聯及其地位的發展歷程，更有助於洞察中國留學政策的優劣得失。

再者，筆者的碩士論文曾探討清末民初的女子留學教育，當時探討的年限至 1919 年。〔註124〕做爲初步研究，並不成熟，有增刪修訂的必要。1978年中國大陸改革開放以來，更多史料可供參閱，而台灣中華民國政府也在 1987年解嚴，可赴大陸蒐集更多資料。再者，1920 年以後的留美女生人數增多，

〔註122〕（美）白馥蘭著，江湄、鄧京力譯，《技術與性別》（南京：江蘇人民出版社，2006）。

〔註123〕林‧亨特（Lynn Hunt）編，江政寬譯，《新文化史》（台北：麥田出版社，2002），頁 42。

〔註124〕王惠姬，〈清末民初的女子留學教育〉，台北：國立政治大學歷史研究所碩士論文，1980。

攻讀科目更多元化，所獲學位更高，返國後的表現也更傑出，對國家社會的
貢獻與影響更重要。因此，筆者除了在台灣的國家圖書館、中央研究院近代
史、文哲研究所、台灣大學圖書館、政治大學社會科學資料中心、台灣師大
圖書館等各大圖書館與研究中心，還曾赴中國的福州檔案館，上海圖書館、
復旦大學圖書館、北京國家圖書館、北京大學圖書館、中國人民大學圖書館
等，更多次前往台北的國史館查閱留學檔案，一方面從高等教育、留學教育
史料與研究論述下手，一方面也蒐集女子教育、傑出的婦女史料與相關論述。

　　另外，筆者自取得碩士以來，在教學與家務之餘，仍持續在斷簡殘篇中，
尋查女子留學生的蹤跡，也陸續整理發表一些拙文淺見。如女子留學英、俄、
德、比、留法勤工儉學與里昂中法大學，以及一些個案，例如學科技、體育、
家政等等。〔註125〕

七、本文研究架構與主要史料

　　近代究竟有多少女子赴美留學，至今難以準確統計。由於史料的龐雜，
本文無法在一時之間涉獵所有留美女生的情況。近代重視「科學救國」與「實
業救國」，因此擬就其中實科女生加以探討；探討年限爲 1881-1927 年。1840
年雖已有女生赴美留學，但以盲障，不可能修習實科。因此，以 1881 年女子
赴美留學醫，爲修習實科的發軔。至於探討到 1927 年赴美的女生爲下限，是
因國民革命軍北伐告一段落，政府採行整頓留學政策，留美重點、資格隨而
有所調整。此後，留美程度提高，女生也不例外，可另行研究。本文對於實
科的定義，主要是指理工農醫四大科學領域。家政、體育是否爲實科，具有
爭議性，暫不列入討論範圍。還有些社會科學的系科學位，在美國被列入理
科，例如社會系在芝加哥大學是授與文學士，雖在 1920 年代的紐約哥倫比亞
大學被授與科學士，本文也暫不擬列入討論。

　　本文除了緒論、結論，正文共分五章。首先在緒論說明研究動機、研究
對象與成果回顧等。第一章近代中國女生留美及修習實科的背景，下分三節。

〔註125〕 參見王惠姬《近代中國女子留學史——清末篇》、《近代中國女子留學史——民
　　　　初篇 I》（台中：捷太出版社，2002）；王惠姬〈清末民初中國的留德女生〉，《中
　　　　正歷史學刊》第四期（2001）；王惠姬〈婦女、科技與救國——以民初留學德
　　　　國的女生爲例（1912-1937）〉，收在《現代化與國際化進程中的中國社會變遷」
　　　　兩岸三地歷史學研究生論文發表會（2002.9.2-3）論文集》；王惠姬，〈民初留
　　　　學比利時的女生〉，《中正歷史學刊》第五期（2002）等。

第一節十九世紀至廿世紀初美國女子教育發展情形。第二節清末民初中國女子教育概況，探討女子要求與男子教育平權，在政治、社會、經濟各方面與男子地位平等，而產生的自覺與所付出的努力。第三節留學美國的教育政策與相關規程，說明隨著政權改換，民初至北洋政府時期的留美萌芽期相關政策的因革損益，以及其管理機構的變遷。

　　第二、三章探討清末至1927年間留美實科女生的人數與學習成就。以1919年五四運動以後，女子可以進入北京大學就讀爲分水嶺。首先說明早期在醫護衛生科系嶄露頭角的女生，繼而說明攻讀理工與自然科學的女生漸見成績。分別探討她們的人數、就讀學校與成就，兼及課外活動，留美的生活與文化調適的情形。從她們的出身背景、國內教育程度、官自費，以及學位的調查統計等，探討走出國門的調適（從本土到海外），以及術業有專攻的表現。由於留美主修實科的女生人數不少，且出身背景與專業領域龐雜，分別作成附表，列於第三章的正文之後，包括1881-1919、1912-1919、1920-1927間，以及歷屆清華學校考送赴美實科女生等名單，列舉其籍貫、出身家世背景、國內教育、留美時間始末、入學校系與成就、官自費別與學位等。

　　第四章探討留美實科女生對中國醫學護理的現代化。這是她們返國後的貢獻之一。分四節討論。第一節引進西洋醫護技術濟世：主要說明清末留美女醫所從事的專職工作，探討她們對這些新職業的態度與成就。著重討論她們回到中國以後，醫療與傳教並行，先是醫療附屬於傳教體系，後來追求醫療宣教的自立。第二節民初留美返國的女醫倍增，包括婦產科女醫成群、兒科、牙科等女醫的獨立發展、新式助產士與護理幹部、節制生育諮詢門診、推動公共醫療政策。第三節培養女性醫護人才。第四節醫護科學的研究與進修，包括著書立說與制定醫療政策。惟以1950年以後中國的政局改變，對美國的外交政策隨著新上台的中共政權而逆轉，影響留美背景者多數受到污名化的打壓，僅少數人得以身免。因此，本文對留美女生得返國表現與貢獻，也暫且以1949年爲探討的時間斷限，1949年以後的情形，必要時擬於附註中陳明。

　　第五章討論留美實科女生對中國農工科技現代化及社會的發展貢獻。探討的時間也與上一章相同，擬以1949年爲限。分三節討論。第一節從事科學教育，包括在中學與大學任教。第二節獻身農業與工業科學研究，有採礦、麻織、生化、農業等方面的貢獻。第三節建築方面，以林徽因爲代表。雖然她們在專業工作之外，在其他社會活動等方面的表現也相當多采多姿。惟本

文在此無意論述，容後再另文探討。

最後作結論。總結 1881-1920 年留美實科女生，再按醫農理工的人數與貢獻，檢討與思考她們對中國甚至世界人類在科技方面，以及留學教育史和婦女史上的定位。

本文大量參考政府教育機關的歷史文獻，主要有抗戰前留學教育的檔案與出版品。教育部檔案於 1991 年移轉至國史館，共約 700 多卷，3,280 多件，且已完成分類編目整理。其中有關清末的留學教育事務檔，如〈留學事務：美國，清華學校回國學生履歷表〉、〈留學事務：美國，外交部咨送清華學校遊美畢業生履歷備案由附件〉。民國時期的留學教育事務檔，有「各省市考選留學生檔」，包括省市考選留學生總卷，以及各省分卷，主要保存爲 1935-1937 年間的檔案，唯此前的時段，尤其 1920 至 1930 年代前期的留學檔案不全。有些在原來木柵的教育部檔案室，未見於台北新店的國史館；不知是佚失還是未移交，或是尚在整理中，未便開放。所幸檔案內容大部分收入王煥琛編著的《留學教育——中國留學教育史料》5 冊，以及林清芬編著的抗戰時期留學教育史料 6 冊。〔註 126〕

留學教育檔案不全，還有相關單位的出版品可供對照，如中央政府出刊的《教育公報》、《教育部公報》，還有《第一次中國教育年鑑》、《第二次中國教育年鑑》、〔註 127〕《專科以上學校教員名冊》等。〔註 128〕各省市教育機關出版品，如《江蘇教育》、《湖北教育廳公報》等。惟以上史料，除了《清華同學錄》、蘇雲峰的《清華大學師生名錄資料彙編》以外，大多未能清楚標明「性別」，光從姓名無法判斷是否爲女性，需再比對其他資料，才能加以確定。這也是本研究最費心力的基本工作，因此直至文稿收尾，仍不敢說搜羅殆盡，恐有遺珠之憾。

由於留美學生即使未在國內接受高等教育，學成返國後也多進入高等教育機構任職，因此本文的第二、三章，廣泛利用中國各大學的畢業錄或留學

〔註 126〕 林清芬編著，《抗戰時期我國留學留學教育史料——各省考選學生》共六冊，台北：國史館，1994-1999 年。

〔註 127〕 教育部中國教育年鑑編纂委員會編，《第一次中國教育年鑑》上海：商務印書館，1934；台北：宗青圖書公司，1981 影印；《第二次中國教育年鑑：1934-1947》，上海：商務印書館，1948。

〔註 128〕 教育部編印，《專科以上學校教員名冊》第一、二冊，重慶：編者印行，1942、1943 年。

團體同學會出版品等相關史料，如英文版《留美學生月報》（*The Chinese Students' Monthly*）（1909-1930 年）、中文版《留美學生季報》。調查統計，如前述程其保與梅貽琦主編的英文版《百年來留美學生調查統計》。《中華基督教年鑑》也保存一些留美女生與基督教、高等教育史料。寰球中國學生會編印的《寰球中國學生會民國十五年特刊》、《寰球中國學生會二十五年紀念冊》與《寰球中國學生會出洋學生特刊》等，內容調查統計 1925、1929、1934-1935 等年份赴各國的留學生公自費人數及其國內學歷、欲攻讀科系等；〔註129〕清華大學於 1917、1918 年出版中英對照的《遊美同學錄》各一本；〔註130〕袁同禮編纂的《中國留美博士論文目錄》；〔註131〕《清華同學錄》兩種（1933、1937 年出版）；〔註132〕蘇雲峰的《清華大學師生名錄資料彙編》；〔註133〕《燕京大學人物誌》第一、二集；《廈門大學佈告》；〔註134〕金陵女子大學美籍校長德本康與教授蔡路得合著的 *Ginling College*，〔註135〕董鼐主編《學府紀聞》叢書 21 冊，包括國立清華大學、私立南開大學與燕京大學等。〔註136〕

　　可供參考的史料輯冊，如舒新城的《近代中國留學史料》、多賀秋五郎的近代中國教育史資料清末編、民國編（上、下）等，〔註137〕蒐集抗戰前留學

〔註129〕 上海寰球中國學生會編印的《寰球中國學生會民國十五年特刊》、《寰球中國學生會二十五年紀念冊》、《寰球中國學生會出洋學生特刊》，先後於 1926、1930、1936 年出版。

〔註130〕 北京清華學校編印，《遊美同學錄》，1917 年、1918 年各一本。此兩書為中英對照，英譯書名 Tsing Hua College, *Who's Who of American Returned Students*. 下文均用中文本名稱。

〔註131〕 Tung-li Yuan, compiled, *A Guide to Doctoral Dissertations by Chinese Students in America, 1905-1960*, Washington, D.C.: Sino-American Cultural Society, 1961.

〔註132〕 北京清華學校編，《遊美同學錄》，北京：編者自印，1918；清華大學同學會編，《清華同學錄》，北平：編者印行，1933。

〔註133〕 蘇雲峰，《清華大學師生名錄資料彙編（1927-1949）》，台北：中研院近代史研究所，2004。

〔註134〕 《廈門大學一覽》共三卷，廈門大學印，1921-1925；台北：天一出版社，1985 影印版。

〔註135〕 Lawrence Thurston and Ruth N. Chester, *Ginling College,* New York: United Board for Christian Colleges in China, 1955.中譯本為楊天宏所譯《金陵女子大學》（珠海：珠海出版社，1999），惟內容有錯誤，且缺譯附錄的教職員表。

〔註136〕 董鼐主編，《學府紀聞》共廿一冊，台北：南京出版公司，1981-1982。

〔註137〕 舒新城編，《近代中國教育史料》共四冊，台北：天一出版影印本，1979。多賀秋五郎編，《近代中國教育史資料・清末編》、《近代中國教育史資料・民國編（上）》、《近代中國教育史資料・民國編（下）》共三冊，昭和 47 年，

教育資料。近年，陳學恂主編《中國近代教育史教學參考資料》，〔註138〕朱有瓛、高時良主編《中國近代學制史料》，〔註139〕也保存不少的相關教育史料。工具書有名人錄、辭典等，如前述 1931 年的《中國人名錄》，內容為英文，僅人名有中文對照。該書有數版，1925 年為第三集，1931 年第四集，1932 年第五集。〔註140〕另一英文本《中國人名錄》（*Who's Who in China: biographies of Chinese leaders*），1936 年出版。〔註141〕以傑出婦女為主，如《近百年中國婦女論著總目提要》；〔註142〕《華夏婦女名人辭典》，〔註143〕以及 Lily Xiao Hong Lee & A.D. Stefanowska,合編的中國婦女傳記辭典（英文本）；〔註144〕還有《中華留學名人辭典》、〔註145〕《中國留學生大辭典》、〔註146〕《民國傳記辭典》（英文本）、〔註147〕《國史館現藏民國人物傳記史料彙編》等。〔註148〕

留美主修實科女生的著作，如學醫女生桂質良的撰述《她的一生》；王淑貞在婦產科方面的論著；王逸慧的醫學研究著作；陶善敏的〈中國女子醫學教育〉一文；葛成慧的《家庭醫學》等。建築暨文學才女林徽因，也有建築卷與文學卷等文集。零散的婦女傳記、回憶錄、年譜與口述訪問資料，如《吳貽芳紀念集》、《金陵女兒》、《永久的思念》；此三書均包括金陵女子文理學院不少傑出的留美師生。蔣介石第二任妻子陳潔如的回憶錄等。沈宗瀚的自述

台北：文海出版社，1976 年影印本。
〔註138〕陳學恂主編，《中國近代教育史教學參考資料》，上中下冊，北京：人民教育出版社，1987。
〔註139〕朱有瓛、高時良主編，《中國近代學制史料》共四輯，上海：華東師範大學，1989、1990、1993。
〔註140〕Jerome Cavanaugh, compiled, *Who's Who in China, 1918-1950,* Shanghai: 1937
〔註141〕*Who's Who in China: Biographies of Chinese Leaders*, Shanghai: The Chinese Weekly Review, 1936.
〔註142〕臧健、董乃強主編，《近百年中國婦女論著總目提要》，吉林：北方婦女兒童出版社，1996。
〔註143〕華夏婦女名人詞典編委會編，《華夏婦女名人詞典》，北京：華夏出版社，1988。
〔註144〕Lily Xiao Hong Lee & A.D. Stefanowska, ed., *Biographical Dictionary of Chinese Women: the Qing Period, 1644-1911.* New York :M. E. Sharpe, 1998.
〔註145〕《中華留學名人辭典》編委會，《中華留學名人辭典》，長春：東北師範大學出版社，1992。
〔註146〕周棉主編，《中國留學生大辭典》，南京：南京大學出版社，1999。
〔註147〕H. L. Boorman, ed., *Biographical Dictionary of Republican China,* New York & London: Columbia University Press, 1967.
〔註148〕國史館編，《國史館現藏民國人物傳記史料彙編》輯 1-27，台北：國史館，1977-2005。

提及他的元配沈驪英，也是留美女生。李紹昌的《半生雜憶》，敘述同時間留美的女生等。

　　此外，留美女生引進西方新知識的努力與質量，在不同領域的專業論著譯介，也散見於各類報紙期刊，如《教育雜誌》、《東方雜誌》、《婦女雜誌》、《女鐸》、《女青年》、《女聲》、《傳記文學》等。近年，台灣各省區同鄉會文獻、大陸各地文史資料，如《中原文獻》、《山東文獻》、《福州文史資料》、《江蘇文史資料》等，有不少相關報導。中央研究院近代史研究所編輯出版的《海內外圖書館收藏有關婦女研究中文期刊聯合目錄》，〔註149〕以及近代中國婦女史中、日、英文資料目錄三種，〔註150〕也廣納資料，提供搜尋引導。或謂本文題材，應到美國各校蒐集留美女生的求學資料，但因留美女生所就讀學校甚多，本文並非只做單一學校的個案研究，限於時間、金錢與能力，一時實在力有未逮，或許將來有機會，可以一解宿願。

〔註149〕　中央研究院近代史研究所編，《海內外圖書館收藏有關婦女研究中文期刊聯
　　　　　合目錄》，台北：編者印行，1995。
〔註150〕　王樹槐、成露茜、呂芳上等主編，《近代中國婦女史中文資料目錄》，以及藤
　　　　　景志津枝主編，《近代中國婦女史日文資料目錄》，台北：中央研究院近代史
　　　　　研究所，1995；成露茜、費俠莉、葉漢明等主編，《近代中國婦女史英文資
　　　　　料目錄》，台北：中央研究院近代史研究所，1996。

第一章　近代中國女子留美教育的背景

　　十九世紀中葉，西力東漸，中國傳統文化受到挑戰。一連串的挫敗，使洋務運動興起。為追求富強，國人遂往先進國家取經。女子也不例外。本章將探討女子為何赴美留學及其相關章程。首先介紹近代美國婦女地位的演變，女子高等教育與科學教育如何發展。繼而以中國女子教育的追求現代化，論述女子教育在清末的發軔與民初的發展，以及對女子留美教育的鼓勵與支持。最後說明清末民初有關女子留美教育的章程與規定。

第一節　美國女子中上教育與婦女地位的演變

　　美國在十八世紀獨立建國前後，逐漸發展女子中上學校教育。在十九、廿世紀之交，美國婦女也經歷明顯的變化，本節將考察其轉變的內容與女權運動的發展，以便理解現代美國婦女的地位，得知後來對中國婦女，尤其留美女生的影響。

一、美國女子中上教育的發展

（一）女子中學或女子大學預科的教育

　　美國早期移民多來自歐洲，對婦女教育的態度也源於歐洲。中世紀的歐洲大學，多禁止女性入學，少數如義大利北部的波隆那大學（Bologna）——歐洲最早的大學，十四世紀有馬利亞・諾維拉（Maria di Novella）和考德莉妮（Bettina Calderini）入學；前者在 25 歲時被該校聘為數學系教授暨系主任。

〔註1〕她們的父母均爲博士，因故不能上課，常由她們代課。該校至十七、八世紀，還有卓越的女科學家巴絲（Laura Bassi）和莫蘭迪（Anna Morandi）講學。1867年又有瑞士蘇黎士大學向婦女開放入學；1892年該國准許婦女講學。其他各國大學跟進，如巴黎大學在1860年代後期決定招收女生，到1909年約有3,500名女生。其後跟進的國家，依時間先後次序，有瑞典和芬蘭（1870）、丹麥（1875）、義大利（1876）、挪威（1884）、西班牙和羅馬尼亞（1888）、比利時和希臘（1890）、蘇格蘭（1892）。德國雖然對美國大學的發展頗有影響，卻遲至1900年才由普魯士大學首先招收女生。〔註2〕

在美國近代歷史上，女子教育從家庭到學校，傳統到現代，發展興盛。美國獨立以前，做爲英國殖民地，女子被認爲學會讀書寫字即可，大多數在家庭獲得初等教育；僅幾所主婦學校開辦。如同工業革命以前的歐洲國家，婦女的生活以家庭爲重心，主要職責爲料理家務和養育子女。往西部開拓的婦女，生活更辛苦，每天忙於諸多家事，如屠宰、烘焙、裁縫、清潔與看護等，還要女兒在旁幫忙、學習。中等以上學校對女生開放，僅1649年新罕布夏的漢普頓（Hampton）和1658年的多佛（Dover），還有1689年公理會（Congregational Church）在費城開辦一校。此外，1749年賓州伯利恆的德裔莫拉維亞（Moravia）教會，開辦一所女子學校。〔註3〕中上階層的白人女子在這些學校學習具備純潔、敬虔、順服、持家「四德」，以及讀寫技能與溫柔、關心和愛心，以便做好家庭主婦的職責。〔註4〕

〔註1〕 羅莎琳・邁爾斯著，刁筱華譯，《女人的世界史》（台北：麥田出版社，1998），頁212；Willis Rudy, *The Universities of Europe, 1100-1914, A History*（Rutherford [N. J.]: Fairleigh Dickinson University Press; London; Cranbury N. J.: Associated University presses, c Associated University presses, 1984）, p. 37.

〔註2〕 第一次世界大戰前的一百年間，美國男女生赴德留學有一萬名；其中柏林大學佔五千名，其次有來比錫、海德堡、哈勒、波昂、慕尼黑等。德國大學對美國大學的影響深遠。參見賀國慶，《德國和美國大學發達史》（北京：人民教育出版社，1998），頁115、170-171。

〔註3〕 九大學院依成立時間，爲哈佛學院（1636）、威廉・瑪麗學院（1693）、耶魯學院（1701）、新澤西學院（1746；後改名普林斯頓）、國王學院（1754；後改爲哥倫比亞大學）、費城學院（1749）、羅德島學院（1764）、女王學院（1766）、達特默思學院（1769）。見賀國慶，《德國和美國大學發達史》，頁81-88、103，又同書103頁，謂1749年摩拉維亞（Moravia）教會開辦一所女子學校在賓州的伯利恆，171頁又說1750年在賓州的拿撒勒，再開辦一所女校。

〔註4〕 王恩銘，《二十世紀美國婦女研究》（上海：上海外語教育出版社，2002），頁13-14、48。

　　1776 年美國獨立後，女性受教育的機會稍有改善。本著「自由、平等、博愛」的原則，發展男女接受教育平等；加上多族群的移民，發展包容合作的文化特色，淡化男尊女卑的觀念。〔註5〕十八世紀，美國盛行的母親學校，教導鄰近女童一些初淺的閱讀、拼字、寫作及會計等。新英格蘭地區女子終期學校（Terminal School），則教導女子編織、縫補和其他家事技能。〔註6〕1784 年起，麻州（Massachusetts）的多切斯特准許女孩在每年夏天男孩幫父母下田收割莊稼期間（6 月 6 日-10 月 1 日），入校接受短期教育。此後，大多數公私立學校相率效尤，〔註7〕使愈多女子有機會受教育。但當時的社會觀念仍有性別歧視，認為用腦過度有害生殖系統，無助於成為賢妻良母。十九世紀初的工業發展，帶動美國的現代化，眾多企業需要人力新素質，企盼男女員工都提昇教育水準。於是，全美初中學校向女子開放，與男子同學。當時，人們逐漸認知教育是幫助成長的最好方式。惟男子在 15、16 歲時，常為成家或補貼家計而輟學去工作，造成不少學校女多於男，〔註8〕促使中學教育的男女差距縮短。

　　到十九、廿世紀之交，女子高中或大學的預備學堂更為普遍。1909 年留美習文科女生胡彬夏畢業時，撰成一篇長達約一萬五千字的文章〈胡桃山女塾之校長〉，可管窺一斑。她擇取親身見聞做報告，文中分成緒言、校長之為人、校長之管學、結論等四章，依序介紹，以激勵中國人自治治人，造福於女界。位在美國東北，距麻州波斯頓約十六英里的胡桃山女塾，是衛斯理及其他大學的預備學堂，1893 年由別氏、綺氏兩女士創辦，兼任校長。別氏出身商人家庭，嫻於經濟學。綺氏的父親為法律名家。她幼時在家讀書，長大後，父親要讓她進大學，母親不以為然，鄉親也視為新奇。1880 年，她倆入衛斯理大學就讀。校長為美國教育名家，才德學識兼備。二人曾與她談話，既仰慕又受感召。畢業後，別氏留校兼讀兼教；綺氏赴他校任教。九年後兩人約同創辦胡桃山女校，兢業經營而有所規模。〔註9〕

〔註5〕　杜學元，〈淺談美國女子高等教育的發展及其成因〉，《西華師範大學學報》（哲社版）2004 年第 3 期，頁 102。

〔註6〕　M. T. Tate, *Home Economics as a Profession*（New York: McGraw-Hill, 1961），p. 325; Henderson, C., "Exploring the Future of Home Economics", *Journal of Home Economics*, Fall, 1980, pp. 23-26.

〔註7〕　賀國慶，《德國和美國大學發達史》，頁 171。

〔註8〕　王恩銘，《二十世紀美國婦女研究》，頁 48-49。

〔註9〕　胡彬夏，〈美國胡桃山女塾之校長〉，《女子雜誌》卷 1 期 1（1915 年 1 月），

　　兩位校長身材，高矮強弱不盡相同；性情、言行、意想、才能亦然，但無損於相同的教育志向。兩人既知人又知己，知道自己有所不能，須靠他人幫助，故常相輔而行。她倆的服裝儀容，惟求整潔與合乎身分，不求時尚與華美。惟道德思想主張，較爲保守。對當時崇尙自由感到憂戚，常告誡學生要言行謹飭端肅。她倆不贊成男女同學，認爲男女天賦不同，並不適合體育同等操練。她倆既不贊成女子習礦科及鐵路科，也不認同女子有選舉權的主張，認爲女子的職責已甚重大，難以顧及政治；想爲生民造福，不必從政治入手。但綺氏對地方自治事宜，則希望有選舉權以支持 1908 年激烈的禁酒運動。綺、別二氏的哲學思想，近於實驗哲學，且多因襲他人學說；惟以遵從耶穌教的精義，並非徒具形式。美國師生談話，常是學生侃侃而談，教師默然靜聽，與中國相反。美國人大都信耶穌，基督教文明的理論與應用俯拾皆得，對留美女生而言，也是文化新體驗。〔註10〕

　　胡桃山女塾的課程規置，包括體德智三育。對學生的德育，以慣用的至誠，做爲運行道德的動力。以宗教爲提倡道德的主要方法，而參以言行。又以各種書報、戲劇及自己的經歷，擴廣學生心思觀念。校長常率學生赴校外的博物館展覽會、音樂會、茱館、遊戲會、舞會；還聘親歷非洲的名人來校內演影戲等；擇取擅長音樂的學生，彈琴或唱歌，使聽眾與表演者皆得其樂；若逢節期，即從俗賞節，附設各種遊戲，內雜以果實等類；演戲劇則自排練、自製器材，讓學生的目、耳、口與手足，均得快樂。對學生不喜古人的道德書，則不經意地說一二句，以激勵其感覺；又爲學生選擇數本優良的現代小說，指出它的大意，鼓勵閱讀；還陪伴學生赴戲館，以知人情；與學生交談，必說耶穌如何，須效法祂。凡事以身作則，又與學生同甘共苦，激勵引導她們。〔註11〕

　　兩校長有愛心，與學生談話，常用「我們家」、「我兒女」的話語，代替我們學校、我的學生等。學生離校，必贈言常回來這個家看看。言外之意儼然以校代家，以自己代其父母。寄望學校能如家中，有至親與眞愛，是人生最和樂的地方。她倆事父母盡孝，待兄弟姊妹友愛，對社會及公共事業掖助。既盡家庭社會職責，復兼及天下眾生。言行出自至誠的氣質，臻於「樂」、「廣」、

　　　頁 1-3。
〔註10〕同上文，頁 3-9、16-17。
〔註11〕同上文，頁 28-31。

「仁」、「義」，使學生親受薰染。胡彬夏與王季茝在胡桃山女塾 2 年，朝夕親
聞兩校長的談論，胡頗感動，覺得她們的學識才德雖非完美，實爲罕見。綺
別二氏以賢能有德，使使教職員願意親近，彼此和睦相處；校務運作正常。
這是學堂優劣的關鍵。〔註 12〕

　　胡桃山女塾在智育方面，先按學生的個別資賦，培養學識與操練才能。
該校做爲大學的預備所，學習範圍常視學生所需而教。學科中，以其本國語
文（英文）最重，算學其次，外國語文又其次。英文受重視，因日常需用。
美國主婦處理家務，往來文件常親筆自爲。暇時還爲地方辦事，作紀錄或演
述。一般女子也注重書信，文須通暢簡明、生動有趣。英文科用多本參考書，
若選讀一文，必同時參閱比較他文。若著論一篇，必參考五、六書，以廣識
見。教師說及古典，學生不解，教師只說可查考某書某頁。書中的識見，都
由此法學來。算學爲算術、幾何、代數及平面幾何。外國語文，須習一古文
（希臘或拉丁）二今文（德、法）才得畢業。法文教習 2 人；德文教習 1 人。
課餘須習練會話。美國女子赴歐洲遊歷，比中國女子赴日本更多，故重視德
法文，如同日本重視英文。其餘如史地各科，只學概略。〔註 13〕

　　智育除了課堂學習，還讓學生操練，使善於謀畫、任事，故允許演戲開
會等。學生若演戲，須自做戲本歌曲與一切器物，包括預算費用、人數若干、
何日何時最爲適當等等，可說與真戲無異。演戲與他事固不同，其謀畫則一
也。因學生所喜好的事，而指導她們謀畫，成功頗易。每生住房一間，須自
陳設。上課若無故請假 5 分鐘，須罰 10 分鐘。班上的事，由學生自理，教員
毫不顧問。班長係公舉，對上須應教習命，對下須合同班意，很不容易做；
不勝任者，可另易人。該校也注重會話與社交訓練。美國女子須知用餐時的
會話，要能適宜、有趣，使人快樂，否則難與人聚餐。學生也有社團，或作
德育上的研究，每一兩星期開會一次，由學生自主講述，循循有序，頗有可
觀。爲了讓學生知道交際的言行舉止，兩位校長常自任主人，師生則爲助理，
開茶會、舞會，以宴請賓客。美國男女雖可同游，而其禮儀頗重；言行舉止
偶有失禮，恆不容於交際場。〔註 14〕

　　總之，胡桃山女塾每日扣除吃飯睡覺，所剩 10 小時中，智育佔 6 小時，

〔註 12〕　同上文，頁 15-25、31。
〔註 13〕　同上。
〔註 14〕　同上。

體育 3 小時，德育 1 小時。星期日則專求養心練身之道，不論及功課。兩位
女校長綺、別氏，看重操練才能甚於培養學識，且以身作則，循學生所喜的
方法而引導。學生感受她們的至誠，遂能服從而無所違背。如此，循秉性天
賦能力，讀聖賢書，觀懿美行，自我激勵，期能「修養身心有道而後能自治，
習練言行有方而後能治人。」〔註15〕

（二）女子高等教育的發展

　　十九世紀以前，女子不易進入高等院校。有些人看出社會的需要不斷變
化，開始責難這種盲目的反女性看法，少數人還主張女性受教育將能幫助丈
夫發展事業，並教育兒子參與政府事務。後來又要求其他進步性改革，如廢
除債務人監獄、擴展投票權及廢除奴隸制度的演進，也助長女性爭取受高等
教育運動的聲勢。創辦於 1833 年的歐柏林學院（Oberlin College），校名係紀
念一位法國牧師，以基督的博愛爲懷，在荒野設校立學，教導村童，故以勞
作與勤學（Labor and Learning）爲校訓；後遭逢南北內戰，致力於解放黑奴運
動。又對女子高等教育頗熱心，1837 年允許女子入學，是美國第一所男女同
校且授予學位的高等學府。儘管開放幅度很小，只招收 4 名女生，還頗受爭
議，卻培育出美國第一位大學畢業的女生與第一位大學畢業的黑人。〔註 16〕
該校早期畢業生當中，有數位是日後女權運動的領袖，還有公理會的首位女
牧師布朗（Antoinette Brown）。〔註 17〕該校可說是美國社會改良運動的先導。
〔註 18〕1783 年耶魯學院曾考一個 12 歲少女，斷定她「除了性別以外，充份有
資格錄取爲學生」。〔註 19〕換句話說，只因她是女性，再有能力也不准入學。
　　由於女性進入男子學院仍遭受激烈反對，尤其在美國東部，於是遠見與
膽識的婦女，遂採取另一種「分開而平等」的形式，倡導女子高等教育。1818
年，威拉德（Emma Willard,1787-1870）呈遞〈改進婦女教育的方案〉，要求紐
約州政府資助創立女子學院，並賦予女男同等受教育權，獲得贊同。1821 年，

〔註15〕 同上文，頁 32-34。
〔註16〕 Edwin G. Dexter, *A History of Education in the United States*（New York: The Macmillan Company, 1919），p. 434.
〔註17〕 芭芭拉・麥克哈非著，朱麗娟譯，《她的歷史——基督教傳統中的婦女》（台北：台灣基督教長老會總會婦女事工委員會，1998），頁 150。
〔註18〕 熊賢君，《俞慶棠教育思想研究》，頁 28-29。
〔註19〕 Fred M. Hechinger & Grace，湯象譯，《美國教育的演進》（台北：今日世界出版社，1984），頁 121。

她在紐約州特洛伊（Troy）首辦一所女子學院；同年在麻州也有女子學院成立。〔註20〕1828 年比卻（Catharine E. Beecher, 1800-1878）創立哈特福德女子學院（Hartford Female Seminary）於康乃狄克州（Connecticut）首府。1837 年，在麻州南哈得利（South Hadley）有萊昂（Mary Lyon, 1797-1849）創辦何樂山女子高等中學（Mt. Holyoke Female Seminary），1892 年正式改爲學院。〔註21〕1836 年，喬治亞州南部梅肯鎮（Macon）威斯連女子學院（Wesleyan Female College）取得設校核准，稍後成立，爲西部女子學院（Western Female College）的前身。〔註22〕這時期，比卻撰成〈教育工作回憶和建設〉、〈改變婦女的不幸地位的正確辦法，附改善婦女地位運動史〉等文，提出自己從事女子高等教育的活動經驗，使女子提昇社會生活能力。隨後成立的私立女子學院，較知名的如惠頓（Wheaton）、羅莎利（Rosary）、聖沙維爾（Saint Xavier）、密爾斯（Mills）、霍林思（Hollins）等。〔註23〕它們獲准授予學位，但水準尚不及大學。〔註24〕

　　1861 年南北戰爭爆發，女子高等教育進入另一個發展高峰。男人上戰場，女性必須當家做主，順勢取得新就業機會。再者，數千名的中學男教師被徵召，遺缺由女性遞補。同時期，手搖紡織機和手工紡紗桿，被新發明的縫衣機取代，女性有更多的時間讀書。她們不再受圍於有限的家庭空間，有更多機會與外界接觸，例如進入工廠、學校，或從事慈善活動，投身社會改革運動等。1862 年，林肯總統簽署〈莫理爾法案〉（Morril Act），對女子高等教育具有決定性的作用。據此聯邦准許並贈與各州土地，用作補助設立農藝、機械的相關學院，以促進文科和數種行業的工業工程實際教育。〔註25〕這些新建立的贈地學院，強調爲所有人服務，一開辦就男女兼收，從而掀起全國性的男女合校熱潮。政府也逐漸增加財政補助款，促進女子高教的發展。〔註26〕

　　1864 年內戰結束，社會結構和觀念轉變更大。許多青壯男子死於戰場，爲

〔註20〕 同上；杜學元，〈淺談美國女子高等教育的發展及其成因〉，頁 99。
〔註21〕 賀國慶，《德國和美國大學發達史》，頁 171-172；杜學元，〈淺談美國女子高等教育的發展及其成因〉，頁 99，惟將萊昂的生年誤植爲 1791。
〔註22〕 滕大春，《美國教育史》（北京：人民教育出版社，1994），頁 413。
〔註23〕 杜學元，〈淺談美國女子高等教育的發展及其成因〉，頁 100。
〔註24〕 賀國慶，《德國和美國大學發達史》，頁 171-172。
〔註25〕 Fred M. & Grace Hechinger，湯象譯，《美國教育的演進》，頁 121。
〔註26〕 林淑滿，〈我國高等家政教育發展之研究〉（台北：中國文化大學家政研究所碩士論文，1992），頁 60。

加速國家復員建設，提高女子教育程度勢在必行。1865 年開辦的瓦沙（Vassar），是第一所公認的優質女子高等學院，〔註 27〕校名是紀念原英籍創辦人 Mathew Vassal，校址座落赫德遜河（R. Hudson）畔，風景秀麗，校地 1,000 多畝，起初只辦中學，漸次推廣，終使大學預科生少於正科生。十九世紀末廢去預科，至廿世紀初，學生人數慣例維持約 1,000 人，教師 200 多位，校舍 30 多棟，宿舍 7 棟，自設菜園與牧場，滿足每日師生所需的蔬菜與牛奶等。〔註 28〕

　　1870 年代起，在一貫重視教育，且依賴私立預科與學院的的東部，更多私立女子學院設立。如衛斯理（Wellesley; 1870）、史密斯（Smith; 1871）、布朗麻（Bryn Mawr; 1885）等女子學院。1885 年，加州密爾斯女校（Mills Seminary），改為學院（College）。它們都是按哈佛和耶魯模式開辦的文科學院。〔註 29〕這些私立女子學院的倡辦人，大多先曾赴歐洲旅行考察，了解高等教育的新發展，並參考辦理。如瓦沙學院院長當選人朱厄特（Milo P. Jewett; 1808-1882）於 1862 年赴歐旅行，曾訪問倫敦的女王學院（Queen's College）、貝德福德（Bedford）學院及一些私立女子學院。他盛讚德國女青年閱讀德文的能力。史密斯學院院長西利（L. Clark Seelye），較朱厄特更早訪問英、德、法和瑞士等國大學，特別注意劍橋附近的格頓（Griton）女子學院。布朗學院創辦人泰勒（Joseph Wright Taylor）是貴格（Quaker）會教派的物理家，1876 年接受曾在德國來比錫就讀 3 年，時在康乃爾大學四年級肄業的女生托馬斯（Martha Carey Thomas）建議，讓女子入該校接受研究生教育，以成為優良教師；又說服該校理事同意教師從事研究的重要，強調具備博士學位比貴格派教徒身分更重要。1885 年該校開辦時，最初 9 名教授均為哲學博士，且有研究生部，提供獎學金。〔註 30〕由此可窺德國對英美國家女子高等教育影響的一斑。

　　衛斯理女子學院創辦人杜蘭（Henry Fowle Duant, 1822-1881），畢業於哈佛大學，以律師業致富；娶妻寶琳納（Pauline; 1832-1917）為其青梅竹馬的表妹，出身名門，美麗有教養，熱心公益及慈善事業。他倆創辦該校有三大緣

〔註 27〕賀國慶，《德國和美國大學發達史》，頁 172。
〔註 28〕陳衡哲，〈美國女子的大學教育〉，《教育雜誌》卷 14 號 2（1924 年 2 月），世界教育新潮，頁 1。
〔註 29〕賀國慶，《德國和美國大學發達史》，頁 172；李又寧，〈蔣夫人在美國衛爾斯理女子學院〉，秦孝儀主編《蔣夫人宋美齡女士與近代中國學術討論集》（台北：中正文教基金會，2000），頁 90。
〔註 30〕凱莉・托馬斯日後成為出名的女權運動家兼教育家。見賀國慶《德國和美國大學發達史》，頁 172、179-181。

由：（一）杜蘭先生自幼受教於生母和姑母，好學不倦；十多歲入一所私立學校讀 3 年，預備升大學。讓他印象深刻的教師 Mrs. Samuel Ripley 身兼牧師娘與 7 個孩子的母親，又精通希臘及美國文學，使他終生敬佩，且喜愛希臘文學。（二）杜蘭夫婦有子女各一，先後夭折；1863 年 8 歲的兒子早逝，他倆傷痛之餘，決定用他出生時買給他的地來紀念他。那地在 Waban 湖邊，有 300 多畝，名為衛斯理。（三）杜蘭先生欽佩何樂山女校的成就，1867 年成為該校校董。其妻還在次年捐款一萬美元給該校圖書館。衛斯理學院設立 5 年後，於 1875 年改為大學。〔註31〕杜蘭夫婦志同道合，從衛斯理奠基到落成，親自規劃、選材、監督，同具重要性。1870 年該校初設時，美國女性罕有教授高等院校的學歷和經驗，杜蘭先生思想前進，從中學挑選一些女性教員，資送她們到大學進修。他留給該校的名言：「女子能任事，我給她們機會。」（Women can do the work, I give them the chance.）杜蘭特未赴國外考察，但受到好友霍斯福班（Eben Horsford）曾就學德國的影響，1878 年在該校設立物理學實驗室，是美國第二所擁有此設備的學院，僅次於麻州。該校教員全屬女性，校園生活多傾向牛津教師的培養方式。〔註32〕當初，他有心幫助中等家庭的女子，故所收學費不高，一年 175 美元，加上食宿費 325 美元、維持費 50 元，總計 550 元；若學樂器，費用另計。但他晚年所聘校長為適應時代需要，學費不斷上漲。杜蘭先生去世，其夫人續任校董，曾慷慨解囊，在校中建立「杜蘭學者」的榮譽獎。惟收費持續增加。廿世紀末，衛斯理女子學院學費已漲 6 倍，一年學費及食宿費約需 32,000 美元。〔註33〕迄今該校仍為高貴私校。

隨著美國的女子學院創立和女教師數量的增加，一些綜合大學附設的女子學院，以及私立大學，也逐漸跟上時代，開始兼收男女生。私立大學允許女生入學，如十八世紀曾拒絕一個女子入學的耶魯，1860 年代在東部的學院中率先招收女性。〔註34〕1870 年有密歇根大學（University of Michigan），1872 年有康乃爾（Cornell）大學，1873 年有波士頓大學，1883 年有麻省理工學院於，1892 年有塔夫茨（Tafts）大學。〔註35〕後來，史密斯、衛斯理，瓦沙、何樂山、西

〔註31〕 胡彬夏，〈美國胡桃山女塾之校長〉，頁 34-38。
〔註32〕 賀國慶，《德國和美國大學發達史》，頁 180。
〔註33〕 李又寧，〈蔣夫人在美國衛爾斯理學院〉，頁 90-92。
〔註34〕 Fred M. Hechinger & Grace，湯象譯，《美國教育的演進》，頁 121。
〔註35〕 賀國慶，《德國和美國大學發達史》，頁 172-173；滕大春，《美國教育史》，頁 413。

門斯（Simons）與雷克立菲，成為美東最著名的 6 所女子學院。〔註36〕中西部
一些州立大學，初開設就男女同校，按時間先後依序如猶他州（1850）、愛阿華
（1856）、堪薩斯（1866）、明尼蘇達（1868）、內布拉斯加（1871）。較早成立
的州立大學也逐步開放女生入學，如 1869 年有密蘇里；1870 年有伊利諾、密
西根及加州大學；1873 年有俄亥俄大學；1874 年有威斯康星大學。〔註37〕原專
收男子的綜合大學，也開辦女子學院。如美國著名學府哈佛（Harvard，1636
成立）的女校（Sister College）雷克立菲（Radcliffe）女子學院，自 1879 年聘
哈佛的教授到校講課。〔註38〕公立女子高等學院，始設於 1885 年創立的密西西
比州立女子學院。隨後有圖蘭大學（Tulane; 1887 創立）、西部保留地大學
（Western Reserve; 簡稱西保；1888 創立），再有阿拉巴馬、佛羅里達、喬治亞、
南北卡羅來納、奧克拉荷馬和德州等。所有州立女子學院，都採實用型的高等
教育，提供初級師資的培訓和多種技術課程；著重訓練女子的持家能力與開設
家庭以外能有收益的工作。〔註39〕

西部早期的男女同校制學院，致力為邊疆訓練牧師，而期望入學的女生
成為牧師的妻子與助手。在最早錄取女生的男子學院中，女生甚且掌廚並擔
任其他家務。人們認為有女生同校對男生有良好作用。這是十九世紀學院作
風自由化的一個跡象。據統計，1860 年以前，美國的私立女子學院有 61 所；
〔註40〕1860-1901 年間，女子大學和學院共有 67 所。1900 年約有 72% 的大專
院校允許男女同校；〔註41〕女生佔總數的 40%。〔註42〕儘管如此，美國發展
女子高等教育，到十九世紀中葉仍有阻力。許多醫生認為女性過份受教育，
會使她們腦筋太發達而身體不能充分發育。不少人仍然相信女子在體質上負
荷不了攻讀高等教育的壓力，如 1858 年有女子向密西根大學申請入學，該校
校長塔潘（Henry Tappan）堅持女性智力為劣等而反對。康乃爾大學校長懷特

〔註36〕 張默君，〈白草堂詩集〉，《大凝堂集》（一），頁 33，1919 年她赴美考察時，
此 6 校均有中國女生，成績良好。
〔註37〕 Dexter, p. 434.
〔註38〕 Fred M. & Grace Hechinger，湯象譯，《美國教育的演進》，頁 109；李又寧，〈蔣
夫人在美國衛斯理女子學院〉，頁 90。
〔註39〕 賀國慶，《德國和美國大學發達史》，頁 172、174。
〔註40〕 滕大春，《美國教育史》，頁 413。
〔註41〕 Tate, pp. 325-329.
〔註42〕 王斌華，〈美國教育發展的歷史特點和社會因素〉（上），《外國教育資料》1991
年 4 期，頁 83。

（Andrew D. White），1879-1881 年出任駐德大使，返美後頗推許新德國及其大學；但避談婦女教育，並不積極支持男女同校。有歷史學家譏此現象爲「選擇性的共鳴」。南北戰爭結束十餘年，每次提到學生時，幾乎總是指「年輕男子」的教育。在這種氣氛下，女子學院都謹慎要求學生參加運動，聽取有關健康的演講。這兩項是男子學院所忽視的。〔註 43〕女子高等教育，幸賴贊成者鍥而不捨的努力，走上坦途。如哥倫比亞大學校長巴納德（F. Barnard）於1879、1880 和 1881 的年度報告，建議該校對婦女開放，雖遭到董事會否決，仍於 1889 年設立女生分校，稱爲巴納德學院。〔註 44〕總之，當時著名大學僅康乃爾大學有男女同班，其他如哈佛、哥倫比亞等大學，雖有女生，卻大多另設專所，不與男生共學。〔註 45〕

　　再者，早期的女子學院，受到許多女性積極支持，主要原因是社會需要教師，而女性被認爲最適合擔任教師，所以入學接受高等教育。但她們不見得支持婦女有投票權。根據 1895 與 1912 年在東部最有地位的女子學院舉行的民意測驗，大部分女生不贊成婦女有投票權。1894 年，一位女權主義者出任一所極優良的女子學院校長，許多受教育的女性聽到她否認教學及爲人母是女性最體面任務的說法，都深爲震駭。她認爲所有女性實際上跟男性一樣，離開大學以後必須爲公眾服務，不管有無酬勞；而且女子有權決定是否結婚與節制生育，也有權自食其力而僱用別人做家務。〔註 46〕

　　十九世紀下半葉，美國女性受教育的機會大幅擴展。一些院校學生人數甚至出現陰盛陽衰現象，以致有西北（Northwestern）大學以住宿爲由，限制女生的人數。史丹福（Stanford）大學則限定只接受女生 500 人。再者，除了哈佛、普林斯頓和約翰·霍浦金斯三所大學，〔註 47〕其他男女同校的學院，研究生教育也向女生開放。1900 年女研究生共 1,179 人，佔總數 5,831 人的五分之一。而 1880 年只佔八分之一；1895 年佔六分之一。〔註 48〕1899-1901 年間，美國高等院校授予的哲學博士中，女生約佔 1%。這說明女子教育逐漸增

〔註 43〕同上，頁 123。
〔註 44〕查理·塔夫茨是美國第廿七屆總統塔夫茨的同父異母弟，擁有德國海德堡大學法學學位。見賀國慶，《德國和美國大學發達史》，頁 147、177-179。
〔註 45〕胡彬夏，〈美國胡桃山女塾之校長〉，頁 3-9、16-17。
〔註 46〕Fred M. Hechinger & Grace，湯象譯，《美國教育的演進》，頁 122。
〔註 47〕賀國慶，《德國和美國大學發達史》，頁 178；Dexter, pp. 436-448。
〔註 48〕賀國慶，《德國和美國大學發達史》，頁 150-151。

長，修業程度包括四年制大學本科、碩士和博士研究生以及少量的大學專科。進入廿世紀，美國經濟獲得更大發展，工業產值躍登世界首位，人民生活水準提高，有能力資助女子受更多教育。現代化家事處理工具的普及，加上節育方法的推新，使更多女性有自由時間，便於接受高等教育。〔註49〕

　　美國一些較受尊敬的職業，如教師、醫生和律師，需具有資格才可勝任。對有意從事前述工作的女性來說，接受高等教育，是實現理想的主要方法。因此，她們積極努力。據統計，在高等院校任課的女性教師，由 1900 年的 4,717 人，佔教師總數的 19.76%，增加到 1940 年的 40,601 人，所佔比例爲 27.63%。女子受高等教育的水準不斷提高，在攻讀學位方面明顯增加，獲得學士的人數，由 1900 年的 19.11%，上升到 1940 年的 41.26%。1900 年女碩士僅有 303 人，佔全體碩士的 19.14%；到 1940 年增爲 10,223 人，佔全體碩士的 38.24%。女博士研究生，在 1900 年僅 23 人，佔全體博士的 6.82%，到 1940 年增爲 429 人，所佔比例爲 13.04%。女碩士與博士在 30 年間有將近兩倍的成長，發展不可謂不快。〔註50〕另一統計顯示女研究生在 1920 年共 5,775 人，佔總數 15,612 人的 36.99%；1930 年共 17,625 人，佔總數 47,255 人的 37.30%；1940 年共 38,491 人，佔總數 106,119 人的 36.27%。這也顯示第二次大戰期間，研究生人數遞減，女生也不例外。不過，戰後回升。〔註51〕總之，女子高等教育承接以往的風格，大有增長。

　　綜上所述，可知美國大學之門對女子開放，始自十九世紀。然而，成見和習俗是年輕女性受教育的強大阻礙。傳統見解認爲女性天生體力、智力不及男子。當時的文化，普遍以選擇爲人母是女性天職。因此，爲人母與受教育是對立的。然而，女子以成就和力量，逐漸令大眾信服他們有能力及權利接受高等教育。再者，廿世紀初期，女子打破男性壟斷醫學和法律等專業學科的壁壘，但就女生招收名額及畢業後從事的工作性質來看，尚不足以取得與男性平等的地位。廿世紀初的醫學和法律女生畢業後，多數未當醫生與律師，只在相關行業中，從事與專業知識不甚相關的病例登記、案件紀錄和法

〔註49〕 約翰‧霍浦金斯大學，照德國模式建立，直到 1907 年才向女性開放，是美國最後招收女性的研究所。Dexter, p. 451，轉引自杜學元，〈淺談美國女子高等教育的發展及其成因〉，頁 100、102。

〔註50〕 塞繆爾‧埃利奧特‧莫里森等著，南開大學歷史系美國史研究室譯，《美利堅共和國的成長》（下卷）（天津：天津人民出版社，1991），頁 1125。

〔註51〕 賀國慶，《德國和美國大學發達史》，頁 151。

律等祕書工作。許多專業以「女性不宜」爲由，將女生拒於門外。顯示社會的性別歧視仍根深蒂固，女大學生畢業後，難覓合適的工作。〔註52〕

二、近代美國婦女地位的演變

　　隨著社會的變遷與女子教育的發展，廿世紀初美國婦女與過去大不相同，已在政治、經濟和社會地位等諸多方面發生重大變化。茲略述如下。

　　（一）道德觀念：美國在獨立建國前後，清教徒女性被視爲「共和國母親」，以「眞正的女性」宣揚「四德」精神。女性總被安放在遠離「世俗污濁」的位置，讓人景仰。十九世紀下半葉，美國社會對一般婦女的戒規，仍以純潔爲尙，從日常生活的談論話題，到人際交往的行爲舉止，都要求高尙的道德情操，樹立楷模形象。十九世紀末，輿論還以「現代科學」的名義，對女性大肆灌輸「禁欲」思想，說頻繁的性生活既傷身又敗德。維多利亞時代強調貞操觀的道德價值，直到廿世紀初，漸受美國的現代生活方式侵蝕，年輕未婚女性的表現尤其明顯。

　　美國習俗風尙，男子對婦女尊敬保護。男子自幼被教以尊敬婦女的禮節。直到1920年，兒童在路上遇年長者，可不脫帽，對女子則必敬禮。在電車內對婦女讓坐；幫婦女提行李包裹。在紐約市等都會區，交通頻繁、人馬輻輳的路上，唯恐婦女遇險受害，男子必步於靠近車道一側。汽車若傷及婦女，無論事理如何，訴諸法庭常致失敗。故汽車於婦女通行處，相當警戒。見大總統或大學總長到來，可不拘細節、不禁抽煙；婦女在，則必禁煙。男子搭電梯，彼此相見不脫帽；若見女子在內，即使身分較低，必脫帽致敬。此可見美國風尙以凡事禮讓婦女優先的一斑。〔註53〕

　　（二）法律地位：美國獨立以前，受英國普通法「已婚婦女條規」約束，婦女婚後附屬於丈夫，不能隨意支配自己的財產和收入，也不能擁有子女監護權。經女權運動者積極爭取，到1890年在46州中有32州修法，明確規定婦女婚後對繼承的財產和其他收入，擁有直接支配權。還有37個州的法院，在審理離婚案時，會把未成年子女改判給女方撫養，使擁有子女監護權。〔註54〕十九、

〔註52〕　王恩銘，《二十世紀美國婦女研究》，頁48-52。
〔註53〕　熊崇煦譯，〈美國之婦人與其教育〉（譯自渡美視察報告），《教育公報》第九　　　　年第一期（北京，1922），頁7、17-18。
〔註54〕　王恩銘，《二十世紀美國婦女研究》，頁44。

廿世紀之交，先後有猶他、華盛頓、堪薩斯、加州、新澤西和密西根等州，通過新制定的法律條文，讓婦女有上訴與被上訴的權利，還能做爲陪審團成員參加審訊。婦女長期不能以獨立經紀人的身分，簽訂經濟文件的情形，也有改變。許多州開始對婦女與他人從事經貿活動，給予法律保護，承認她們簽訂契約的有效性和合理性。1910 年代初期，法律對婦女的保障更見提高。若妻子被丈夫毆打，可向法庭請求離婚，既經判決離婚，有權向丈夫要求終身贍養費。男與女爭訟，向法庭請求裁判，女子只須口述事實，不徵諸佐證。男子則必徵諸證據，且多至敗訴。美國警方若向婦女嚴格取締，勝於對男子的責任要求，常會惹來一些問題。〔註55〕這似乎是偏袒保護婦女，卻可窺美國婦女的法律地位，已有相當程度的改進。

（三）經濟情況：十九、廿世紀之交的美國婦女，受教育機會大增，就業機會也有所改觀。主要有兩方面表現：一是外出工作人數大幅增長。1890-1900 年間，15-24 歲的就業女性人數由 29%增至 31.6%；而 25-44 歲的年齡層，由 15.6%增爲 18.1%。顯示當時年輕婦女，加入勞動界增多。二是工作性質發生變化。1870 年外出工作的婦女，五分之三爲傭人；擔任秘書、文職或銷售工作的比例不到 1%，教師等專業工作者約爲 6%。廿世紀初，出現大量「白領工作」，婦女的就業範圍也隨著擴展，如秘書、圖書管理員和速記員等工作。1890 年從事非農業的婦女中，擔任家傭者佔 40.3%，到 1910 年下降到 25.5%。從事秘書類的「白領」婦女數，自 1890 年的 5.3%上升到 1910 年的 14.8%。〔註56〕以往被認爲女子不能做的工作，也有女子從事。據調查，1900 年的 303 種職業種類中，只有 8 種如海陸軍人、水手、消防隊領班等，沒有婦女參加；〔註57〕即使長期被男性壟斷的醫生和律師業，也有少數婦女躋身其中；教師尤多。據統計比較，1900-1914 的 15 年間，男教員增加甚小，女教員則增加 6 倍。〔註58〕這些變化，增進婦女的經濟收入，一方面使未婚女子逐漸取得自立地位，另一方面有助於已婚婦女提高在家庭的地位，擴大自主意識。

美國加入歐戰後，男子多從軍出征，婦女多數在都市中從事職業，活動於工廠、商店、家庭、學校，也有注意於田園工作。1910 年代末期的美國，

〔註55〕 熊崇煦譯，〈美國之婦人與其教育〉，頁 17。
〔註56〕 王恩銘，《二十世紀美國婦女研究》，頁 48-52。
〔註57〕 程謫凡，《中國現代女子教育史》（上海：中華書局，1936），頁 252-253。
〔註58〕 熊崇煦譯，〈美國之婦人與其教育〉，頁 13-14。

除士兵與消防員以外，幾乎各種職業都有婦女加入。據調查，約有七分之六的婦女不依賴其丈夫與父兄的收入，而能獨立生活。1920 年代初，常見妙齡婦女自騎腳踏車，往來於車馬雜沓的街道中。〔註 59〕她們像男子一樣，富有獨立自治的精神。婦女在就業上的進步，既獲益於工業革命和都市化帶來的諸多機遇，也歸因於她們自我的努力不懈，進步快速。但這些進步，與婦女提出的男女平等要求仍大有距離。女性的就業門路擴大、管道增多，但從工作性質與勞動報酬來看，與男性之間仍存有相當的距離。綜上所述，性別歧視仍然根深蒂固，但已漸有鬆動的跡象。

　　（四）社會地位：美國工業化和城市化進程，使婦女的社會地位跟著提高。十九、廿世紀之交，大抵以現代女性的形象在社會上出現。主要特徵是追求獨立自主、嚮往自由、敢於創新等。她們的教育程度不下於男子，除了專門學識，更富於常識，有治理家務的能力，且以具體行動關愛家人。她們經常陪同丈夫參加社交場合，與人接觸；也關懷兒女所就讀學校，出席學校家長會或懇親會，也盡力於教會事務或一般社會活動。美國外來移民多，使她們容易接觸多元文化，增長知識，擴充見聞。在公眾場合，如講演會、音樂會、美術展覽會，婦女常佔多數。中上階層婦女尤熱心於社會慈善活動。1910 年以後，許多婦女更努力於家庭改良及生活狀態的改善。如密西根州的巴爾曼夫人捐遺產百萬，創立「母親學校」（The school for mothers），為移民母親謀教育設備；設土著事務局，以改良印地安家庭。歐戰期間，更可見美國婦女活躍於紅十字會的事業，也對節約糧食、募集公債、製造軍需品、慰勞前線軍人，頗為盡力。婦女在食物節約運動中，厲行每周一日不吃肉與小麥；還促成全美過半數的州通過禁酒令，雷厲風行。此外，即使到七、八十歲的老年，她們都有繼續活動的精神，經常贊助出力社會改良、學校教育、宗教慈善、藝術、市容衛生，甚至政治、軍事等各種事業。〔註 60〕

　　美國婦女以敏快有為，富於實力與活動性，領先其他國家的女性，成為頗受羨慕與效尤的對象。據廿世紀之初的中國留美女子胡彬夏描述，她所接觸或觀察的美國東部女子，樂與人接交，善於應對周旋，但言行未必謹飭，常失之於輕浮放佚。但她們多能縫衣煮飯，常有慈和氣質，為中國女子所不

─────────

〔註 59〕同上文，頁 20，原文為 7／6 婦女能獨立生活，應為誤植。
〔註 60〕王恩銘，《二十世紀美國婦女研究》，頁 48-52；熊崇煦譯，〈美國之婦人與其教育〉，頁 15-24。

及。〔註 61〕惟直到廿世紀初，美國主流社會評判男性地位，主要根據他所從事的工作；評判女性社會地位，則主要根據她的家庭背景和婚姻關係，也就是取決於與她們生活相關的男性的社會地位。大體看來，廿世紀的美國婦女，社會地位較十八、十九世紀時提高，但仍從屬於男性。〔註 62〕

　　（五）政治地位：1848 年美國掀起第一波女權運動，爭取參與地方政治選舉。經許多婦女團體的努力，十九、廿世紀之交，不少州修法，規定婦女有權參加地方學校委員會和市、縣級的政治選舉。這些政治權利的取得雖有限，卻使婦女提高政治地位，且能用投票選舉方式，表達進一步的意願。如經濟方面，女工訴求地位的提升；有子女的女工，謀解決工時的壓制。富裕的婦女也要求保護財產。當時中等學校女生已較男生多一倍。對教育程度較高的女子，不給予參政權，不合公理。因此，女權運動從地方政治選舉活動的積極參與，到廿世紀初蓬勃發展，進而 1920 年通過聯邦憲法第十九、廿條修正案，確定獲得聯邦選舉權。

　　如前文所述，直到廿世紀初，美國婦女對選舉權運動，態度不一。有熱誠支持的，也有無所謂或反對的。早期的女子學院，不主張也不鼓勵「女權主義」，並非支持女權運動的中心。往昔女子雖自甘柔弱，雌伏於家庭，但進入廿世紀以後，乘時奮起，從教育學識諸方面充實能力，遂有國會議員、銀行總裁、大學教授及技師諸職，為女界揚眉吐氣。藉著積極婦女的熱烈運動，才得成事。選舉紐約市長時，有多數婦女在大馬路上演說。妙齡女子以繩子綁著石油空罐，敲打發響，或吹喇叭，遊行室內。這種示威運動隊，中國婦女望塵莫及。美國婦女獲得參政權以後，活動的範圍擴張，包括設孤兒院、女子感化院；擬定女工保護法、幼年工作法、不良少年待遇法；起用清廉紳士於政治界；推舉女子為監獄委員及教育管理者；促進衛生的改善。男子比較視為等閒的事，婦女以特具的性情，努力改造，追求自立與提高地位。〔註 63〕這些都顯示婦女參政權與美國的現代化進程有密切關係。

　　總之，近代西方產業革命影響美國，帶動女性人才的開發。十九世紀中葉，南北戰爭前後，中等學校已向女子開放。隨後女子高等教育建立，婦女逐漸由家庭走向社會，爭取更多權利與地位。她們活躍的時代，從 1890 年代

〔註61〕　胡彬夏，〈美國胡桃山女塾之校長〉，頁 3-9、16-17。
〔註62〕　王恩銘，《二十世紀美國婦女研究》，頁 45-48。
〔註63〕　熊崇煦譯，〈美國之婦人與其教育〉，頁 21-22。

到 1910 年代，正好跨越從參政權論戰和北美洲的首次婦女運動，以及女性取代男性工作的第一次世界大戰，直到社會對婦女行為規範大幅修正的 1920 年代。〔註 64〕然而，直到廿世紀末，美國婦女的解放運動仍然美中不足，尤其對在職母親的經濟保障與福利政策，後者如產假、餵母乳等社福支持設施，不如西歐與北歐國家。〔註 65〕

　　對十九世紀末、廿世紀前期的中國留美女生而言，她們在美國這塊「希望之地」學習期間，觀察接觸到校園中的美國師長、同學，以及社會上的友人，尤其女性，必然受到影響。她們的表現和價值選擇，使她們產生文化震撼與衝擊，思考比較中美女性的地位與形象，在新與舊、現代與傳統之間，尋找自己的出路。

三、美國近代女子實科教育的發展

　　十九世紀中，學院成立如雨後春筍，雖然有的水準不高，甚至停辦，但它們的存在，使大眾的觀念和願望為之一變。學院如同教堂，成為美國生活的一部份。學院因應大眾要求須隨著社會改進，主持校務者遂持續探討新的可能性。例如拉丁文和希臘文對荒野的居民有何重要？一個機器匠人需要多少與如何的教育？這些基本問題的辯論，一直存在到廿世紀的後五十年。1802 年成立的紐約西點軍校，為了興建鐵路，較早鼓勵學習理科。保守派可以 1828 年耶魯大學的報告書為代表，反對把現代語言和科學列入課程。但聯合書院不理會此報告，而開設現代語言、科學和數學等課程，到了 1839 年該校學生數僅次於耶魯，而比其他任何學院多。於是，耶魯和哈佛也逐漸接受理科課程，但初時錄取水準較其他科目低。他們聘請理科教授，甚至成立理學院。耶魯是最早開設岩石和礦石實驗課的美國大學。1857 年，有喬治亞州的報紙論述人們既然生活在崇尚實用的時代，需要的人是土木工程師，負責道路鐵路礦場及科學化的農業云云。因此，按前述的〈莫理爾法案〉規定，各州若接受聯邦政府的經費補助，必須建立一所學院，教授有關農業及機械技藝，可包括其他的科學及古典學科。新學院添設機械課程，附設農業實驗站，使

〔註 64〕　（美）Sharon Bertsch McGrayne 著，李靜宜譯，《諾貝爾女性科學家》（台北：牛頓出版公司，1994），頁 8。

〔註 65〕　（美）西爾維婭‧安‧休利特著，馬莉、張昌耀譯，《美國婦女解放的神話》（加拿大：明鏡出版社，1998），頁 1-35。

農業科學化，農夫有更大的豐收，學生數漸增。到 1890 年州立學院確能使人學到一些東西，和傳統的學院大不相同。〔註66〕

其次，在美國內戰時，戰場前線有不少護士，其中天主教修女約佔五分之一。1890 年代美西戰爭時，修女也積極擔起醫護大任。她們不僅對戰爭的傷患施展醫護技能，也提供諮商協談，伸出友誼的雙手。如此，產生三方面的影響。一則使得美國人對天主教的態度明顯改觀，漸趨正面；二則更可看出天主教的修會提供婦女在別處得不到的好處。十九世紀的美國修女，雖然比中世紀的修女掌握的政治影響力和資產匱乏，卻能夠充分發揮自己的才能，擁有財產，佔居高位，又被鼓勵進修受教，從事有意義又受人尊重的工作，包括辦學、任教等。她們似乎成為「最解放的」一群女子。對天主教婦女而言，成為修女是結婚生子以外，另一個迷人的選擇。〔註67〕第三，在上述兩個前提下，還促進醫護科技教育向女生開放，使實科女子人數增加，素質也隨著提升。

此外，自十八世紀在美國興起的非主流「小派」基督教團體中，如雪克教派（Shakers）、歐奈達（Oneida）等，質疑甚至挑戰維多利亞式的模範婦女觀，前者強調獨身，後者鼓勵婦女主導男女關係。兩個團體的幼兒，都由兩性共同分擔照顧，或交由專人負責。他們的婦女都從事製造工作，如趕馬、耕種、機械等，這也促使婦女學習實用科技。廿世紀新興的基督教科學教派（Christian Science），設立者瑪莉‧艾蒂（Mary Baker Eddy）著有《科學與健康》一書，認為痛苦與疾病是幻影，若要像上帝一樣的活著，就得先受訓練。該團體大多由女性擔任心靈醫治的服事工作；崇拜聚會時，在會眾中遴選男女各一位為讀經者。這些團體都吸引不少婦女加入，女性人數為男性的倍數以上。可想見婦女的地位受到尊重，較主流教派更高，不必持家，還可成為學者，擔任種種的男性角色，突破傳統的婦女「範疇」，尋求領導等定位。〔註68〕姑且不論這些團體的基督教屬性有無偏差，他們的確提供婦女新的參與機會，還有接受科學教育的培訓。

十九世紀的最後廿五年，是科學時代的黎明，正是進步與思想自由開放的時期。英國科學家達爾文（Charles Darwin, 1809-1882）在十九世紀中所發

〔註66〕 Fred M. Hechinger & Grace，湯象譯，《美國教育的演進》，頁 114-116、119-120。
〔註67〕 芭芭拉‧麥克哈非著，朱麗娟譯，《她的歷史──基督教傳統中的婦女》，頁 170-171。
〔註68〕 同上，頁 171-179。

表的學說，轟動學術界。所謂「適者生存，優勝劣敗」的進化論觀點，讓其他思想家應用爲社會達爾文主義，甚至爲農、工、商業等經濟體系無限成長與教育的大舉擴展辯護。達爾文主義也對基督教信仰構成威脅。1875-1925 間，儘管保守份子和宗教社團力量相當強大，大多數科學家與學術界領袖逐漸接受達爾文主義；而使科學與宗教調和一致，成爲大學主要的思想問題。1904年，耶魯校長首次由非教會人士擔任。1906 年，第一所在校章規定宗教容忍態度的普林斯頓（Princeton）大學，也初次由非教會人士擔任校長，他就是1913 年成爲美國總統的威爾遜（T. W. Wilson; 1856-1924）。高等教育新的重要性反映財富的增加和人民生活的改善、城市迅速成長及人口的流動性，許多企業鉅子如石油大王洛克斐勒（John D. Rockefeller; 1839-1937）、卡內基（Andrew Carnegie, 1837-1919）等，捐鉅款給大學，私人資助的觀念越加發揚光大。〔註69〕

　　成立於 1892 年秋的美國中部芝加哥大學，最能反映當時的新式風格。該校在美國，雖屬後起之秀，開辦之初卻即實施男女同校。廿世紀初，該校聘請頗有作爲的基督教學者哈波（William Rainey Harper; 1865-1906）爲校長，在城南地區仿照牛津、劍橋大學，建立一片古雅校舍，發展其教學特色。該校不斷向洛克斐勒要錢，洛克斐勒不以爲忤，也給予師生最大程度的獨立，不像資助其他大學的工業家。哈波從其他大學挖角，羅致一流學者，要他們寫書，並進行有意義的研究工作。他以別人積極建造鐵路和工業王國的強勁，藉學術研究做爲本錢和力量的來源，建設該校，〔註70〕而能進入鼎盛春秋。譬如物理系陸續聘請諾貝爾獎得主邁喀爾森（A. A. Michaelsen; 1852-1931，1907 年獲獎）、米立堪（R. A. Millikan; 1968-1953）與康普頓（A. H. Compton; 1892-1962）等人任教。又該校哲學系是教育家杜威（John Dewey; 1859-1952）所創辦，後來他轉任哥倫比亞大學，而美國實驗主義派哲學仍以芝加哥大學爲大本營，有塔夫茨（J. H. Tufts）、艾姆斯（E. S. Ames; 1870-1958）、米德（G. H. Mead; 1863-1931）3 位名師。在美國大學中，該校最早施行學季制。每年 4 學季，每季約 11 星期；除了全國性例假日，只在 9 月份停課 1 個月，3 學季等於一般學校的 2 學期。大學生、研究生可在任一季休學、復學。〔註71〕這是比其他大學新穎之處，因此全

〔註69〕 Fred M. Hechinger & Grace，湯象譯，《美國教育的演進》，頁 124-125。
〔註70〕 同上，頁 125-126。
〔註71〕 梅貽寶，《大學教育五十年——八十自傳》，頁 31-35。

國內外學生入學踴躍。1900年代，就有中國留美女生就讀該校（參見後文）。

　　爲求配合國家興盛擴張的需要，並滿足人們對科技的新興趣，各大學不得不改弦更張。哈佛畢業生艾利歐特（Charles W. Elliot），原在母校任教數學與化學，遍遊歐洲後，出任哈佛大學校長40年。他參考德國學術和專業，革新法學院和醫學院，大力倡導自由選課，學生不以傳統的背誦方式攻讀拉丁文、希臘文、法文、數學及邏輯，可以自由選讀自己認爲某一方面能成爲專家或學者的課程。該校先後在1872、1879、1884年取消大四、大三、大二的必修科目。至1900年，大一必修科目只剩英文和一種外國語文。這個革命性課程的改進，推翻美國高等教育奉爲金科玉律的統一古典課程。雖然受到校友和校董激烈反對，以致他在1885年卸任，卻讓許多大學跟著改變作風。東部有名私立大學採用選課制，做爲教育自由主義精隨的同時，州立大學也發展實用課程。〔註72〕

　　然而，耶魯、英格蘭的許多小學院，以及普林斯頓大學的威爾遜，反對新制度，維護古典課程。威爾遜對科學造福人類表示懷疑，他在1896年寫道：「科學已經使我們產生一種實驗精神和鄙視過去的態度。」他認爲欣然擴張的日子已經過去，大學要「從過去所得到的一切教訓」，使青年明白責任所在。十九、廿世紀之交，美國大學普遍出現理想與名利兼重的特點，以幫助畢業生在美國生活中成功爲其宗旨。學術界領袖仍強調往昔以受教育的仕紳有義務爲社會服務的理想觀念，但也有另一種新類型的專家致力建築鐵路、造橋樑的服務，比威爾遜所講的更實際。這些發展，反映美國多數人樂觀相信只要有更多「民主」與「科技」進展，尤其後者，可以很快促成改進，甚至使所有的問題都能解決，每件事物都能成功。〔註73〕

　　當然，近世女權擴張的結果，也使歐美的女子在科技方面有更多的學習與發展機會。以醫療科學爲例，西醫可溯源自希臘神話。相傳人首馬身的基戎（Cheiron 或 Chiron）家族，傳授醫藥知識，醫治傷兵病患。基戎的子弟阿斯克勒庇奧斯（Asklepios 或 Aeskulapius）能起死復生，後被視爲醫神；所執毒蛇纏繞的杖，成爲後世西醫的主要象徵。他將醫術傳授兒女，其未婚女兒許革雅（Hygieia），手握神蛇或執祭品鉢餵食神蛇，坐在雅典神殿，被當作防治疫病的女神來崇拜。她的名字演變爲後世「衛生」（Hygiene）一詞。古希臘醫學內

〔註72〕 Fred M. Hechinger & Grace，湯象譯，《美國教育的演進》，頁126-127。
〔註73〕 同上。

容，以衛生學和食療學為主，重視洗浴強身潔體，以預防疾病。這影響及羅馬人，故希臘羅馬時期鉅資建造諸多引水工程與清潔設備，貴族時興冷溫泉浴、海水浴及足浴，塗膏按摩，體操與美容等，並頻繁清除糞便和垃圾等。〔註74〕西方世界自第一世紀以後，有少數女醫。考古發現小亞細亞有一些女醫的墓，是屬基督教盛期。羅馬帝國時代，南義大利有撒雷諾（Salerno）醫學院，首開招收女子先例。十一世紀，該院的內科暨婦科醫師特羅圖拉（Trotula）女士，還撰寫一本很受歡迎而流傳數代不衰的《女人的疾病》（*The Diseases of Women*），影響更多女性立志當醫生，形成撒雷諾的女士們（Ladies of Salerno），到十二世紀達於鼎盛。她們參加講座，學習解剖學、生理學、病理學，不少成為名醫，主要從事外科、婦幼疾病治療與美容。中古時代，修道院多附設病院，有通曉醫術的修女管理，並以外科術治療受傷的武士。英國教會法也准許婦女行醫為業，首務是婦科疾病，次為療治傷口，從切脈、放血到內臟針刺。有些女醫收入豐富，廣置地產。後來，男子逐漸掌握政治、社會及醫療的職權，婦女遂被擯除於醫界。巴黎學會規定非自專門學校畢業，不得行醫；1220年左右，巴黎大學頂尖的醫學院，禁止女生申請就讀，以致十三、十四世紀，不少女醫因違法而遭流放。十五世紀初，歐洲諸國的男醫曾締結同盟，排斥女子業醫。但這個世紀，也有德國女性在大學教授高年級醫學理論。法蘭克福在1389-1497年間，就有15個獲得執照的女醫師開業，包括3個擅長眼科的猶太女醫。1485年法王查理八世下令收回女人當外科醫師的權利。這事證明許多有志學醫的女性存在，否則不需藉助法令解決。〔註75〕各國大學嚴禁婦女入學，僅義大利波隆那大學例外。該校有女教席，至十八世紀成為婦女習醫中心，曾有女生獲得拿破崙頒授產科學位。〔註76〕

　　十八世紀末美國獨立後，教育風氣漸開明，女子獲允上學。法國大革命事起，個人解放的說法風行，女子得以擺脫男子的藩籬，而擴張其受教育、參政與社會權利，使得女子也可業醫，這是女醫勢力捲土重來的一大轉機。十九世紀，美國允許女生進入大學，女子的教育機會與男子均等。但是，大部份人還相信「女性的心是不適於嚴格的學習和論理的思想」。女子受普通大

〔註74〕　（德）伯恩特・卡爾格—德克爾著，姚燕、周惠譯，《醫藥文化史》（北京：生活・讀書・新知三聯書店，2004），頁14-17。
〔註75〕　同上，頁42-43、344-345；羅莎琳・邁爾斯著，刁筱華譯，《女人的世界史》，頁211-212。
〔註76〕　胡學愚譯，〈女醫之今昔觀〉，《東方雜誌》卷13號12，頁35、37-39。

學教育以後，神學、法學、醫學三科專業教育的機會，又經過更感困難的爭鬥。因此，醫學的訓練，直到 1848 年才開始容納女性。〔註77〕此所以在十九世紀初，有英國女子亞力巴柴，於 17 歲時赴美遊歷，後欲入醫科大學，屢試不成，終獲得紐約州某專科大學准予入學，卻備受校中男生鄙視。她堅持學業，1849 年畢業考完，獲得醫生文憑。但是，返英設診，又受群眾百般阻攔。她只得重赴美洲，1851 年在紐約行醫，又被紐約男醫反對加入同業，她堅忍自持，信用漸著，排除諸多困難，且在紐約首創女子醫院及女子醫學專門學校各一所。1859 年，她回英國講授醫學，遠近不少閨秀負笈相從，高足數人成爲女子業醫的運動先驅。近世女醫的興起，亞力巴柴功居其半。十九、廿世紀之交的戰爭，女醫大顯其用。1854-1856 年克里米亞戰爭的戰場上，出現南丁格爾及其同道共 38 位女性醫護人員。她們成功地破除男性的質疑眼光與性別障礙，協助戰地醫師醫療照顧傷患，備受肯定，被尊稱「白衣天使」。此後，至廿世紀成效大著。一次世界大戰時，傷兵視醫院無異於家庭。〔註78〕諸多人力所成的障礙得以移除，歐美女醫日增。

第二節　清末民初中國女子教育的發展

　　本節探討近代中國女子教育的發展與不足。擬按時間先後，分成兩階段。首先說明十九世紀末、廿世紀初中國女子教育的起源。其次說明廿世紀初期女子教育的發展，以 1912 年至 1927 年間大抵屬北洋政府的統治爲一階段。試圖從中了解中國女子因國內教育發展的不足，與其赴美留學的原因。

一、清季中國女子教育的起源

（一）女子教育的新舊交替

　　中國的女子教育，雖遲至 1906 年才納入正規學制，但早在清乾隆、嘉慶年間便有袁枚、李汝珍等人對傳統「女子無才便是德」的說法提出異議，主張女子應與男子同受教育，李汝珍更撰成小說《鏡花緣》申明此義，認爲「天地英華，原不擇人而畀」，且「靈秀不鍾於男子」。〔註79〕

〔註77〕　張家鳳，〈兩性差異的研究〉，《教育雜誌》卷 27 號 6，頁 59。
〔註78〕　胡學愚譯，〈女醫之今昔觀〉，頁 35、37-41。
〔註79〕　李汝珍，《鏡花緣》（台北：世界書局，1962），頁 168；廖秀眞，〈清末的女

　　道光以後，傳教士也開始在中國鼓吹女權。鼓吹的方法從「戒纏足」及「興女學」著手，且以興女學影響最明顯。早在 1844 年，英國「東方女子教育協進會」（The Society for promoting Female Education in the East）會員艾爾德西女士（Miss Aldersey）就在寧波建立一所女子學校。〔註80〕1847-1860 年間，各宣教團體先後在福州、上海、廣州、寧波、廈門等通商五口，共設立 11 所女校。〔註81〕1864 年，裨治文夫人（Eliza Gillette Bridgman）在北京創立「乞丐女學」。〔註82〕據初步統計，美國傳教士林樂知（Young J. Allen）在上海創辦的《萬國公報》（The Globe Magazine and Reviews of the Times），1868-1907 年間共發行 966 期，鼓吹女權的論述將近 100 篇，影響到維新派的康有爲、梁啓超、嚴復等人，在甲午戰後提倡「戒纏足、興女學」運動，作爲新政的要項。〔註83〕這可是與西方傳教士的戒纏足運動桴鼓相應。1875 年傳教士在廈門首創「戒纏足會」。〔註84〕1883 年，康有爲也在家鄉廣東南海倡辦「不裹足會」。1895 年，他又在廣州創設「不纏足會」，後推廣到上海；湖南、湖北、福建等省城也有分會。到 1900 年，杭州、天津、上海等地都有放足會或天足會的組織。〔註85〕既放足，便易鼓吹女子教育。

　　在中國近代女子教育史上，教會女學具有相當的開創作用，並爲中國人自辦女學提供不少可資借鑑的經驗。以洋人最集中的上海爲例，1949 年以前，教會學校從幼兒園、小學、中學到大學，包括已停辦和合併的，共一百卅餘所。教會學校由美國差會派來的傳教士教員聯誼會，每個地區指定一人做具體工作。美國各宗派教會初於上海辦學，即劃分爲東門、西門、南門、北門四區，東門屬天主教範圍，其餘爲基督教勢力範圍。有鑑於當時中國女子學校尚未萌芽，富貴人家延師課讀，其女眷無校可進，女傳教士即倡辦女學。

　　　　子教育（1897-1911）〉，頁 9-10。
〔註80〕程謫凡，《中國現代女子教育史》，頁 46。
〔註81〕Margaret E. Burton, *The Education of Women in China*, p. 35.
〔註82〕Ida Belle Lewis, p. 50; Jessie Gregory Lutz, *China and the Christian College, 1850- 1950*, p. 132.
〔註83〕李瞻、石麗東，《林樂知與萬國公報，中國現代運動之根源》（台北：新聞記者公會，1977），頁 7-8。
〔註84〕〈廈門戒纏足會〉，《萬國公報》卷 11，收入李又寧、張玉法合編《近代中國女權運動史料》下冊，頁 837-840。
〔註85〕康有爲，《康南海自訂年譜》，頁 13；張玉法，《清季的立憲團體》，頁 141-143、170、200。

西門以 1850 年裨治文夫人設立的裨文女塾爲中心，〔註86〕同時，有女公會設立上海婦孺醫院和教堂；還有安息會在斜橋設立惠中男女兩校和教堂。其次是南門以清心中學和清心女中兩校（管轄者文紹祖，是教會世家；虹口區文監師路，即紀念其父）爲中心，有教堂和普益社，均屬北長老會。北門也以女中和教堂爲中心，屬南浸禮會。〔註87〕

清心女校係 1861 年由美籍傳教士范約翰（John M. Farnham, 1830-1917）的夫人瑪麗創辦，她將所租南門陸家濱的住宅一部分闢爲女校校舍，附設在男校（范約翰創辦於 1860 年）內，以校舍狹窄，另蓋竹屋爲女生烹飪學習處。課程除英文、國文、算術、唱歌外，還有聖經課，宣傳宗教。爲迎合當時社會心理，還注重家政。1863 年獲得西商捐贈購屋材料，始正式興建女校校舍。美國女傳教士婁禹華資助最多，故英文校名爲（Lowrie Institute）。迨裨治文夫人遭夫喪，匆匆離華。上海僅有的裨文（Bridgeman）、聖瑪利亞（St. Mary）兩女校遂停辦，學生併入清心女校。後來，裨文女塾在西門重新建立，改稱「裨文女校」。聖瑪利亞女校也重新開辦。〔註88〕清心男女校的校舍及禮拜堂於 1865-1868 年間落成，以後擴大規模爲中學，即 8 年制。1906 年有首屆畢業生 3 位，後蜚聲於教育界。同年（1906）增辦幼兒園，爲家長所信任。以後畢業生在社會任事漸多，頗受好評。〔註89〕

聖馬利亞女校則是 1881 年附設於聖約翰書院內。後來常有男生潛入女校，引起校長卜舫濟不悅。1923 年聖約翰書院獲得一筆捐款，購買白利南路地區，建造聖馬利亞新校舍。〔註90〕該校的課程，初以縫紉、紡織、園藝、

〔註86〕 裨文女塾（現爲市立九中）係美國自治會裨治文牧師之妻裨文夫人所創辦。至 1881 年，美國聖公會傳教士瓊司女士將部份裨文女塾與原設於虹口的文紀女校，合併組成聖瑪利亞女校。見董滌塵、鍾壽芝〈前清心女中校史〉，《解放前的上海學校》，中國人民政治協商會議上海市委員會文史資料工作委員會，《上海文史資料選輯》輯 59（上海：上海人民出版社，1988），頁 283；吳士餘主編，《上海舊影老學堂》，頁 31-32。

〔註87〕 普益社在 1920 年以後創辦，性質如青年會，見董滌塵、鍾壽芝〈前清心女中校史〉，頁 283-284。

〔註88〕 熊月之、張敏，《上海通史》第六卷《晚清文化》（上海：上海人民出版社，1999），頁 222-223；楊潔，〈民國時期上海女子教育研究（1912-1949）〉（上海：華東師大博士論文，2000），頁 16。

〔註89〕 1906 年清心女校畢業生爲鮑翠鳳、華靜貞和葉潤園夫人。鮑翠鳳（郭秉文夫人，婚後改名郭鮑懿），見董滌塵、鍾壽芝〈前清心女中校史〉，頁 283-285。

〔註90〕 1949 年以後，聖瑪利亞女校被中共接管。1953 年與中西女校合併，改稱「上

烹飪等為主，並讀《聖經》與《四書》。1900 年起，規定學制 8 年，並擴充範圍，徵收學費，招收教外學生。1915 年改為中學 4 年、小學 8 年，中學階段須修習《初等女國文教科書》8 冊、《初等女修身教科書》4 冊、《高等女國文教科書》4 冊、《高等女修身教科書》4 冊、《啓悟初津》2 冊、《蒙學論說》4 冊，以及基督本紀、筆算數學、譬喻類纂、讀經、訓蒙地理、地理志略、中國皇統史、古文存粹等。〔註 91〕

上海最有名女校「中西女塾」，是前述的美國監理會傳教士林樂知於 1890 年發起，海淑德（L. Haygood）創辦於慕爾堂（今稱沐恩堂）東側，英文名稱為 McTyeire School，以紀念美國南方教會墨梯主教的大力支持，1892 年 3 月 17 日開學。初只設小學，學生 7 人，全部來自基督教家庭，以後逐年增多。〔註 92〕1919 年增設中學於新購的滬郊殷家花園住宅。1930 年以中學分校向教育局註冊，改名「中西女中」，留美教育碩士楊錫珍女士為首任中國籍校長。〔註 93〕該校特色有（1）提供教育，中英並重，英文為選修。（2）教授西洋音樂、舞蹈與表演（Expression），三門課都是選修，另外收費，學成發給文憑。（3）從思想與道德習慣上，對中國女子施以健全的教育和影響。（4）傳授基督教的基本要道。每逢聖誕節、復活節、萬聖節、感恩節與西洋情人節等西方基督教節日，舉行大型宴會。畢業典禮前，有畢業禮拜。〔註 94〕如此，該校的女生在國內先接受西方文化與教育，赴美進修深造更能銜接而得心應手。

上述聖馬利亞、清心與中西三所女校，均屬貴族學校。聖馬利亞女校與中西女中，在正常課業外，都設有鋼琴、洋琴、美術等藝術科目，供選生選修；學生也可主修藝術科，畢業獲得藝術科文憑。但只有中西女校有專門的西方生活習慣訓練和表情訓練，顯示聖瑪利亞與清心女校辦學模式較為保守，其西化與貴族化程度不如中西女校。而其他基督教女校更不如前述這三

　　　海市第三女中」，至今仍是上海唯一的一所女中。見吳士餘主編《上海舊影老學堂》，頁 31-32。
〔註 91〕　熊賢君，《俞慶棠教育思想研究》，頁 13-14。
〔註 92〕　海淑德（Laura Haygood, 1845-1900）是美國南方婦女監理會女傳教士，1884 年應林樂知約請來華，後為中西女校第一任校長。見熊月之、張敏《上海通史》第六卷《晚清文化》，頁 228-229。
〔註 93〕　Jerome Cavanaugh, ed., *Who's Who in China: Biographies of Chinese Leaders*, p. 236.
〔註 94〕　薛正，〈我所知道的中西女中〉，《文史資料選輯》1978 年第 1 輯（上海），頁 94、97-110。

所女校。至於天主教女校，也是美國所辦，傾向開放；法國所辦，比較保守。在上海，法國所辦曉明女中與震旦女中，均注重宗教與知識的灌輸，過於動手能力的培養，也不重視體育課。震旦女中的中國史地，都用外國人編寫的教材，對鴉片戰爭的解讀角度不同。學生預習功課，須用外文字典查生字詞句，經常要到深夜才能休息。〔註95〕

上海以外的都會區，也陸續有教會女校設立。如 1884 年美以美會（Methodist Church）在江蘇鎮江寶蓋山創立「鎮江女塾」（後改名崇實女塾）。〔註96〕隨後江蘇地區有上海中西、蘇州景海、南京匯文等女校的成立；華中地區有九江儒礪、漢陽訓女、長沙福湘等女校的成立；華南地區有福州陶淑、廣州英光等女校的成立；華北地區有天津中西、北京貝滿等女校的成立。〔註97〕有人比較北方教會學校的英文程度，較遜於南方。〔註98〕隨著教會女校的增設，學生人數也愈多，據 1902 年的教會學校統計顯示，中國女子進教會女校的人數，除初等蒙學堂不計外，已達 4,300 多人，佔全部教會學校學生人數的 43% 強，〔註99〕可見西方教會人士對女子教育也相當重視。又根據另一記載，歷年教會女校的數目與學生人數可表列如下。〔註100〕

表 1-1：清末民初基督教教會女校的數目與學生人數

年　　代	1849	1860	1869	1877	1896	1910	1915	1916
學校數目	3	12	31	38	308			
學生人數	不足50	約196	556	524	6,798	16,190	45,168	50,173

由上表可見自 1896 年到 1910 年代，教會女校的學生有增無減。又由於這些教會女校大多重視宗教信仰與外國語文的訓練，因此學生出國留學的機會較多，例如：1902 年留美習文科的薛錦琴，以及 1920 年政府選派女生公費留美的 29 名中有 13 名，都是上海中西女校畢業的。〔註101〕

〔註95〕 楊潔，〈民國時期上海女子教育研究（1912-1949）〉，頁 37-39。

〔註96〕 程謫凡，《中國現代女子教育史》，頁 46；陳東原，《中國婦女生活史》，頁 319。

〔註97〕 劉王立明，《中國婦女運動》，頁 80。

〔註98〕 最早進北大的女生奚貞，先後畢業於務本女塾與蘇州景海女塾，考入北京協和女大，就感覺南方教會女校的英文能力較強。參見楊潔〈民國時期上海女子教育研究（1912-1949）〉，頁 105-106。

〔註99〕 程謫凡，《中國現代女子教育史》，頁 49-50；陳東原，《中國婦女生活史》，頁 349-350。

〔註100〕 Ida Belle Lewis, p. 42.

〔註101〕 《美洲留學報告》，第二次，同瀛錄，頁 16；梁元生，《林樂知在華事業與萬

　　教會女校日增，促使中國有識人士也倡立自設女學。1890 年代中期以後，維新派人士認爲女學的興盛，關係國家的強弱。梁啓超說：「女學最盛者，其國最強，不戰而屈人之兵，美是也。女學次盛者，其國家次強，英、法、德、日本是也。女學衰，母教失，無業眾，智民少，國之所存者幸矣；印度、波斯、土耳其是也。」〔註102〕他們以上海爲中心，展開「興女學」的活動。1897 年，康廣仁、梁啓超與經元善等人籌辦女子學堂，同年 12 月，他們約集上海西國婦女籌辦「經氏女學」（經正女學），次年 6 月開學，學生有 16 人，來自常熟、無錫、蘇州、上海等地。校方聘林樂知的女兒任教英語、算術、地理、繪事等課程，另有醫學、女紅、體操、國文、琴學課程，並教《女孝經》、《女四書》、《內則衍義》等。可見該校兼採傳統中國與新式西洋女教的特色，既重視培養有婦德而身體健康，且稍有文化賢妻良母教育，也強調「婦工」，傳授女子生計教育，尤其算術、醫學等實科，有助於獲得職業。經正女學開辦第二年（1899），學生增至 70 餘名；又在上海分設新校，有學生 20 名。該校後被保守人士上書彈劾誘導女子走出閨閣，1900 年以經費困難而停辦。〔註103〕該校存在不到 2 年，受變法失敗牽累，維新派鼓吹的「戒纏足、興女學」運動暫受壓抑。1900 年八國聯軍陷北京，慈禧太后蒙塵，回京後又頒行新政，次年 12 月下詔勸戒纏足，這距 1662 年（清康熙元年）下令禁女子纏足，〔註104〕已近 240 年。此後，戒纏足風氣復得重振，女學新芽再獲茁長。

　　1901 年有吳馨（懷疚）在上海捐資創辦一女校，1902 年遷至小南門，並擴大規模，仍以培養賢妻良母爲宗旨：「女子爲國民之母，欲陶冶健全國民，根本須提倡女教。」改校名「務本」。初僅招得學生 7 人，後增至 40 人，再逐年增加。1905 年辦學宗旨改爲「改良家庭習慣，研究普通知識，養成女子教育兒童之資格。」設預科、本科、師範科；規定按照年齡、學力分班。該校是中國第一所女子師範學校，培養第一代女教師。民國建立後，幾度變遷，1945 年復校。〔註105〕該校禁止學生塗施脂粉及穿戴華服，並勸放足。〔註106〕

　　　　國公報》（香港：中文大學，1978），頁 51。
〔註102〕梁啓超，《飲冰室文集》一，論女學，收在李又寧、張玉法合編《近代中國女權運動史料》上冊，頁 555、491、505。
〔註103〕廣學會書記，〈上海創設中國女學堂記〉，《萬國公報》光緒廿五年五月號，收入李又寧、張玉法合編，《近代中國女權運動史料》下冊，頁 1005-1006。
〔註104〕褚季能，〈第一次自辦女學堂〉，《東方雜誌》卷 32 號 3（1935 年 2 月 1 日），頁 130。
〔註105〕同上，頁 19-21，務本女校於 1952 年改稱「上海市第二女中」，1968 年起改

至於課表，預科課程有修身、國文、外國文、理科、算術、地理、歷史、圖畫、唱歌。本科課程，比預科增加「教育」，其他課程名稱相同，內容則不盡相同。如「理科」由家庭衛生、動植物、礦物，改爲生理、物理、化學大意；「算術」加授代數、幾何。因此，該校也是近代中國最早習理科、算術、家政科學的女子小學。〔註107〕也可以說，十九世紀以來，西方女傳教士來華設學，附帶傳播美國女子教育的理念，其中包括家政、醫學、算術、理化等科學教育。這些女校的一些課程，也被中國自辦的女學模仿。

　　1902年秋，上海還有蔡元培與陳範、陳擷芬、吳亞男、吳弱男等人參與創立「愛國女校」。〔註108〕隨後開辦的女校，如宗孟女校（1903），〔註109〕城東女校（1904）等。〔註110〕次年2月，慈禧太后面諭學部興辦女學，並命學部奏議女學章程。〔註111〕蘇州、廣州、北京、天津等地，陸續有女校成立。〔註112〕1907年，學部頒定《女子小學堂章程》及《女子師範學堂章程》，〔註113〕正式承認女子上學堂的合法地位。從此，各地女校與女學生日益增多。據統計，至1909年女校學生已達12,164人。〔註114〕女子教育的重要性爲人們所認識，女子求學的

稱「市二中學」。
〔註106〕 熊賢君，《俞慶棠教育思想研究》，頁13-14。
〔註107〕 務本女校在辛亥革命後，改爲縣立第一女子小學暨務本女子中學校。其本科課程中，還有「修身」由人倫道德之要、中外名人言行，改成倫理學、家政學、群經大義，以養成溫誠勤樸的德性，治家涉世的能力，並有人群國家的觀念。「外國文」由拼法、審音、抄默、造句、習字、譯解，更爲英文文法、會話、作論、講讀會話、文法譯解等，俾使知音義、會話及函牘。「教育」有教育原理、教育史、心理學、教授法等。參見〈近代最早學習家政的女子學校〉，宋瑞芝主編《中國婦女文化通覽》（濟南：山東文藝出版社，1995），頁310-311。
〔註108〕 〈記上海愛國女學校〉，東京《女學報》期4，收在李又寧、張玉法合編，《近代中國女權運動史料》下冊，頁1007；馮自由，《革命逸史》第二集（台北：台灣商務印書館，1969），頁79。
〔註109〕 Ida Belle Lewis, p. 26.
〔註110〕 〈城東女學社簡章〉，《警鐘日報》1904年7月24日第四版，專件一。
〔註111〕 《東方雜誌》第五年二期（1909年2月），雜俎，頁20；《東方雜誌》第五年八期（1909年8月），六月記事，頁39。
〔註112〕 《東方雜誌》第一年一期（1904年1月），教育；第五年六期（1909年6月），教育。
〔註113〕 《東方雜誌》第四年四期（1908年4月），教育，頁101-114；《學部官報》期15，頁145-148。
〔註114〕 程謫凡，《中國現代女子教育史》，頁96。

阻力相對減小。但新式女學的師資頗有問題，尤其醫學、算術、理化等實科方面。因女學堂章程規定須由女性擔任教師，當時女子師範學堂尚未普遍設立，一些速成師範學堂造成的師資，難免粗製濫造。〔註115〕新興女學的師資素質低下，女子教育呈現「不患來學無人、而患足居師席者少」的局面。〔註116〕許多人將目光轉向教育發達的歐美日等國，希冀取經攻錯，補強女教師資。

（二）女子醫護教育的發展

近代中國女子醫護教育的發展，令人刮目相看。與女子擔任學校教師不同的是，中國的傳統歷史上就有女醫。公元前三世紀，中國醫學已有相當發展。在中國醫學史上，醫術精湛的名醫除了扁鵲、華陀等，也有少數女醫。文獻可考的女醫，大約20位，如西漢的義姁，被漢武帝之母王太后召入宮，為女眷保健。東漢淳于衍入宮侍皇后疾。東晉葛洪的妻子鮑姑，為南海太守鮑靚的女兒，擅灸術，採艾治贅疣。明代談允賢，祖父母均業醫；她15歲讀遍醫典，遂以婦科知名，著有《女醫雜言》。清同治年間出身四川的曾懿，醫著甚多，如《骨歡室醫書三種》、《曾女士醫學全書六種》、《診病要訣》、《雜病密笈》、《婦科良方》、《幼科指迷》、《寒溫指迷》、《外科纂要》等。女醫人數少，事蹟簡略，鮮為人知。探其主因為古代女子受教育程度不高，缺乏專業訓練，何況醫藥典籍艱澀難懂，學習不易。再者，一般人重男輕女的觀念，醫術多傳子不傳女。加上婦女被要求三從四德，而宋代以後貞節觀念嚴苛，明代還盛行「女子無才便是德」，又盛行纏足，難以在社會走動。宋史言及習醫女子，受太醫考試及格，可選充官醫，但若非家學淵源，父兄傳授，或夫唱婦隨，或出家為女尼、道姑，女子少能行醫濟世維生。因此，女醫的人數與影響，不如文藝才女的數量及成就。〔註117〕但她們妙手回春的救人，仍然留下智慧結晶，貢獻不可抹滅。

然而，中國即使男性中醫人數較多，城市也不普遍，何況鄉村。以近代的首都北京為例，1850年以前的醫生，有醫官與醫生兩種。醫官由醫學館出身，主要即供職太醫院的太醫，為宮廷服務；醫生則是給一般人看病。但因

〔註115〕《學部官報》期21，頁149；廖秀真，〈清末的女子教育（1897-1911）〉，頁129。

〔註116〕《東方雜誌》第三年第十期（1907年10月）。

〔註117〕曾懿，為太僕卿曾詠之女。其他中國古代女醫，可參見徐建云〈我國古代女醫的成就及其人員稀少的原因探析〉，《南京中醫藥大學學報》（社會科學版）第3卷第1期（2002年3月），頁18；彭述憲，〈古今醫壇女醫家擇要〉，《遼寧中醫院學報》第2卷4期（2000年12月），頁257。

中國無醫師開業執照考試制度，造成醫生水準參差不齊，良莠不分。從事醫生職業，除了世代從醫以外，有的讀過醫書，通曉醫學大要；也有一些科考落地，或是仕途坎坷者；更有只當過醫家僕役，看過診脈，會寫處方，就敢開業，給人把脈開藥。因此經常出現誤診或診治不當的情況，被洋醫描述爲「明醫少而醫道不甚講求也」。〔註118〕1860-1900 年間（同光年間）北京兩次瘟疫流行，造成每日死亡達百餘人，醫者束手無策，清廷也只能撥發部分公帑，調製藥劑，於內外城分段設藥局施藥。至於婦女分娩，則請穩婆（收生婆），接生方法既無衛生設備，又缺乏一般衛生常識，婦嬰死亡率很高。時人稱「於衛生相去甚遠」。〔註119〕

清末海禁開放，來華的醫療傳教士爲西醫的直接傳播者。他們以西醫爲中國人治病，希冀獲取信任而進行傳教。西醫比較中醫，自有優長之處。〔註120〕1808 年，第一位西方醫療傳教士李維史東（Dr. J. Livingstone）來華開設診所，爲中國第一所西醫院。1835 年，美國傳教士柏駕（Peter Parker）在廣州開設眼科醫局。〔註121〕鴉片戰爭後，西洋醫術逐漸傳入京城。如 1861 年有英國倫敦會在東單牌樓北創辦會施醫院。1885 年有美國長老會創辦婦嬰醫院，次年美國美以美教會創辦同仁醫院等。這些醫院設備較佳，有的還可住院治療。他們先進的醫術，受到部分市民的信任。北京同文館也編譯西方醫學書籍，如《全體通考》、《全體功用》、《西醫舉隅》、《英國醫藥考》等。1903 年，同仁醫院新大樓在崇文門內東交民巷建成，爲北京最早的西式建築之一。該院各科醫療較齊備，眼科尤爲突出，後來增設眼科大樓，內有磨鏡室，就醫者增多，聲譽更高。不少皇親貴族也找外國人看病，如溥儀的祖母得乳病，曾請法國醫生診治。〔註122〕總之，直到十九世紀，中外醫生大多被請到家裡給病人檢查或治療。而住院病人都身無分文，醫生給他們治療，兼作教學用途。〔註123〕

〔註118〕 〈英醫士科齡致慶親王稟文〉，《北京檔案史料》1989 年第 2 期。

〔註119〕 吳廷燮，《北京市志稿》民政志（北京：燕山出版社，1989），頁 217、250、306。

〔註120〕 盧平，〈西醫東漸後我國近代的女子醫學教育〉，《中華醫學雜誌》卷 29 期 1，頁 42。

〔註121〕 陶善敏，〈中國女子醫學教育〉，《中華醫史雜誌》卷 19 期 6（1933 年 12 月），頁 849-854。

〔註122〕 袁熹，〈近代北京醫療衛生事業與市民健康〉，《北京檔案史料》（北京，2005年 3 月），頁 166-167。

〔註123〕 〈早期佔主導地位的家庭護理〉，伯恩特‧卡爾格－德克爾著，姚燕、周惠

　　清中葉以後，中國學子開始出國專攻西醫。最早如廣東人黃寬（1828-1878）。〔註124〕大約同時，基督教所辦西醫專上學校陸續出現。然而，直到1840年代前期，歐美尚無一所醫學院招收女生。時人以爲只有男生才具資格當醫生。〔註125〕近代西方女醫的歷史，不下於中國女醫演變過程的曲折。因此，十九世紀後半葉，來華外籍醫療女傳教士不多，開辦的婦孺醫院也有限。1874年美以美會「婦女國外傳道會」首派一位女醫到福州。1875年又有美國費城女子醫學院畢業的寇慕貞（L. L. Combs）首先由美以美會派至北京，自辦診所；同行的郝維德（L. A. Howard）醫生，在天津設一醫院，專爲李鴻章家屬看病。寇慕貞後與助手戴維斯（G. Davis）開辦一所35張病床的婦孺醫院，1877年交給哈醫生，至1900年以前有多名醫生來此工作。該院建在普通民房裡，手術室頗爲講究，手術台是木製的，地板鋪透水性良好的上等磚塊；惟燈光設備欠佳，晚間若有緊急手術，只好使用自製的簡易燈照明。〔註126〕

　　儘管來華傳教士與國內開明人士的倡導「戒纏足」、「興女學」，中國女子得與男子同受學校教育。中國的醫校起初沒有女生入學。教會女校初僅中小學程度，並無專業女醫學校；更沒有女子在國外醫科大學受過教育。清末中國仍循舊俗，以男女授受不親，男性醫生不能與婦女接近。婦女一旦罹患疾

　　　　　譯，《醫藥文化史》，頁314-315。

〔註124〕黃寬偕兄長黃勝於1840年入澳門馬禮遜學校，1846年與同學容閎等三人，隨校長柏朗（S. R. Brown）一家赴美，入麻州孟松學校，預備進大學。1848年秋，黃寬轉至英國愛丁堡（Edinburgh）大學醫學院學醫5年，以第3名畢業，獲M. D.學位；再進修病理與解剖，1857年由所屬愛丁堡醫學傳教協會差派返國，在香港開設藥局，1858年遷廣州，至同年4月共診治病患3,300人。1859年至廣州傳教醫院（博濟醫院的前身）與嘉約翰（Dr. Kerr）共事，曾執行剖腹產手術，爲中國最早實行此術者。1860年受聘爲李鴻章的醫學顧問半年，影響李領略西醫科學的實用，而首設天津醫學堂。1863年黃寬任廣州海關醫學辦事處負責人，與中國16處港口，同步從事流行病檢疫。1866年又籌設附屬醫校，由黃任教解剖、生理與外科學。他在中國最早施行金納（E. Jenner）種牛痘法；去世3年後，粵督設種痘局、血清疫苗製造所，推廣其理想。見陳勝崑《近代醫學在中國》（台北：當代醫學雜誌社，1978），頁24-29。

〔註125〕陳偉權，〈我國最早的女留學生——金雅妹〉，《寧波同鄉》期292（1993年7月1日），頁3。

〔註126〕鄧鐵濤、程之範主編，《中國醫學通史：近代卷》，頁320、321；王治心，《中華基督教史綱》（香港：基督教文藝出版社，1959），頁327，作1873年康斯來華；韋女士係1885年由美國「婦女傳道聯合會」派至上海。L. L. Combs的中文名字即寇慕貞，參見羅運炎編《衛理公會年議會簡史：中華基督教百年紀念專冊》（上海：中華基督教衛理公會，1947），頁40-41。

病，或羞於啟齒，或諱疾忌醫，以致延誤病情，因此亟需女醫看診、治療。隨著男子專攻西洋醫學，教會考量醫療傳教對象的不同，因應中國的文化特色，因此既差派外籍女醫生來華進行醫療傳教，也選派信教的華人女子出國留學習醫。中國因而女子也有西醫人才產生。直到 1879 年，中國第一所教會西醫學校——廣州博濟醫局的南華醫校，才首次招收 3 名女生；規定學制 3 年，但男女分班教學。因當時中國社會守舊，不能接受男女同學。〔註127〕後有美國北長老會醫療傳教士富美麗（Dr. Mary H. Fulton, 1854-1927）來華，在博濟醫院服務，見其中女子習醫甚少，決意在 1891 年設立「廣東女子醫學校」於廣州；〔註128〕1901 年改名「夏葛女子醫學院」（The Hackett Medical College for Women），1909 年與南華醫校合併。〔註129〕這是中國首設的女子醫學校。該校在中國文獻可查的最早女子西醫學校教育，較英國、瑞士醫校招收女生，僅晚 3-4 年。〔註130〕

十九世紀末，中國才出現自辦的新式醫學校。如 1881 年在天津首設醫學堂（海軍醫學堂前身），為最早的西醫學院。1882 年在太原有私立山西川至醫專科學校，學制 5 年，以中文授課。1884 年有南昌的江西省立醫藥專科學校開辦，學制 5 年，以中、德文授課。〔註131〕1887 年，蘇州博習醫院伯樂文醫生與上海西門婦孺醫院斐醫生合作，設立醫學班，男女兼收，學制為 5 年。學生同室上課，但男女生之間以帷幕隔離，分道進出。畢業時，授與醫學士學位；1909 年末屆醫學生畢業，且有蘇州的官員與外國領事參加。可見頗受重視。總計該班 26 名學生，其中有 4 名女生，醫術均具聲譽。〔註132〕1891 年，美以美會鑑於華中地區婦女不願給男醫生治病，也在蘇州設女子醫學堂。〔註133〕據稱，到 1893 年，中國已有 151 名男生和 28 名女生在教會

〔註127〕 顧長聲，《從馬禮遜到司徒雷登》（上海：上海人民出版社，1985），頁 184。
〔註128〕 廣東女子醫學校於 1902 年獲大衛柔濟捐鉅款創辦醫院、藥劑學校，稱為柔濟女醫院及柔濟藥劑學校；又獲美國印第安那州夏葛氏（E.A.K. Hackett）捐款，建築新校舍多所，故在 1905 年改名為夏葛教育部，見《第一次中國教育年鑑》（上海：開明書店，1934），丙編，頁 134-135。
〔註129〕 王忠欣，《中國近現代教育與基督教》（武漢：湖北教育出版社，2000），頁 1。
〔註130〕 李濤，《醫學史綱》（中華醫學會編輯部，1940），頁 283-290。
〔註131〕 陶善敏，〈中國女子醫學教育〉，頁 853。
〔註132〕 博習醫院後改為蘇州醫學院附屬第一醫院，見朱有瓛主編《中國近代學制史料》第二輯下冊（上海：華東師範大學，1989），頁 642-648。
〔註133〕 《申報》1919 年 7 月 10 日。

的醫學培訓班受過教育。〔註 134〕雖然當時水平比不上歐美，但對中國近代
醫學教育的萌芽，有一定的作用。

　　女子醫學堂在女子職業教育方面，佔有特殊地位。由於婦女所患病症多
於男子，加上中國傳統的保守習俗，往往有隱情而難言，因此，女子醫學堂
應運而生。辦理較早的，是上海女子中西醫學院。1905 年 1 月 24 日公佈的〈上
海女子中西醫學院章程〉提到該校創辦宗旨在於因「男醫審女病，不過十得
其五，若外症之在下體者，更無論矣。」因此，「貫通中西各科醫學，而專重
女科，使女子之病，皆由女醫診治，通悃而達病情。」〔註 135〕惟因風氣未開，
該校決定先招 40 名，分正科與預科。正科生授以中醫課本、西醫課本、修身、
國文、算學、理化、西語、音樂八門；預科生授以修身、國文、算學、理化、
西語、音樂、中醫課本七門。一年後預科轉正科。若欲取得畢業文憑，要經
過嚴格的考試，合格者給予文憑准其行醫。如院中助教需人，需留堂充當教
習。比上海女子中醫學院稍晚的女子醫學堂，還有北京女醫學堂、北洋女醫
學堂、杭州產科女學堂等。〔註 136〕這些女醫校，是基督教在中國設立較早的
女子醫療教育機構。〔註 137〕

　　1914 年考取第一批清華專科留美的女生陳衡哲，出國前曾於 1905-1908
年間陰錯陽差地進入前述的「上海中西女子醫學院」就讀。該校是 1905 年
由張竹君女醫生和當時上海的水師副總督合辦，〔註 138〕旨在綜合中西醫學的
長處，並通過女醫來緩和婦女的痛苦。兩位創辦人分任中西醫主任，他們也
是該校最初兩年僅有的教師。〔註 139〕陳衡哲學醫，最初是受到開明的三舅
莊思緘鼓勵，〔註 140〕但在該校的學習經驗並不愉快。她論述該校的醫學教
育不科學，張竹君熱心有餘，而知識與教學經驗不足。在西醫方面，學生的
化學課連一個試管都沒有，只被要求背誦所有化學元素的中文名稱、特性和

〔註 134〕　王忠欣，《中國近現代教育與基督教》，頁 149。
〔註 135〕　〈教育篇：近代女子職業教育的肇始〉，見宋瑞芝主編《中國婦女文化通覽》，
　　　　　頁 312。
〔註 136〕　同上，頁 312-314。
〔註 137〕　朱有瓛主編，《中國近代學制史料》第二輯下冊，頁 642-648。
〔註 138〕　〈女子中西醫院簡章〉，《警鐘日報》1905 年 1 月 24 日，廣告。
〔註 139〕　陳衡哲著，馮進譯，《陳衡哲早年自傳》（合肥：安徽教育出版社，2006），
　　　　　頁 97、109-111。
〔註 140〕　陳衡哲，〈我幼時讀書的經過——紀念我的舅父莊思緘先生〉，收在鍾敬文主
　　　　　編《衡哲散文集》（石家莊：河北教育出版社，1994 重印簡體字版），頁 314-326。

相互間的反應。醫藥學方面，也是死記硬背各種藥的名字、形狀和能治的病名。解剖學的課本《人體結構學》有三大本，由某醫學傳教士從英語翻譯成中文，是很專門的研究性書籍。張竹君要學生把書中所描繪人體 100 多塊骨頭和 500 多塊肌肉的名稱，以及它們所連接附近的肌肉骨骼都背誦下來。但是除了書上的幾張簡圖，連一張人體圖都沒有，更不用說和人體有關的蠟製模型。陳衡哲自幼由父親教導背誦文學經典的訓練，使她能記得功課的五分之三、四，甚至被視爲最聰明強記的學生，曾得金錶做爲鼓勵。但張竹君不循規律，會即興性地要求學生於寒冬的清晨顫抖著，在燭光下用冷水盥洗，然後不吃不喝地集中在煤油燈下教室裡上課。中醫方面，陳衡哲是唯一讀過《黃帝內經》，且得記得三分之二內容的學生，而被稱爲「儒醫」的中醫主任，卻沒有背過該書。他只教授《傷寒論》。此外，還有一位教師是剛留美返國的小姐，任教英語、數學課程，算是唯一懂得怎麼教書的老師。她在 3 年間，先後使用《基礎讀本》、《博德溫讀本》（*Baldwin's Readers*）、內斯菲爾德《英語語法》（Nesfield, *English Grammar*）4 冊，讓陳衡哲的英語奠定良好的基礎，後來得以考取留美。〔註 141〕

再者，張竹君沒讓學生上化學或解剖的實驗課，卻因自己開業行醫，而要學生實習，還要輪流出診，又不顧及她們年紀尚小，不喜歡手術甚至分娩的過程。那時西醫手術在中國剛起步，大多數人只有在中醫或接生婆無濟於事時，才找西醫，屆時病人多已生命垂危，還要站在張竹君身邊聆聽解說。陳衡哲沒有見過正常情況的分娩，敏感的她常作嘔，尤其害怕夜晚的分娩，總是感覺又冷又餓，整個過程既可怕又厭惡。她曾請求延後一年參加實習，卻不被獲准。最後在父親的催促下離校，回成都的家。由這一段描述，可以窺見清末中國人自辦的女子醫學院，缺乏師資、設備等條件，要培育良好素質的兼長中西醫術的女醫，並不容易。〔註 142〕當時要讓女性掌握醫學科技的理想，與實際的落差太大，恐怕仍需藉助外力。

基督教會在 1905 年創辦的華北協和女子大學，是中國最早的女子最高學府；1920 年併入燕京大學。1908 年，北京協和醫學院招收女學生學醫。〔註 143〕

〔註 141〕陳衡哲著，馮進譯，《陳衡哲早年自傳》，頁 100-109。

〔註 142〕同上。

〔註 143〕韓碧秀女士編纂，董碧雲女士譯述，《護士歷史略記》（上海：廣協書局，1937），頁 20。

1915 年美國羅氏基金會（今稱石油大亨洛克斐勒基金會）在北京東單豫王府的原址上新建醫院，6 年間建造數棟華麗的仿古式院落。1921 年，新建的協和醫學院及附屬醫院，正式舉行落成典禮。該校仿照美國約翰霍浦金斯學院的標準配備，教授多爲美國人，使用英語教學。它的課程設置、機構管理、儀器設備等多方面，能緊跟美國醫藥界的最新思潮。在主辦者眼中，這所學院是「中國的約翰霍浦金斯」，也是東亞醫學教育的典範。〔註144〕1924 年華北女子協和醫學院轉到濟南，成爲山東基督教大學醫學院的一部分。〔註145〕

　　西醫執行療治，常需護理人員在旁協助。因此護理人才極須培養，只是往昔的中西歷史上，醫護不分，對病人的照顧看護，以家庭爲主，且多由女性成員擔負。西方有錢人僱用婦女幫助家庭護理，以半俗尼最受歡迎。她們是未向修會宣誓而過禁欲生活的虔誠婦女，出於愛心，在群體的庭院或私人家裡從事護理工作，還爲下葬哭靈、守墳；也看顧監獄中的病囚。護理事業原無獨立與專業地位，直到 1850 年南丁格爾（Florence Nightingale; 1820-1910），在德國卡撒斯韋爾（Kaiserswerth）創辦的女執事學校，接受護理教育。1860 年在英國創辦舉世第一所護士學校，成爲護理界先驅。〔註146〕1884 年，受過正規訓練的女護士麥基奇尼（Florence Mckechine，後成爲 Mrs. Archdeacon Thomas）首先來華，引進新護理觀念，倡導南丁格爾式的護理制度。她在上海西門婦孺醫院展開正規的護理工作，並指導一些中國婦女。〔註147〕1887 年文恒理醫師（Dr. H. W. Boone）在上海開始護士訓練。次年，詹森小姐（E. Johnson）在福州開辦第一護士學校，1890 年第一班護士兼助產士畢業；同年瘟疫流行甚廣，巴特小姐（E. H. Bulter）在南京開始護士訓練。1902 年，廣州、重慶及漢口普愛醫院，正式創辦護士學校，訓練護理人員。〔註148〕普愛護校招考初中畢業以上程度，經 3 年修業期滿且考試及格後，發給證書。蘇州的一些教會醫院，也培養基層的護理人員。〔註149〕1908 年「耶魯在中國」開始醫療工作，據此，1913 年在長沙也開辦一所護士學校。〔註150〕可以說中國的第一批護士，幾乎都來自教

〔註144〕張大慶，《中國近代疾病社會史》，頁 153。
〔註145〕王忠欣，《中國近現代教育與基督教》，頁 151。
〔註146〕賀國慶，《德國和美國大學發達史》，頁 172、174。
〔註147〕陶善敏，〈中國女子醫學教育〉，《中華醫學雜誌》卷 19 期 6（1933 年 12 月），
　　　　頁 849-864。
〔註148〕韓碧秀女士編纂，董碧雲女士譯述，《護士歷史略記》，頁 18。
〔註149〕陶善敏，〈中國女子醫學教育〉，頁 849-864。
〔註150〕王忠欣，《中國近現代教育與基督教》，頁 150。

會。這是西方婦女在中國的教會醫院從事護理工作，樹立榜樣，並在中國教會內部產生相當的效果。

至於助產婦，中西社會自遠古時代均存在，爲傳統的職業之一。最初是母親爲女兒或鄰居婦女等親朋，在經歷痛苦的生產過程或難產時，提供幫助，因而逐漸演變成助產婦職業。古希臘時期，男醫生嚴格遵循希波克拉底（Hippocraticum）的誓言——禁止觸摸女性性器官，使得助產婦頗受尊敬。中世紀，由於缺乏進修機構，助產婦職業無多大發展，且越發具神秘和迷信色彩。當時的助產人才，由接生婆負責培訓。市政府聘用的助產士，則由女醫監管。直到十八世紀爲止，一般人認爲應任用已婚有生育經驗的女助產士，拒絕男助產士，只有剖腹才由男醫生施行手術。〔註151〕獨立於教會之外的撒雷諾醫學院，容許婦女學習助產技術，帶動助產科學的進步。惟她們的接生技術，只造福當時上層社會婦女。下層社會的母嬰死亡率不降反昇，至十五世紀才引起城市政府的重視，開始培養正式的助產士，以改進接生問題。十八世紀建立專門的培訓機構後，變化更大。十九世紀初組成助產士聯合會，後爲同業行會。

總之，中國自清末女子教育正式列入學制系統，可算是得到法令的保障，不過還談不上男女教育機會平等，因爲當時（一）女子的最高教育機關是師範學堂，尚未設置女子中學，更何況大學；（二）女子小學和女子師範的修業年限都比男子少一年；（三）男女學校完全分半，以教育目的來說，仍未脫舊日禮教的束縛。（四）女校師資質與量均顯不足，亟待解決。當時有一些受過新教育的女子，開始行醫、任教、辦文化等事業，也因應國家遭逢內憂外患，民生經濟蕭條，一般婦女的生計問題值得注意，而倡辦習藝所，如上海自立女工傳習所，北京蠶業講習所等，傳授女子謀生技能，還開設女子工廠，如上海製帽公司、北京八旗女工廠、廣東育賢女工廠等，增加婦女就業機會。顯然，已有部分女性成爲「生利」者，貢獻國家社會，日後也成爲婦女解放和參政的實踐者和促進者。這些舉措，逐漸受到中國有識人士重視，因而更強調女子教育。〔註152〕這些發展可以預見女子教育的趨勢，指向實科，重視質與量的提升。

〔註151〕〈各種熟諳醫學知識的「女人」〉，伯恩特・卡爾格－德克爾著，姚燕、周惠譯，《醫藥文化史》，頁 344-345。

〔註152〕李又寧、張玉法合編，《近代中國女權運動史料》下冊，頁 1289-1301。

二、民初中國女子教育的發展（1912-1927）

（一）女子中等教育

民國建立，政府在前清的女子教育基礎上，擴及中學與職業教育，甚至大學。1912 年，教育部頒布〈中學校令〉，規定男女中學校分別設立，「定爲省立」，修業年限爲 4 年。〔註153〕從此，確立女子中學教育的地位。實際上，當時女子中學，公立的很少；私立的發展也受限制。據統計，1916 年度女子中學生總數爲 724 人（北京 135 人、黑龍江 42 人、江蘇 429 人、福建 82 人、湖北 36 人）；女子師範學生將近 5,800 人，職校女生有 1,866 人。〔註154〕至1919 年初，中國有 400 餘所中學，女子中學 10 餘所（公立僅有 9 所）。〔註155〕女子中學與學生人數增加不多，女子師範與職校學生，雖有一技之長，就業機會不平等，女子經濟仍未能獨立。

男女中學的課程設置，不盡相同。1912 年 2 月教育部頒布〈中學校令施行細則〉規定中學校的學科爲修身、國文、外國語、歷史、地理、數學、博物、物理、化學、法制、經濟、圖畫、手工、縫紉，但沒有園藝。外國語以英語爲主，但遇地方特別情形，可任選法、德、俄語一種。〔註156〕次月的〈中學校課程標準〉，男女校各有所別，如（1）男校無家事、園藝及縫紉課；（2）女校的數學課可減去三角法；（3）女校手工課程限編物、刺繡、摘棉選花等，男校則無。（4）女校免課兵式體操，可代以舞蹈遊戲。（5）女校各學年每週教學時間，均比男校少 1 學時。換句話說，當時女子學堂培養的女性，日後爲人妻母，有較高的家政素養；但也教授數學、博物、物理、化學，已具備基本的科學知識。

1919 年 3 月，教育部正式頒布〈女子高等師範學校規程〉，以普通師範爲模式辦理，規定設置本科、預科選科、專修科、研究科。〔註157〕4 月，教育部准各省區中學校斟酌地方情形，增減部分科目及時間。於是，中學各校自由改制，相繼採用選科制或分組制，課程漸形分歧。5 月，教育部草擬女子中學各學年的課程標準科目與每週時數，可表列如下。〔註158〕

〔註153〕《教育雜誌》卷 4 號 8（1912 年 11 月），法令，頁 21。
〔註154〕《新教育》卷 4 期 5，頁 915-916。
〔註155〕《中華教育界》卷 8 期 4，頁 61。
〔註156〕舒新城編，《中國近代教育史資料》中冊，頁 527。
〔註157〕雷良波、陳陽鳳、熊賢軍編，《中國女子教育史》，頁 329-330。
〔註158〕朱有瓛、高時良主編，《中國近代學制史料》第三輯上冊（1990），頁 373。

表 1-2：1919 年女子中學各學年的課程標準科目與每週時數

科目週時數＼學年	修身	國文	外國語	歷史地理	數學	博物	物理化學	圖畫	手工	家事園藝	縫紉	樂歌	體操	總計
第一學年	1	7	6 (3)	3	4	3		1	3	2	2	1	2	30 (30)
第二學年	1	6	6 (3)	3	4	3		1	3	2	2	2	2	31 (31)
第三學年	1	5	6	2	3	2	4	1	3	2	2	2	2	31 (6)
第四學年	1	5	6	2	3			1	3	2	2	2	2	29 (16)

上表中的（），爲非升學班的每週時數。

對照下表的 1916 年修正的女子師範學校預科與本科第一部科目時間，可知科目大同小異，但每週上課時數，則女子師範較重。〔註 159〕

表 1-3：1919 年女子師範各學年的課程標準科目與每週時數

科目週時數＼學年	修身	讀經	教育	國文	習字	歷史	地理	數學	博物	物理化學	法制經濟	圖畫	手工	家事園藝	縫紉	樂歌	體操	外國語	總計
預 科	2	2		10	2			5				2			4	2	3	(3)	32 (35)
本科第一年	1	2		6	2	2	2	3	3			3			4	2	3	(3)	33 (36)
本科第二年	1	1	3	4	1	3	2	3	2	3		3			2	2	3	(3)	33 (36)
本科第三年	1		4	2		2	3	3	2	3		3		4	2	1	3	(3)	33 (36)
本科第四年	1		12	2				2		3	2	3		4	2	1	2	(3)	34 (36)

1922 年的新學制，增列中學修業年限爲 6 年，分初、高中兩級，採三三制，但依設科性質也得用四二制；並規定實行男女相同教育。此後，女子教育宗旨提升爲適應社會需要；發揚民主精神；發展個性；改進人民生計。可以說較民初更進步。1923 年 4 月，全國教育聯合會所組「新學制課程標準起草委員會」擬定〈新學制課程標準綱要〉，規定初中課程分 6 學科，授課以學分計，畢業需修滿 180 學分。其中必修科 164 學分，包括社會科（公民 6 學分、歷史與地理各 8 學分）、語文科（國語 32 學分、外國語 36 學分）、算學科 30 學分、自然科 16 學分、藝術科（圖畫、手工、音樂）12 學分、體育科（生理與衛生 4 學分、體育 12 學分）。同年，該委員會又議定〈高中課程總綱〉，規定有（1）公共必修科：國語與外國語各 16 學分、人生哲學 4 學分、

〔註 159〕 同上。

文化史（第一組 9 學分，第二組 6 學分）、社會問題與科學概論各 6 學分、體育 10 學分，共 67 學分，佔畢業學分的 42.7%。(2) 分科專修科目：分必修與選修兩種，另設「專業指導」；(3) 純粹選修科目（不超過總學分的 20%）。高中得設以升學為主的普通科（分兩組，分別注重文學及社會科學、數學及自然科學）及以職業為主的職業科。職業科又分為商、工、農、師範及家事五科。此課程標準，大體沿用至 1937 年抗戰爆發。〔註 160〕

　　總之，當時保守觀念濃厚，女子中學校的課程仍兼顧賢妻良母主義，比男校多家事縫紉等科，管理也比男校嚴格。〔註 161〕

（二）女子職業教育

　　另一方面，女子職業教育也發展起來。1912 年 8 月，教育部公佈〈實業教育令〉，規定實業學校分甲、乙兩種，前者按性質有農業（蠶業、森林、獸醫、水產）、工業、商業、商船及實業補習等學校；後者如藝徒學校。而「女子職業學校得就地方情形與其性質所宜，參照各項實業學校規定辦理。」這是女子職業教育獲官方正式承認的開始，在女子教育史上意義重大。但是女子職業學校成長緩慢，至 1917 年第三屆全國教育聯合會，仍提案〈促設女子職業學校〉。〔註 162〕1917 年 5 月 6 日「中華職業教育社」在上海成立，以推廣、改良職業教育為目標，最終達到改良社會。1919 年 5 月該社召開第二屆年會，決議設職業指導部。大約同時，第五次全國教育聯合會決議〈普通教育注重職業科目及實施方案〉，主張女生學習家事、園藝、手工、縫紉等科，且對設備、教授、練習等方面均有規定。此議案促使教育部在同年 5 月訓令「各女子中學自可酌量地方情形，附設女子簡易職業科，以茲實用。」並以「家事為女子中學校最重要之科目，應增加時數，注重實習。」〔註 163〕這表示中央與地方教育機關較以往更加關注女子職業教育，且認為良善的家庭，須自研究家事開始。

〔註 160〕同上書，頁 375。
〔註 161〕教育部為保證校教育的施行，於 1912 年 9 月初頒布〈學校制服規程〉，規定女生制服，如冬季用黑色或藍色，夏季用白色或藍色；中等學校以上女生著裙，裙用黑色。畢業以前不准結婚，否則立將學名開除。制服與不准結婚的規定，大體沿用至抗戰期間。再者，民初女校多盛行「對牌制」，即家庭接學生回去時，需拿名牌核對，才准出校。參見教育部編《中華民國教育法規彙編》（北京：編者印行，1919），收在沈雲龍主編《近代中國史料叢刊》第三編十一輯（台北：文海出版社，1987），頁 107、284。
〔註 162〕《教育公報》第十年四期（1923 年 5 月）。
〔註 163〕《教育公報》第六年七期（1920 年 8 月）。

　　在民初以教師是最適於女子工作的職業之一，其次爲醫護、蠶絲。以培養女校教師的師範學校爲例，一般師範學校是免費或半自費入學，更適合中國中等及以下家庭的女子就學。而政府爲發展國民教育，普及初等教育，也需由正規師範生充實師資。因此，1912 年將京師女子師範學校改名「北京女子師範學校」，同年 9 月的〈師範教育令〉，規定「女子高等師範學校以造就女子中學校、女子師範學校教員爲目的。」〔註164〕但一時尚未設立相關學校。1917 年起，北京女子師範學校添設教育與國文專修科，附設中學，籌建校舍；1919 年 4 月 23 日正名爲「國立北京高等女子師範學校」，以銜接清末建立的女子初級師範，成爲當時中國的最高女子學府。同（1919）年秋，本科的國文部、圖畫專修科、家事科開始招生，學制 3 年。教員有胡適、黃侃、李大釗等，多屬一時之選；五四運動起，學生積極參加，且受婦女解放思想影響，風氣丕變，欲廢止保守的校規，首任校長方還因而辭職。〔註165〕據 1922 年中華教育改進社會調查，全國女子師範有 67 校，學生爲 6,724 人，爲同期女子中學校數與人數的 2 倍多。〔註166〕因此，五四期間女子師範的發展，似乎比較女子中學更爲可觀。

　　再看護理教育，也逐漸開展起來，中華護士會在民國建立以後也日益發達。1912 年，7 位外籍護士，在牯嶺開會，決議將於 1914 年在上海舉行的第一屆全國護士大會。民初第一位公費留英學護士的鍾茂芳返國後，於 1914 年參加「護士會」，由她選定會名爲「中華護士會」，並提議以「護士」一詞代替「看護」名稱。次年，該會舉辦全國第一屆護士會考；報考 7 名，僅 3 名及格。〔註 167〕由此可見，中國護理學仍在起步，護士的質與量尙在幼稚階段。

　　總之，民初延續清末的女校政策，未開放男女同校，一般女學須以女性擔任教習，師資仍嫌不足；〔註168〕數理、自然與醫護等實科師資，更顯匱乏。教育主管機關的解決措施，在家政、體育等方面設立簡易師範，也派遣女子

〔註164〕《教育雜誌》卷 4 號 8（1912 年 8 月），法令，頁 22。

〔註165〕杜學元，《中國女子教育通史》，頁 463。

〔註166〕俞慶棠，〈三十五年來中國之女子教育〉，見《最近三十五年之中國教育》，頁 193-195。

〔註167〕韓碧秀女士編纂，董碧雲女士譯述，《護士歷史略記》，頁 22；張朋園訪問，羅久蓉紀錄，《周美玉女士訪問紀錄》，頁 20-21、24-25、29-30。

〔註168〕賈德琪，〈清末（1842-1911）新女子教育之興起〉，頁 347。

公費留日等。〔註 169〕但日本造就的速成師資，程度不高，一時雖可應急，長久則不利女教發展。為培育中學師資，有必要發展高等教育。〔註 170〕

（三）女子高等教育

近代中國的女子高等教育體系，也是首先由教會學校發展設立。1900 年義和團事變後，教會調整對華的文化教育政策。在吸引更多婦女信教的同時，提高婦女受教育的層次，進而擴大教會中國的影響。辛亥革命以後，國體既革，社會風氣丕變，教育制度自不例外。當時教會所辦女中學逐漸發達。據統計，1915-1916 年間全國的教會女校學生數，分別有 45,168 人、50,173 人。〔註 171〕惟一般教會大學注重男子教育，僅收男生；江浙等地的女中畢業生在中國境內缺乏升學場所，苦無升學機會；而教會中等女子學校也缺乏受高等教育的優良中國女子充任師資，因此相繼籌辦高等女校。獨立的女子大學只有 3 所，即 1904 年成立的華北協和女子大學，以及 1907 年創立的華南女子大學和 1915 年創立的金陵女子大學。

華北協和女子大學開設於北京燈市口，前身為 1864 年成立的貝滿（Bridgeman）女塾，1895 年升為裨治文中學。1904 年該校畢業生已經學習 1 年的大學課程，是中國女子高等教育的開始。該大學為 4 年制，1907 年開始獲得美國衛理公會外國佈道會支持。1909 年有第一屆畢業生。1912 年學生只有 14 名，到 1920 年在校生已達 73 名，同年併入燕京大學。該校培養許多傑出的女界人才。〔註 172〕金陵女子大學（簡稱金女大），是由美國女宣教士及中國賢達集議，加上各中學校長提議協辦，時同意者有長老會、美以美會、監理會、浸禮會、基督會等，擔任籌措開辦及經常費，1913 年 11 月選出董事，商定組織校董會，推德本康夫人（Mrs. Lawrence Thurston）為校長，負責籌備工作；校址擇設於南京繡花巷，租李氏住宅，1915 年秋正式成立，招生開學。後又有聖公會、倫敦會等贊助參加。於是風氣日開，來學女子日眾，成績漸著，獲得美國著名史密斯（Smith）女子大學與該校結為「姊妹校」，每年由學生及校友會負擔部份經常費。紐約州立大學委員會以該校成績優良，學生程度與美國各

〔註 169〕王惠姬，〈清末民初的女子留學教育〉（台北：政治大學歷史研究所碩士論文，1980）頁 55-56。

〔註 170〕陳啟天，《近代中國教育史（光緒廿四年至民國十七年之教育）》（台北：中華書局，1962），頁 109。

〔註 171〕Ida Belle Lewis, p. 42.

〔註 172〕王忠欣，《基督教與中國近現代教育》，頁 76。

大學相當，准其立案，並發給學位。金女大初時尚無力自建校舍。1923 年在南京陶谷（即今寧海路）自建新校舍大部分落成，即行遷入辦理，次年添設附屬實驗中學。〔註 173〕

　　華南女子大學（簡稱華南女大），則是教會在福州為婦女教育工作五十年的結果。也就是由 1859 年美國美以美會創立的福州毓英女子寄宿學校，加上數十年間福州及附近相繼建立教會初級女校發展而成。直到 1908 年開設福州女子學院預科於福州城南，首任院長為美籍呂底亞（Lydia Trimld）。1914 年改稱華南女子學院，開設大學本科一、二年級課程；但只招收到 5 名學生。1916 年這 5 人完成大二課程，有 4 名到美、加留學，1 人升入上海基督教醫科大學。1917 年訂本科三、四年級課程。〔註 174〕繼任的女校長盧愛德（Ida Lewis），為紐約哥倫比亞大學博士，知識淵博，對教育頗有興趣。1937 年，又有美國天主教創立震旦女子文理學院於上海，組織仿效金女大，惟畢業生多未從事社會工作，影響有限。

　　教會女子大學重視英文、體育。例如華南女大的課程時數中，規定自 4 學年均需學習英文，除英文專修科必修英國小說、英國戲劇、英國詩歌、英國文學史、英文教學法以外，其他科系也將英文的說、聽、讀、寫與翻譯，訂為必修，比起一般公私立大學只將英文列為一年級共同必修課，增加許多上課時數。〔註 175〕金陵女大的重視英文課程，也不相上下。在普通英文課，要求學生每學期需讀若干本英文名著。多數課程以英語授課，參考書也指定以英文原著為主；還要學生使用英語記筆記、寫報告、答考題。為了檢驗學生的英文程度，二年級下學期舉行統一的考試，時間持續三、四天，及格者才可升大三，以後除了主修或輔修英文的學生，其餘可予免修。不及格者須

〔註 173〕 金女大首任校長德本康夫人，1896 年畢業於何樂山女子學院，曾在美國東部的大學任教，與東部 14 個州的 40 多所大學負責人都有交往。她還先後在美國的高級中學任教 4 年，在土耳其的馬拉奇（Marash）初級中學任教 2 年，在中國長沙的雅禮（Yale）學校任教 5 年，具有豐富的教育經驗。在金女大工作期間，她對制定規章制度、完善學校管理、爭取教會經濟資助等方面，做了大量工作，是金女大的奠基人。參考張舜蘭，〈本校簡史〉，《永久的思念》，頁 95-96；張舜蘭於 1928 年赴美學教育，1931 年獲得芝加哥西北大學哲學博士，見張志〈我的養母──張舜蘭〉，《金陵女兒》編寫組《金陵的女兒》，頁 39。

〔註 174〕 杜學元，《中國女子教育通史》，頁 462-463。

〔註 175〕 朱峰，《基督教與近代中國的女子高等教育》，頁 50-54。

補讀一年，再次參加考試。仍不及格者，予以自動退學。可見英文科目佔重
要份量。此外，體育也列為必修課。這些措施含有深層意義，即一向受歧視
的女子，若能體格健康，掌握英文，也能與男子一樣赴外國留學。這是對男
尊女卑傳統的一種否定，但也使得女學生崇洋的風氣濃厚。〔註 176〕

　　教會女子教育，包括普通、師範、職業至特種等類別，從小學、中學到
大學，形成一套較為獨立而完整的教育體系與辦學模式。民初中國的教會女
子中學校，仍延續清末的教學方式，以西洋文化為主要內容。惟此階段的教
會高等女學，可以 1919 年「五四」時期為界。此前採行男女兩性雙軌式的學
制，五四以後則一般教會大學先後對女子開放，原有的女子大學照舊，轉變
成一種混合雙軌制。〔註 177〕據統計，1920 年代，僅江蘇省就有美國所辦教會
女校 22 所，學生 2,068 人。〔註 178〕1922 年度，教會學校總計 7,382 所（包括
幼稚園、聾啞孤兒學校），女生數共有 62,970 人；而天主教女校有 2,615 所，
學生 53,283 人。〔註 179〕

　　五四新思潮席捲全國，更多中國婦女為尋求自身的解放而努力。《新青年》
第 4 卷第 6 號，譯刊挪威作家易卜生（Henrik Ibsen）的劇本《娜拉》。該劇抨
擊以男子為中心的家庭制度，提倡個性解放，有利於婦女解放運動。當時對婦
女問題的研究討論面向較多，包括兩性教育與生活、社交與婚戀、家庭生育，
甚至如離婚與獨身、貞操與婦女人格、參政等實際問題，不一而足。總意在她
們尋求做為「人」的地位，「作她們自己的人」，能夠「都有自己的人格，自己
的意志，自己的職務」；同時認為「婦女解放實在是世界政治上不可遏的潮流」，
也「是經濟上不可免的事實」。因此「男子也不能壓制錮蔽女子」。〔註 180〕隨著
女子求知欲提高，婦女運動以教育改革為重要標誌，尤其表現在高等教育的男
女同校。1918 年，教會所辦的廣州嶺南大學首先允許女生入學。〔註 181〕次年，

〔註 176〕吳貽芳，〈金女大四十年〉，收在孫岳等編寫《吳貽芳紀念集》（上海：江蘇
　　　　　教育出版社，1987），頁 107、110。
〔註 177〕王奇生，〈教會大學與中國知識女性的成長〉，《近代中國婦女史研究》第四
　　　　　期（台北，1996），頁 135。
〔註 178〕同上文，頁 135-136。
〔註 179〕黃新憲，《中國近現代女子教育》（福州：福建教育出版社，1992），頁 143。
〔註 180〕羅家倫，〈通論·婦女解放〉，收在梅生編《中國婦女問題討論集》（一）（上
　　　　　海：上海書店，1989），頁 3-7。
〔註 181〕甘乃光，〈嶺南大學男女同學之歷程〉，《教育雜誌》卷 12 號 7（1920 年 7 月），
　　　　　頁 1-5。

也有 3 位女子——王蘭、奚貞、鄧春蘭，要求國立北京大學開放女禁，因考期已過，只獲准旁聽，1920 年有 9 位女生通過審查，得以入學。1920 年，南京高師校長郭秉文也「開女禁」。有女生 100 餘人投考該校，大半是多年任職各省女中或師範的教師。正式錄取 8 人，其中 7 人是教會學校出身，1 人是南京一女師畢業。〔註182〕可見北大與南京高師大約同時開女禁，是中國最早實行男女同學的兩所公立高等學府。

總體看來，五四時期的女子教育，有一些新發展，特別是小學、中學（包括師範、職教）方面，大學也開女禁。但高等教育方面仍然有限。（1）專業性方面：1922-23 年度，全國計有高等學校 123 所，而女子高等學校只有 2 所，佔高校總數的 1.6%。女子教育仍受傳統觀念牽制，是被動的。（2）男女生的比值懸殊。當時，高等學校學生共有 34,880 人，而女生僅有 887 人，佔 2.54%。其中，農科大學的女生數爲零；13 所工科大學共有學生 2,026 人，而女生只有 8 人，佔總數的 0.3%。中國女子教育仍限於少數人。（3）政府仍以傳統倫理道德觀念，禁錮學生的思想。他們認爲女生入學校就讀，必須循規蹈矩，不宜參加政治活動，否則就是「傷風敗俗」、「大逆不道」。〔註183〕

教會女子大學教學質量高。教師多從美國派來，素質好，有較多的教學經驗。招生要求高，寧缺勿濫。如金女大於 1915 年招生時，要求新生必須具有高中畢業程度，而當時符合此資格的不多，只有來自南京、鎮江、上海、九江、寧波等地的 11 名女子入學。其中 10 名，入學前曾任教師，有的長達 7 年。由於她們文化程度相對較高，都渴望求得學問，能認眞讀書，不需教師督促，考試時不必監考，不作弊。加上學校設備齊全，管理嚴格，學生畢業後能出國留學的比例大。〔註184〕

總之，自清末以後，教會女子學校在中國開啓先例，促進近代以來中國女子教育的發展。教會自 1844 年在寧波創辦第一所女塾算起，在中國前後持續上百年，大致可分兩階段：（一）19 世紀下半葉的初創期，以小學爲主，數量少，程度低；（二）20 世紀上半葉的迅速發展期，數量增多，規模擴大，辦學重心由初等教育轉向中等和高等教育。此時期先後設立北京協和女子大

〔註182〕杜學元，《中國女子教育通史》，頁 463。
〔註183〕俞慶棠，〈三十五年來中國之女子教育〉，氏著《最近三十五年之中國教育》（上海：商務印書館，1931），頁 199-200。
〔註184〕吳貽芳，〈金女大四十年〉，頁 102-103。

學、華南女子大學、金陵女子大學、震旦女子大學，以及蘇州女子醫學院和上海女子醫學院等。這些學校持續半個世紀後，對中國女子教育及整個高等教育的發展，產生重要的影響。

民初五四運動的洪流，蕩滌中國社會，沖擊傳統禮教綱常，促使婦女也想掙脫舊俗束縛，有所革新。於是，引發中國婦女運動再起，婦女且為運動主力。她們組織示威遊行，宣傳愛國思想，提倡抵制日貨及女子參政。一些婦運團體，在口頭要求自治之餘，付諸行動，努力爭取男女平權；從事社會性宣傳工作，還投入婦女教育，創辦婦女職業學校、工讀學校、工人女子學校等。〔註185〕兩性的不平等，包括政治、教育和經濟方面。教育的平等，是一切平等的淵源；職業的平等，是取得經濟獨立的捷徑。婦女可以結合團體，作種種反抗男子專制的運動，但是教育的機會與知識的程度，若不能與男子並駕齊驅，仍然屈服在知識階級底下。經濟不能獨立，無從得到教育，更甭想在政治上立足。知識還未充足，恐怕也只能做盲目的議員。1920-1927年間，女子教育只在城鎮較有發展，未能普及。辦女學、開女禁，多由男性掌握，女子仍究受牽制。此時期多數婦女未能經濟自立，無法擺脫舊式文化的生活。她們走入社會任職，主因還是貧困，以掙口飯吃為最低要求，相應發展一些弊端，如性別歧視與雇主剝削等不公平待遇。中層以上女子，心不在「求學」，也不在「求職」；她們以「求夫」為改變自己人生的關鍵，只要附屬於條件好的丈夫，自己甘願「做妾做小」。這也是當時中國女子教育難有起色的主因。正如陳東原所言：「三千年來的思想，認為女子的能力較男子的薄弱，新潮誕生快十年了，尚不能矯正這種見解，這是婦女在教育上的解放還未完成的事。」〔註186〕

三、女子留美教育的鼓勵與支持

中國傳統社會中，女俗有三大惡：「一為幽閉女人，二為不學無術，三為束縛其足。」〔註187〕1840年以後，中國接二連三地敗於外人之手。有識之士開始尋求救亡圖存之道，提出教育救國、實業救國、科學救國等主張，做為因應興革之道。維新派倡議去舊佈新的內涵，批判「女子無才便是德」的觀念愚昧，使女子的才智備受壓抑，將戒纏足、興女學與「強種保國」聯結。

〔註185〕談社英，《中國婦女運動通史》，頁114-115、260-261。
〔註186〕陳東原，《中國婦女生活史》，頁392-393。
〔註187〕李又寧、張玉法合編，《近代中國女權運動史料》上冊，頁397。

於是，不少大邑小城，先後辦起女學會、不纏足會、放足會、女子學校等。他們特別強調美國女學最盛，因此國勢最強，故要學習女學最盛的美國。

如前文所述，美國自 1776 年獨立後，婦女歷經一連串變化。到十九世紀末，女子接受高等教育的途徑，主要有進入男女共學的大學、獨立的女子學院與男女聯合學校等三種。進入廿世紀初，高等教育更對女性開放。因此，十九、廿世紀之交，美國女子的就業人數大幅增加，就業種類越多樣化。她們的教育程度不下於男子，專門學識與常識兼備，得以現代女性新形象在社會上出現。主要特徵是追求獨立自主、嚮往自由、勇於創新等。不少美國女子爲了追求自我實現與服務人群，投身海外宣教工作，來華爲醫療或教育等傳教士。

相對於西方國家的婦女狀況，尤其美國的進步，十九、廿世紀之交的中國婦女情況，差強人意。清末女學建制以來，由於女教師的素質，一般說來並不高，各地女學堂常有任用男教師或外籍教師（如美、日等國）的現象，〔註 188〕因此有識人士乃倡議派遣女學生至東西洋各國留學，學習師範教育等項目，並增廣見聞。如 1904 年 12 月 29 日的《警鐘日報》刊佈《（二品）命婦羅皮氏呈請代奏派女生遊學摺稿》，文爲「前布政使銜貴州候補道烏道興嶺巴圖魯羅應琉之妻二品命婦皮氏」所作，奏請派游洋以倡女學。歸納她的意見有：（1）中國女學一向衰弱，若要振興女學，首須出國留學。因東西洋各國興盛已久，若派博古通今，熟悉中外的官婦數人，前往各國首府游歷，考察他們的技藝、規劃，心領神會而加以變通，用於中國，必有益於女學。（2）獎勵女子出國留學，無論是父女、母子、兄妹、夫妻偕行且不論官自費，都歸出使各國大臣的夫人監督。（3）若有女學生招邀同志多人結伴而行，也允准她們並由外務部及各省督撫代奏，選派官婦帶領赴留學國。至畢業返國，如眞有心得、發明創造，准與男留學生一體給予獎勵錄用，並請她（們）教授所學心得與專利發明。（4）派官婦留學，又可與素重女權的東西各國的女君主及官夫人往來交際情誼，議論而參聞其國內政，詳察其外交，使朝廷事先考慮預防各種有關情形，這可說獲益匪淺。（5）選派官婦游洋也可細考東西洋各國焙茶、種桑、養蠶、繅絲的方法，然後回國整頓，以保護中國利權，且可仿效製造她們所嗜好的產品，如此女工不致失業，商業也隨而大興。因此她建議速派官婦赴各國游歷游學。〔註 189〕可見她除了從振興女學的觀

〔註 188〕 M.E. Burton, 1911:1, p. 140.

〔註 189〕 〈命婦羅皮氏呈請代奏派女生遊學摺稿〉，《警鐘日報》1904 年 12 月 29 日第

點鼓吹清貴冑大臣的妻子以及女生留學外，更從促進外交、貿易等利益觀點，來力倡女子游學，條陳甚爲痛切。可惜當時學務大臣以此事有礙風化未敢據情代奏，全都批駁不准。〔註190〕

外國學者等有識人士也倡議鼓吹中國女子出國留學。代表性的例子，如1902 年京師大學堂總教習吳汝綸赴日考察教育，前山陽高等女學校校長望月與三郎也向他提及女子教育的重要：

> 欲獲人才，須造良家庭，欲得良家庭，須造賢母，賢母養成之道，在教育女子而已，故曰：國家百年之大計，在女子教育，無他，是教育之根本，而實鞏固國礎之法也……賢若孟母而後有亞聖，無華盛頓之母，焉有開闢美國之偉功耶。女子教育之要，如斯明明也。世之玩冥者，以之爲迂遠，徒盛男學堂，以欲養成人才，而入學堂者其心不純，其知不明，屈幹朽木，何以得爲棟樑也。先生明敏，既看破此理，畫貴國百年之長策，可不以女子之教育爲急務也哉。〔註191〕

望月興三郎向吳汝綸舉孟子與華盛頓的偉大事功，都得力於母教，強調女子教育是當務之急。不過他既是日本人，應該是向吳汝綸鼓吹中國女子赴日留學。

十九、廿世紀之交，出洋學生赴美尚少，主要障礙是美國政府的移民律限制赴美人數。1906 年初，美國伊利諾大學校長愛德蒙・詹姆士呈送總統羅斯福的備忘錄中，建議美國政府加速吸引中國學生赴美留學。他認爲這種道義上的影響，比用其他方式獲利更大。同年 3 月，美國傳教士明恩溥到白宮謁見羅斯福總統，建議退還部份的中國庚子賠款，開門開辦和津貼教會學校。次年他再度指出應該多讓一些中國知識份子至美留學，以減少中國人對美國人的懷疑，進一步贏得中國人的善意。〔註 192〕羅斯福接納這些意見，提一咨文給國會，在 1908 年 5 月 25 日通過後，將庚款半數的 1160 餘萬美元退還中國，並要求自 1909 年開始選派學生赴美留學，4 年內每年派 100 名，

　　　　三版，專件。

〔註190〕　〈命婦請興女學〉，《順天時報》光緒卅一年十一月十一日，收在李又寧、張玉法合編《近代中國女權運動史料》上冊，頁 601。

〔註191〕　〈前山陽高等女學校望月興三郎來書〉，見吳汝綸，《東遊叢錄》四，收在王寶平主編《晚清中國人日本考察記集成：教育考察記》（上）（杭州：杭州大學出版社，1999），頁 359。

〔註192〕　王忠欣，《基督教與中國近現代教育》，頁 107。

第五年起不得少於 50 名。於是，1909 年 6 月清政府設置游美學務處，負責考選事務。1911 年在北京建立清華預備學校，至 1929 年為止，共計派遣 1279 人。〔註 193〕

　　另一方面，國人也自覺須出洋留學，吸收列強各國的富強之道。在開明之事的倡議與影響下，女子本身也有所回應。1906 年 1 月《女子世界》月刊，即載廣東杜清池女士〈論遊歷閱報為女子立身之要務〉一文。她先說閱報之益，貴能激動文明思想，然求女子閱報者，百人而不得其一，非因女子盡文盲，否則《封神》、《西游》等小說，何以銷路不減？閱報為鑄造新思想的材料，中國女子素以不出門為守禮，以讀書為末務，若以屋內之人談門外之事，其真偽相去太遠，故而欲擺脫奴隸圈，則必先造人格，而游學為造成人格之材料。欲求達此思想的能力，則莫若游學。茲抄錄她的文章要點如下。

> 游學之益，愈遠愈廣，愈久愈多……游學之遠近，當視其資斧多少為比例。然不必遽言歐美，或東洋亦可……即使出里門一步，亦無不可謂之游學。何也？其眼界進一步，知識亦進一步矣。我輩今日欲求平權平等，斷不能不從廣交游、長智識做起，而游學時又為其先聲也。
> 近者上海、湖湘，翩翩東渡，著女子游學之先鞭矣。〔註 194〕

可見當時已有女子自覺且呼籲國內女同胞出外游學，以拓廣交游，增長智識。

　　1907 年《東方雜誌》第十期刊載〈遣女學生赴各國肄習〉一文，以中國二千年來，不令女子入學。當時女學漸興，也常聞各省倡設女學堂。但師資有問題：

> 風氣所趨，不患來學無人，而患居師席者少，議延男教習。但與其以不學者充數，不如打破男女界防。然男女性質究異，加以舊俗避嫌，卒難融似，每見此等學堂，師弟各為矜持，教學未能密切。且女子但學於中國，見聞狹隘，非所以宏造閨才也。宜定各省官派學生，男女以什一分額，擇通曉中文，才識開拓者道之，專習師範……〔註 195〕

上段引文中，道盡了當時中國女子教育的缺憾，並提出改進的辦法，可說甚有

〔註 193〕《清華大學校史稿》（北京：中華書局，1981），頁 68。

〔註 194〕廣東杜清池女士，〈論遊歷閱報為女子立身之要務〉，《女子世界》第二年第四、五期（1906 年 1 月），收在夏曉紅選編《女子世界文選》（貴陽：貴州教育出版社，2003），頁 192-193。

〔註 195〕〈學界芻言〉，《東方雜誌》第三年十期（1907）。

見地。事後，使某些省區的當政者，如湖南、奉天等決定選派女生出國留學，
到日本歐美等先進國家學習女子師範教育，以發展該省的女子教育。〔註196〕

　　留學國外的女生也鼓吹國內女同胞出國留學。但多數爲留日女生的鼓吹
留日。如《江蘇》第三期有陳彥安撰文〈勸女子留學說〉。她指出中國「女子
無才便是德」的舊觀念，造成多數女子日居深閨，只知洞耳、纏足、塗面，
不知外國強盛，中國衰弱。中國衰弱，由於女子無學。反觀日本則「國中之
女子，誦讀之聲，無間都鄙，即至專門高等之學，卓然成才者，亦不乏人。」
〔註197〕中國欲振興女學，必須採他國長處。同刊第六期又載〈共愛會同人勸
留學啓〉一文，大意與前文略同，強調教育爲國家根本，男女都須受教育，
國家才能興盛；且中國女子需負教養子女的重任，但程度或不如幼童，欲振
興女學，必須借重他國所長。日本以近鄰費省，適於往返苦學。〔註198〕1907
年 4 月 1 日《牘報》刊載山西留日女生王玉藍〈勸山西女子游學書〉一文。
她認爲女子教育重於男子教育，因教育的根本繫於母親。又舉花木蘭、秦良
玉的事例，駁斥中國女子自古不出閨閣，不能遠遊的說法，況且當時中國沿
海風氣已開，留學歐美日本的女子不少；而「戒纏足、興女學」的運動，也
推展到內地，女學堂的師資必須趕緊培養。她籲請晉督速籌經費，選派女生
赴日學習。〔註199〕湖南留日女子唐群英學成歸國，也曾在 1913 年 2 月特地由
北京返湘，勸說鄉人選派女子留學日、美。她更擬定兩國各 20 名，呈請湘督
譚延闓准助所需經費。〔註200〕

　　1907 年，留美女生宋藹齡以英文撰一篇〈對中國女子教育的懇求〉（"A Plea
For the Education of Woman in China"），刊在《留美學生月報》（*The Chinese
Students' Bulletin*），提到她當時從美國最早頒發學位給女子的喬治亞州威斯連
（Wesleyan）學院畢業，但悲憐祖國的姊妹同胞未能享有這種自由的喜悅。一
旦她們能掌握西方的學習機會，將了解提昇女子與男子平等是最重要的。中
國若不給予女子正確的地位，不可能期望她們參與世界的進步。所幸慈禧太

〔註196〕 王惠姬，〈清末民初的女子留學教育〉，頁 55-56。
〔註197〕 《江蘇》第三期（1902 年），雜錄，頁 1-2。
〔註198〕 共愛會是 1903 年留日女生在東京組成，時有會員廿餘人。她們聯合撰文，
　　　　　力勸中國女子赴日留學。見《江蘇》第六期（1903 年），女學文叢，頁 1-3。
〔註199〕 《牘報》第二號，收在李又寧、張玉法合編《近代中國女權運動史料》上冊，
　　　　　頁 679-680。
〔註200〕 《順天時報》1913 年 2 月 20 日第七版。

后已同意女學，且允送數名女子赴美留學。她們既得汲取西方文明的好處，將來學成歸國，把現代知識帶給國內女子，並展開教育與提昇女界的運動，則中國躋身世界強國是指日可待。因爲女子接受教育，可兼對家國生活施行有力的影響。以基督教破除中國諸多無知與迷信，如清廷認爲不能挖地開礦，使國家可臻富強的重要資源不能運用，造成潦災飢荒連連，舉國窮困。雖然中國古訓認爲男尊女卑，女子不言外事，不需多受教育。但西方女子的諸多成就證據，即已駁斥這種說法。宋藹齡認爲留美男生返國若不滿其母姊妻子因不諳世事，又無知識，不能了解並支持他們的志趣，那又是誰的錯呢？因此她懇求留美男生返國，參與領導國事，爲使中國更進步，要運用他們的影響力，去助興女學，提昇婦女地位。〔註201〕

　　1884-1900年留美學醫的許金訇，返國數年後也曾選送一些女子赴美留學。她認爲有些人不想讓女子赴美學習，以爲女子一旦受教育就會驕傲。然而，真的沒什麼好驕傲。中國女子有機會到外國學習，並非神愛她們超過別人，而是神愛所有中國人，因此遣派一些女子先去學所有好的，讓她們可以幫助自己的同胞。她們得到的好處越多，對中國女界虧欠更多。所以不論往何處，她們必須想到如何使國人獲益。這既非她們自願，又有何可驕傲？〔註202〕她以自己留美經驗，用感恩語氣，肯定對中國及女界都有幫助，而選派一些女子赴美留學。

　　在現代中國，有些學者主張女子若要獲得真正的自由與和平，必須從教育的提昇與改善著手。〔註203〕1914年，在美國留學的胡適，結交一位女友韋蓮司（Edith Clifford Williams）小姐，而對美國婦女的觀感有所轉變：

> 吾自識吾友韋女士以來，生平對於女子之見解爲之大變，對於男女交際之關係亦爲之大變。女子教育，吾向以深信也。惟昔所注意，乃在爲國人造良妻賢母以爲家庭教育之預備，今始知女子教育之最上目的，乃在造成一種能自由能獨立之女子。國有能自由獨立之女子，然後可以增進國人之道德，高尚其人格。蓋女子有一種感化力，善用之可以振衰起懦，可以化民成俗，愛國者不可不知所以保存發振之，不可不知所以因是利用之。〔註204〕

〔註201〕 E. Ling Soon, "A Plea For the education of Woman in China", *The Chinese Students' Bulletin* Vol. 2, No. 5（New York: April, 1907）, pp. 108-111.
〔註202〕 Burton, 1911:1, p. 35.
〔註203〕 程謫凡，《中國現代女子教育史》，頁253。
〔註204〕 胡適，《胡適留學日記》（上海：商務印書館，1948），頁555。

　　由上文可知，胡適從美國女友韋蓮司了解到女子教育的最高目的，並非只爲良妻賢母，而是在造成能自由能獨立的女子，藉其感化力振衰起儒。1918年他又寫〈美國的婦女〉一文，鼓吹中國女界學習美國婦女，建立自立的人生觀。〔註205〕

　　再者，教會學校幾乎成爲女子預備留學的最佳學校。近代在華的外國勢力中，美國教會勢力最強，所辦的教會學校也最多。美國女傳教士在教會所辦女校示範、倡導，使一些中國婦女學習天賦人權、自由平等、科學與體育等西方新思想，追求自立立人。她們以自己受教育與追求獨立自主的經驗，深知男女教育的平等，是一切平等的開端；就業的平等，是取得獨立的捷徑。婦女可以結合團體，作種種反抗男子專制的運動，但教育的機會與知識的程度，若不能與男子並駕齊驅，仍得屈居弱勢地位。經濟不能自立，教育不能提升，更難以在政治上立足。因此教會組織與教會學校，多鼓勵其教職員與學生出國深造。

　　中國最早的三所女子大學，都爲美國教會所辦，校長多由外國傳教士擔任，她們大都在美國的大學畢業，或有學位，對教育有興趣。在她們主持工作期間，言傳身教對留學就有意無意的感染帶動。她們的目標，不止於培養學生本校畢業，更希望優異學生畢業後留美；學校的崇美風氣濃厚，加上學生多屬富家女出身，大多有經濟能力出國留學。教會女校與許多美國學校建立聯繫，提供女子留學的機會，尤以留美最多。1919年底，美國女傳教士88人，包括一向在華的74人、新來上海的14人，先後在上海白大橋（白渡橋）禮拜堂、四川路青年會開會，討論各項有關中國女子教育的問題。如高等教育的男女同校、中國應設女學若干？如何派遣中國女子赴美留學，以及開辦醫校教科，宜用中文或英文等問題？〔註206〕可見教會學校對中國的女子教育發展與選派留美，持續關懷。

　　華南女子大學首任校長程呂底亞，也致力謀求讓該校學生方便留美。1922年她積極向紐約州立大學提出申請，要求華南女大在該校註冊，給畢業生授以學士學位。美方規定，一個城市只能有一所大學獲得特許證，華南女大受制於福建協和大學先獲得美國有關大學的特許證，能使力的空間不大，但在同年 9 月還是獲得紐約州立大學董事部同意註冊。此後，華南女大的畢業生

〔註205〕 胡適，〈美國的婦人〉，《新青年》卷 5 號 3（1918 年 9 月），頁 213-224。

〔註206〕 〈近事：教會女界新史〉，《女鐸報》卷 8 期 11（1920 年 2 月 1 日），頁 58。

赴美留學，學歷均獲得認可，並與美國學生享同等待遇。程呂底亞引此爲榮，視爲任內的一大突破。校辦刊物也對此廣爲宣傳。該校知名度高，慕名入學更多。此種情形，發展至 1930、1940 年代，教會大學培養的女生，佔中國女子大學生總數的 30%。教會大學一向保持領先地位和一流水準，畢業的女生總計約 6 千人，〔註207〕這在中國女界高級知識份子中，佔有重要的比例，爲中國第一代知識女性的成長，提供一塊重要的人才栽培基地。女生若想深造，赴美留學是更佳的選擇。

　　一般說來，十九世紀中期以至廿世紀初的出國女子，或是隨父兄、丈夫同行，或是由教會傳教士帶領。至 1910 年代，中國女子高等教育尚在萌芽階段，全國只有 3 所公私立女子大專院校，名額不多。當時女生若要進一步獲得高等教育，只有出國留學一途。於是，她們有的考取官費，有的獲得教會資助，也有的由家庭支持資送。在廿世紀上半期，女性的覺悟有所提高，社會地位有所改善，入學人數也比前清更多。但總體來看，各類學校中，女性所佔比例最高時，只佔初等、中等及高等教育受教育人數的 25.5%、20%和17.8%。處於文盲狀態的女性維持在 80%上下。〔註208〕而且當時中國大學招收女生不多，是不爭的事實。1919 年，美國紐約州立大學宣佈承認金女大頒發的學位有效。此後，在該校獲得學位的畢業生，可以不經考試，直接進入美國大學的研究院，攻讀碩士學位。據吳貽芳統計，金女大最初的四屆畢業生共 33 人，其中赴美留學深造且獲得碩士、博士學位者，有 20 人。〔註209〕據 1917 年（民國6年）清華學校印行的《游美同學錄》，歸國學生 386 人中，教會學校出身有 174 人，佔總數的 45%。〔註210〕據此可知，美國及其學校的中國女生中，教會學校佔比例也很大。

　　進一步說，清末民初的留美學生遠渡重洋，探索中國落後的原因，認爲主要就在科學遠不如歐美列強。稽勳生公費留美的任鴻雋，初到美國，進入康乃爾大學主修理科。他目睹美國的富強，感受到東西方社會的許多不同，如家庭組織，東主合居，西主分居；男女戀愛，東主防閑，西主放任；個人發展，東主裁制，西主自由。經過學習、觀察、研究，他對西方學術的本源

〔註207〕王奇生，〈教會大學與中國知識女性的成長〉，頁 136。
〔註208〕韋鈺，《中國婦女教育》（杭州：浙江教育出版社，1995），頁 14-16、23。
〔註209〕吳貽芳，〈金女大四十年〉，頁 103。
〔註210〕北京清華學校編，《遊美同學錄》（1917）。

略有所見，了解中世紀西方比中國更黑暗，文藝復興之後，科學家以發現真理為急務，主張與宗教戰，與天然界的困難戰，鑽研講求，而有後來的結果。他認知東西方最大的差別，是「西方有科學，東方無科學而已。」他認同赫胥黎的話，以科學為有組織的常識，並無什麼神秘，科學家也不過是有常識的普通人。科學精神就是常識訓練，具有崇實、貴確、察徵、慎斷、存疑五個特徵，再加不怕困難，不為利誘，則更完備。這些精神是一切科學所應有，就是平常處事也應具備。相對地，中國學界有四大弊病：材料偏而不全、研究虛而不實、方法疏而不精、結論亂而不秩。他總結中國所以沒有科學的原因，就如同人類「智識不進」的四個特徵：一是尊崇古代；二是依賴陳言；三是固執己見，四是觀念混淆。他主張建構思想以事實為先，其次才是理論和主義。因此，科學應當是發現真理的唯一法門。「吾人學以明道，而西人學以求真。」〔註211〕他沒有把學技術、拿學位看得太重，倡言獲得博士碩士，並不算真正有學問。「吾等當日嚮往西洋，千回百折，有不到黃河不甘之概，固不在博士碩士頭銜資格間也。」〔註212〕換句話說，科學研究是學者的天職。只有經過十幾二十年艱苦努力，才能躋身於學者行列。留美男生如此認知、崇尚科學，留美女生也不例外。

不可否認的，女子必須增進教育培養實力，才有能力謀求職業，以維持經濟獨立，解決自己與家國的自由與進步，再參與政權以擴張實力。上述這些鼓吹女子留學的言論，尤其出於女子自覺的說辭，促使國內女界曉悟赴歐美日本等先進國家求取知識的重要性，於是風氣漸開，女子留學東西洋各國的人數日益增加。

第三節　有關女子留美教育的規制

出洋留學，為廿世紀中國的青年所夢寐以求。中國自從敗於八國聯軍，國勢衰頹的陰霾揮之不去，崇洋媚外的心理瀰漫國內。在國人眼中，學歐美的科學以致富強，成為一時的怒潮。

據中國百年來留美學生統計顯示，1854-1953年間，中國留美學生共約有

〔註211〕任鴻雋著，樊洪業、張久春選編，《科學救國之夢——任鴻雋文存》（上海：上海科技教育出版社、上海科技技術出版社，2002），頁85。

〔註212〕同上書，頁682-683。

20,636 人。他們留美的年份，男女生分別以 1948、1947 年最多，也就是在抗戰勝利以後的二、三年間。1937 年抗日戰前，女生以 1927 年人數最多，其次爲 1922 年，再次依序爲 1928、1926、1930 年。男女生出現第二高峰，主要在 1920 年代後半期。出國留學的年齡統計，最小爲 12 歲，最大爲 63 歲。男生以 22 歲最多，其次依序是 23、24、21、25、20、26 歲。女生以 19、20 歲爲最多，其次爲 22 歲，再次依序爲 23、18、24、25 歲。可見男女生均以 25 歲以前居多，但女生年齡顯得更年輕，這似乎與女生多高中或專科畢業出國有關，也與女生需面對適婚年齡的範圍受到較多限制有關。在美國學習的時間，男女生均以 1 年爲最多；其次依序爲 2 年、3 年、4 年。超過 7 年以上的人數遞減。由此可見留美以 1 年，以國內大專畢業，赴美獲得碩士學位爲多。至於留美學生的籍貫，男女生都以上海最多，分別有 1,831／712 人；其次爲江蘇省，分別有 1121／247 人。再次，則男生方面，依序爲廣東 1,893 人（包括廣州 815 人）、河北 1,314 人（包括北京 607 人）、浙江 626 人、福建 563 人。女生方面，依序爲廣東 322 人（包括廣州 168 人）、福建 191 人、河北 178 人、浙江 108 人。〔註 213〕

　　從上述近代中國留美男女生的統計數字，可以顯示一些重要意義。首先，他們的省籍，以來自江浙爲最多，閩粵冀爲其次。原因顯然是上海、蘇州的洋學堂居冠，包括男女中小學至大學。南京還有金女大，成爲女子在 1910 年代末期國內教育提高，具有大學程度的重要背景。福建留美女生省籍居第二，則與福州華南女大的設立及該校極力鼓吹留美有關。同樣的，廣東與河北，也各因其首善地區──廣州與京津的文化薈萃、學校集中，而具有優勢。這個現象，一方面反映沿海地區接觸西洋先進國家資訊的地利之便，而得以開風氣之先獲取新教育；另一方面也顯示中國近代教育決策與資源分配的不公平問題。

　　學子競相出國學習，教育部與各省區也隨後制定規程，選派人才留學深造。百餘年來，出國留學人數有增無減，往歐、美、日三地深造，爲管理方便，政府所頒佈的留學規程，多依留學國別與費別或派遣留學性質的不同而訂立，少因男女性別而分別議定，因此以下所述的一般留學規程，是對女子留美學生也適用的規程，並按清末民初、五四以後至國民政府執政的前十年等三個不同時期，分留學資格、留學經費與留學管理三方面，分別略作說明。

〔註 213〕 Yi-chi Mei & Chi-pao Cheng, pp. 26-27, 33-35, 38-39, 54.

一、清末至五四以前留美教育的規程（1870-1919）

（一）留學資格方面

1. 公費生

清末最早制定與留學美國有關的政策與規程，是 1871 年夏由兩江總督曾國藩、直隸總督李鴻章，因容閎建請官方選派留美幼童，而兩次合奏上疏的〈選派聰穎子弟赴美習藝並酌議章程〉與〈選派幼童赴美辦理章程十二條選派辦法〉，次年初奉准成行。1903 年以後，出國留學漸成熱潮，因此 1906 年學部奏定〈管理游學日本學生章程摺〉，從此統一規定官費留學生。如清末的郵傳部（民國以後改稱交通部），自 1908 年選派人才留學。其他如參謀部、海軍部及交通部等所派官費留學生的規定，〔註214〕但以上均無女生名額。

大體而言，清末對留學生資格並無嚴格規定，只要派遣者認可即遣派。初期派遣學生，因風氣未開，也無考試，只要年齡相當，身體強健，而願意前往者，即可入選。後因赴日留學各生流品太雜，譬如有非中學畢業生不給咨的規定。後來留學生日多，漸有舉行考試，但清末除留日特約五校生需在日本各校接受競爭考試以外，其他留學生或由各省選派，或與已相當試驗。〔註215〕惟限制不嚴，各省也無統一辦法。

至於官費留美女生，始見於 1905 年。這一年，清廷所派五大臣出洋考察憲政團抵美，耶魯（Yale）、康乃爾（Cornell）及衛斯理（Wellesley）大學，允贈中國留學生獎金。1907 年，兩江總督端方遂就江南各學堂舉行考試，計錄取男生 11 名，女生 4 名。其中 3 名女生胡彬夏、王季茝與曹方芸，因程度未合，令先入衛斯理大學附設的預備學堂就讀，至試驗合格才行升入。〔註216〕這四位女生成為最早留學美國的官費女生。

1909 年美國退還庚款，開始有清華公費留美學生的派遣。清末政府因中國駐美公使梁誠奏准〈會奏收還美國賠款遣派學生辦法摺〉，以每年所退還的庚子賠款，興學育才，在京師設立游美學務處，附設肄學館，並沿用美國高等初等各科教習，所有辦法均照美國學堂。該校畢業生留美的計劃，以十分之八習農、工、商、礦等科，以十分之二習法政、理財、師範諸學，遂創辦

〔註214〕舒新城，《近代中國留學史》，頁 137、285-286。

〔註215〕特約五校是千葉醫專、山口高商、第一高等學校、東京高工及東京高師校，見舒新城《近代中國留學史》，頁 14-15。

〔註216〕Y. C. Wang, pp. 72-73.

清華學堂。〔註217〕最初留美學生人數無多，每年開支頗爲寬裕。因此對外設法擴充留美學額，對內增加本校學生數目。然而，當時清華並無女生名額。雖然，北洋女子師範學堂、北洋高等女學堂、北洋女子公學各堂教員以及學生許端珪等，曾聯名稟請在美國退還庚款選派學生留美的名額中，酌撥十分之一，選派女生。學部認爲「赴美遊學等，每年由遊美學務處分兩格考選，設有定額，所收學生均須在館肄業學習 1 年或數月，由館甄錄合格，方予咨送。」遂以「礙難照准」拒絕所請。〔註218〕

但是美國方面，卻再三要求清廷選送女生留美。1911 年 4 月，肄學館改稱清華學堂，辛亥革命後改稱清華學校。同年，美國駐華公使曾照會清廷「美國各校均以無女生詰問，請兼選有中學畢業程度女生來美就學，名額不妨稍多，以後每年均派。」〔註219〕但當時女子留學風氣未開，〔註220〕而且女子中學也設立不多，一般女生程度尚無法大批派赴美國留學。因此，到清朝結束，庚款留美的名額中，仍無女生。1912 年民國建立後，清華學校也未招收女生。

直到 1914 年起，清華學校才公佈考選校外女生的規程，規定要點爲：（一）資格與年齡：本校此次招考女學生 10 人咨送美國留學，以體質健全，品行端淑，天足且未訂婚，年在 23 歲以內，國學至少有中學畢業程度，英文及科學能直入美國大學校肄業者爲合格。（二）留學須知：錄取各生，須於教育、幼稚園專科、體育、家政、醫科、博物、物理、化學等八學科中擇一，做爲進美校研究的專科；擇訂後不得擅改。留學年限定爲四年，如欲展長，須有特殊成績或他種充分理由，方得呈請監督處轉函本校校長核辦。〔註221〕此後，每隔一年選派女生 10 人。1916 年起，每年又增派專科男生 10 人，均由公開考試決定。1914-29 年間，共選派 1900 多名學生赴美，其中專科女生 53 人，專科男生 67 人，佔留美公費生的多數。〔註222〕

此外，清華還有津貼（Partial）自費留美的學生，規定要點爲（一）宗旨：津貼用以體恤寒竣，獎勵遊學，使在美自費生中，有志上進而無力卒學者，

〔註217〕 清華大學校史研究室，《清華大學史料選編》第一卷（北京：清華大學出版社，1991），頁 116。
〔註218〕 《學部官報》期 137，1910 年陰曆 10 月 1 日，文牘。
〔註219〕 《民立報》1912 年 7 月 12 日。
〔註220〕 梁啓超，《新大陸遊記節錄》，頁 130，作「女學生不可妄去」。
〔註221〕 〈清華一覽〉，轉引自舒新城《近代中國留學史》，頁 81-82。
〔註222〕 王煥琛編著，《留學教育》，頁 1045-1047；謝文全，〈我國留美教育〉，《教育資料集刊》第九輯（1984 年），頁 195。

得以學成致用。（二）資格：凡在美自費生，以品行端正，學業優美，家境貧寒，並須在美國大學本科第 2 年肄業者，均可請求，經審查合格，即給予年費津貼。〔註223〕津貼生當中，也有不少女生，學成返國且有成就（參見後文）。

　　民國成立後，由稽勳局選派有功於革命的青年子弟，呈送教育部選派留學。1912 年 10 月第一批官費生 25 人，其中留美 11 人，留日 9 人，留英、法各 2 人，留德 1 人；惟均無女生。1913 年 2 月有第二批官費生 35 人，其中留美 10 人，留法 11 人（内有女生 3 人），留德 6 人，留日 4 人，留英 3 人，留學比利時 1 人。1913 年 6 月第三批官費生 53 人，其中留美 20 名，留日 11 人，留法 5 人，留比 3 人，留英 2 人，其餘 12 名未詳。同年 7 月 15 日第四批官費生 66 人。四批中多有重疊，如留法的 3 名女生與汪精衛，還有原欲留德的蔣介石轉學他國等。〔註224〕總之，至 1913 年爲止，中央稽勳局選派人員留學美日歐，大約共派 122 名。

　　辛亥革命以後至民國甫立，留日、歐學生多數返國。1913 年以後，政局逐漸穩定，中央及地方各省大體沿襲清末的政策，繼續派遣學生出國留學；離去的留學生也多回原地復學。孫文先生曾說：「人才問題之解決，則有二法焉，一爲多開學堂，一爲多派留學生到各國之科學專門學校肄業、畢業後，載入各種工廠，練習數年，必使所學能升堂入室，回國能獨當一面，以經營實業斯爲上旨。」〔註225〕於是民國建立後，留學更蔚爲風氣。當時中央官費生的派遣雖較前減少，但各省時有公費的設置。1914 年教育部整理教育方案草案，曾對留學教育指出

> 游學生派送之目的在求高深知學術，促進本國之文明，啓發社會之知
> 識。吾國游學生之寡得其用，一誤選派時無一定之方針，再誤於回國
> 時以考試爲榮典；始基不愼，則所供不足以應求，取士無方，斯所學
> 乃歸於無用。今先改定選送方法，各省游學經費每歲劃出若干，並定
> 東西洋遊學定額若干，各有缺額者，一律由部選送。選送目的有二，
> 一視全國何項人才缺乏而選送之。一視地方特別情形，爲欲增加某項

〔註223〕〈清華一覽〉，引自清華大學校史研究室《清華大學史料選編》第一卷（北京：清華大學出版社，1991），頁 121、129。
〔註224〕《教育雜誌》卷 4 號 8（1912 年 11 月），記事，頁 56；王煥琛，《留學教育》，頁 989-996。
〔註225〕孫中山，〈中國實業如何發展〉，氏著《實業計劃》（1918）（台北：中央文物供應社，1954 年 6 版）。

　　人才而選送之。學成之後，要宜各得其用，不可徒導其獵官，尤不可
　　以豢養為事，始知志清氣昏，寂然無所聞見於世……〔註226〕

可惜無具體明確的辦法。

　　儘管民國成立後，中央公費留學生的派遣較前減少，但各省時有公費設
置，而各省的派遣有定額，分配如下表。〔註227〕

表1-4：民初各省公費留學生的派遣定額

省　別	留歐美定額	百分比	名　次	留日定額	百分比	名　次
直　隸	12	3.78	12	38	3.54	12
山　東	15	4.72	11	62	5.77	8
山　西	12	3.78	13	36	3.34	13
河　南	21	6.61	7	14	1.31	19
陝　西	8	2.52	17	60	5.58	9
甘　肅	1	0.31	19	6	0.56	20
江　蘇	25	7.86	3	60	5.58	10
浙　江	20	6.20	8	120	11.15	1
江　西	21	6.60	6	93	8.65	3
湖　北	22	6.92	5	71	6.60	7
湖　南	25	7.86	4	96	8.93	2
福　建	10	3.12	15	60	5.58	11
安　徽	12	3.78	14	19	1.77	17
廣　東	30	9.44	2	81	7.53	5
廣　西	3	0.94	18	15	1.39	18
四　川	17	5.35	9	87	8.09	4
雲　南	17	5.35	10	27	2.51	15
貴　州	0	0		22	2.05	16
奉　天	38	11.92	1	72	6.70	6
吉　林	9	2.83	16	35	3.26	14
黑龍江	0	0		1	0.09	21
總　計	318	22.65		1075	77.35	
	1393					

〔註226〕教育部編，《教育部公報》第八冊（1914年12月11日），頁2-8。
〔註227〕陳啓天，《最近三十年中國教育史》（台北：文星書店，1962），頁327-329。

　　依照上項定額，民初若干省份有缺額可補。值得注意的是，1912 年學部雖然限制女子游學，卻讓男女留學生有同樣補給官費的權利。在〈歐美留學女生官費章程〉中規定：「赴歐美女生，查其學歷優良，品性方正，俟畢業回國時，足資起本國教育者，由部選定補給官費。至於普通留學女生，經本省提學使考驗，果有學歷與章程合格者，亦准補給官費，以期女學教育之發達。」〔註228〕此後，官費女留學生漸增。

　　1913 年 10 月，教育部鑑於各省遣派留學生過多，程度不一，且政府財政困難，通令各省暫行派遣，同時著手研擬留學國外學生規程。1914 年，教育部頒佈〈各省留學官費生缺額選補規程〉，規定選補資格為「一、在國內充任中小學教員或中等以上學校教員三年以上者；二、曾任教育行政職務三年以上者；三、以自費留學入外國大學或專門學校肄業者；四、在本國大學預科或以私立專門學校畢業。」〔註229〕

　　1916 年 10 月教育部訂頒〈選派留學外國學生規程〉，對官費留學生的資格規定，提高為「一、曾任本國大學教授或助教授繼續至二年以上者；二、曾任本國專門學校高等師範學校本科畢業者；三、本國大學本科畢業生；四、國內外專門學校、高等師範學校本科畢業生。」〔註230〕並且官費留學生資格的取得，須經兩次檢定試驗。第一試在各省，由各省行政長官主持，試驗科目為國文與外國文兩科。第一試及格，再參加教育部在北京舉行的第二試，試驗科目除國文與外國文外，並須調驗成績與口試。國文與外國文的試驗，依考生所派赴的留學國別及研究科目而酌量命題；調驗成績以歷年的研究著述及所有學業狀證為主，口試則依考生所學及志願發問。〔註231〕至於選派的數額、留學的國家、學校、學科與年限等，均由教育部預先議定，然後從 1914 年以後教育部核定有案的各省留學名額中選取。〔註232〕在次年 5 月 16 日通告各省留學外國缺額及需要科目，並於 6 月 25 日舉行第二試驗。惟當時所錄取的名單均為男生。此項各省官費留學生定額沿用至 1925 年。

　　1916 年的〈選派留學國外學生規程〉，為中國開始對外有資格與考試的

〔註228〕《順天時報》宣統三年三月十一日，見李又寧、張玉法合編《近代中國女權運動史料》，頁 1289。
〔註229〕《教育公報》第三冊（1914 年），法規，頁 1-2。
〔註230〕教育部總務廳文書科編，《教育法規彙編》，頁 418-419。
〔註231〕同上書，頁 419-420。
〔註232〕舒新城，《近代中國留學史》，頁 420。

規定。足見民國成立後，政府對於留學教育更加重視。1916 年的規程暨細則，可說是民初考選公費生的一項較為詳盡辦法。應考資格包括國內外大學與專科畢業及助教、教授等。經由檢定試驗拔選，分兩次試，並規定有免試全部或一部，各省以定額選定。從此，公費生出國留學的資格提高，且須經考試選拔，甄選轉趨嚴格。1917-1925 年間，教育部共考選公費生170 名。但該項規程中，何者是「必須留學外國之學術與技藝」並無詳細規定。1925 年江蘇省政府即以「歷屆部試派遣，而無特定目的，各生所習往往與本省需要科目不能相應」為由，與教育部爭學生考試權，而教育部也無法反駁。〔註 233〕

1918 年，教育部決定每年選派各大學、高等專門學校的男女教授及教員若干人，出洋赴歐美各國留學，研究學術或考察學務。這是中國正式派遣大專教授留美的開始。1917 年選派男教授 5 名：北京大學教授劉復赴法研究語言學、朱家驊（留德肄業生）赴瑞士研究地質學，北京高等師範學校教授鄧萃英（留日畢業生）赴美德二國研究教育，南京高師教授赴美研究電氣機械學。女教授 2 名：北京女高師學監主任楊蔭榆赴美研究教育學、教授沈葆德赴美研究音樂。她倆是中國最早以公費留美的女教授。同年 6 月 20 日教育部又考選北大教授丁緒賢、任殿元、嚴宏桂、張清漣等 5 人赴美深造，但無女性。〔註 234〕1919 年 6 月北京女高師再呈准選派該校 2 位女教員——陶慰孫與伍崇敏，赴美進修。〔註 235〕

2. 私費生

清末留學教育，無明確的規定，所有變法維新的人才，都希望從留學中造就。留學教育不只代替當時中國的高等教育，而且是一種高等的補習教育。因此當時的留學生數量很多，但是程度參差不齊。自費留學生的資格限制較寬，只要有中學畢業程度，不須考試，能自備費用即可。廿世紀初，留美女生人數日漸增加，程度也逐步提高。惟清廷以女子留學風氣未開，學部於 1910 年通令：「凡出洋學生必須有中學畢業程度方能派遣。目前女學尚未發達，學校無多，雖不能限以中學畢業程度，亦應慎重選擇。」規定日後女子自費留學，必須在本國受過教育，中文明順者，才能發給留學證書。「若只識字無多，文理不明，

〔註 233〕 王煥琛編著，《留學教育》第三冊，頁 988、1002-1007、1559-1570。
〔註 234〕 同上書，頁 1002-1007、1559-1570，沈葆德是上海人，上海女校畢業生。
〔註 235〕 《教育公報》第七年二期，報告，頁 22；命令，頁 34。

未受教育者，應令入本國女學堂肄業，毋庸咨送出洋留學。」〔註236〕這意味清末政府對女子自費留學的逐漸發展，在政策上趨向保守，故以提高女子留學資格，做為限制的門檻。

民國初期延續清末的自費生留學資格。1914 年 1 月，教育部頒佈的〈管理留學日本自費生暫行規程〉第二條規定，自費生資格只須中學以上學校畢業或中學以上各校教員；且有保證人，就可向教育部請准出國留學。〔註237〕此規程至 1924 年 7 月末教育部才加以修訂，公佈〈管理自費生規程〉，將自費生資格改為中學以上學校畢業或辦理教育事務二年以上，均可領取留學證書。1918-1927 年間教育部共核准自費生 861 人。〔註238〕可見除 1916 年以後，除了官費留學生資格提高為大學及專門學校的教授與畢業生，其他留學生資格，直到 1940 年代為止，都以中學畢業生為主，女子留學生也不例外，因此自費生多於官費生，是必然現象。

（二）留學經費方面

留學經費，包括留學生經費的規定以及經費的來源。先說明留學經費的規定，再略述經費的來源。

1. 留學經費的規定

1910 年，學部限制女子游學的同時，女生也取得與男生一樣補給官費的權利。在〈歐美留學女生官費章程〉中規定：「赴歐美女生，查其學歷優良，品行方正，俟畢業回國時，足資啟本國教育者，由部選定補給官費。至於普通留學女生，經本省提學使考驗，果有學歷與章程合格者，亦准補給官費，以期女學教育之發達。」〔註239〕可見清末政府對女子留美學生也頗為肯定，若成績優異，准許補給官費，以待她們返國後，促進女學教育的發展。

1913 年教育部公布〈經理歐洲留學生事務暫行規程〉，1914 年公布〈經理留學生事務規程〉、1916 年〈選派留學外國學生規則〉，到 1919 年為止，官費留學生的學費費額，可表列如下。〔註240〕

〔註236〕王煥琛編著，《留學教育》第二冊，頁 763-764。
〔註237〕教育部總務廳文書科編，《教育法規彙編》，頁 435。
〔註238〕王煥琛編著，《留學教育》第三冊，頁 1291-1295、1571-1660。
〔註239〕《順天時報》宣統三年三月十一日，見李又寧、張玉法合編《近代中國女權運動史料》，頁 1289。
〔註240〕本表資料來源：《學部奏咨輯要》卷 1-3；教育部總務廳文書科編，《教育法規彙編》；《教育雜誌》卷 5 號 9-12（1914 年 9-12 月）；教育部編，《教育公

表 1-5：1906-1919 年間官費留學生的派遣

	日本	美國	英國	法國	比國	瑞士	義國	奧國	德國	俄國
1906	年給日圓 400-500	月 80 美元	月 16 鎊	月 400 佛朗	月 400 佛朗				月 320 馬克	月 135 盧布
1914	月 32-42 日圓	同上	同上	同上	同上				同上	
1916	月 46 圓	同上	同上	同上	同上	月 400 佛朗	月 400 佛朗	月 400 佛朗	同上	同上
1918	月 52 日圓	同上	月 20 鎊	月 500 佛朗	月 500 馬克	月 500 佛朗			月 500 馬克	
1919	月 56 日圓	浙省 90 美元								

　　儘管民初各省留學經費，均係照中央所派官費生名額編制預算，即照規定之數，按期匯解駐外各監督、經理員等分別發給在案。各省對留學各國官費生的學費規定，仍有所變通，如江蘇省於 1916 年規定該省留美官費生，以後男女生學費也不同，男生每月獲給 80 美元，女生 72 美元。〔註241〕1916 年 10 月，將留日官費生學費一律改為每月 46 日圓；並加列留學奧國官費，其餘各留學國學費均無增減，只增定每月學費，自各生行抵留學的當天算起，由監督按月發給，不得預領。〔註242〕第一次世界大戰後，物質騰漲昂貴，各國生活費用提高；1919 年 1 月起，留美官費生每月學費增為 90 美圓。〔註243〕可見留美官費生的學費規定，雖無留日變化大，但以江蘇省給女生每月學費是男生的九折，顯示男女生有差別待遇。

　　至於學費以外，其他費用支給的規定與演變情形，可大略歸納如下：

　　（1）治裝費與川資：1906 年未規定治裝費。1914-1919 年均規定留學歐美各國官費生，一律各支給治裝費國幣 200 元。自 1916 年，規定由教育部在北京發給。〔註244〕1914-1919 年赴歐美各國的官費留學生，出國路費均支給國幣 500 元。自 1916 年規定由教育部在京發給。〔註245〕1914-1919 年，留美官費生回國路費發給 250 美元。〔註246〕自 1916 年規定此項經費由監督於填發

　　　　報》，1914-1919 年。
〔註241〕《教育公報》第三年十二期（1916 年 1 月），臨時增刊，頁 9-10。
〔註242〕教育部總務廳文書科編，《教育法規彙編》，頁 420-421。
〔註243〕《教育公報》第六年三期（1918 年 4 月），公牘，頁 18-19。
〔註244〕教育部文總務廳文書科編，《教育法規彙編》，頁 421，留日生入帝國大學者，
　　　　月給 42 日圓、四校生 33 日圓；其餘各國留學生為 36 日圓。
〔註245〕教育部總務廳文書科編，《教育法規彙編》，頁 422。
〔註246〕1914-1919 年，官費生留英發給 50 鎊；德國 1000 馬克；法與比均 1250 佛朗。

留學畢業證明書時發給。此外，留學生除了喪親以外，不得請假回國，其請假期限不得逾一年；請假回國，得支川資3／10。〔註247〕

（2）旅行實驗費：規定留學各國官費生，因特別情形，如研究學術必須巡歷地方，或經指定轉學他國等，可先具預算書，呈由監督核准另酌給旅行費。1918年4月，教育部頒佈〈限制留學生研究學術巡歷地方辦法〉，更規定未畢業學生，須成績優良，且經該校長指定；已畢業學生，須由監督核定，再由該生填寫預算書，呈監督報教育部核辯。在巡歷期間，須另撰巡歷日記及考察報告或著述，交監督送教育部考核；若記載不實或不呈送報告，則未畢業學生開除官費，已畢業學生不准備案，並通告所屬省份追繳旅行費。〔註248〕

（3）醫藥費：1906、1914年的規定，均只適用於留日學生。〔註249〕1916年規定留學各國官費生，留學期間醫藥費不得超過國幣300元，且須將醫藥費收據呈送監督核廢；若患病4個月以上須休學回國療養，由監督酌給原定的回國路費。1917年6月，教育部頒定〈外國留學生醫藥費發給規則〉六條，要點如下：①醫藥費的發給，以患重病須入院就醫的官費生為限。患牙疔、眼疾、傷風及其他癬疥微疾，不須入院則不得請領醫藥費。②入院病房費及醫藥費，由監督核給；伙食及其他雜項，由學生自備。③入院時先呈明監督准許，若為急症須立即入院，則須在入院後請醫院函告監督，或自行呈明理由並附送醫院診斷書。④入院住何等病房，由監督核定。⑤入院期間所須醫藥費及病房費，由監督直接匯交醫院，取具收據為憑核銷。⑥此規則自公布日施行。〔註250〕

（4）殯葬費與其他：1916年又規定各國官費留學生在留學期間死亡，由監督設法就地殯葬，其費用不得超過原回國路費的一倍；該生家屬可自願運柩回國。此外，1916年〈選派外國留學生規程〉規定，成績特優的留學生，教育

1916年以後，奧、義與瑞士三國均各1250佛朗；俄國450盧布；日本70日圓。見教育部總務廳文書科編《教育法規彙編》，頁433。

〔註247〕教育部總務廳文書科編，《教育法規彙編》，頁422。

〔註248〕同上，頁422、427；《教育公報》第六年一期（1919年2月），公牘，頁2-3。

〔註249〕1914年延續1906年的規定：若未住院，則不給費；若入院就醫，每日支給醫藥費日幣2圓，以2週為限，超過限期，由該生學費中支出。若患肺病、腦病及耳眼鼻喉等症，輕者自費調治，重者准退學回國就醫，不得藉口要求醫費。凡因病退學或休學回國，給1個月學費作路費。見《教育雜誌》卷5號12（1914年12月），法令，頁89；《教育公報》第九冊，法規，頁5。

〔註250〕教育部總務廳文書科編，《教育法規彙編》，頁422、425-426。

部給予獎狀，並酌給書籍費以示獎勵。受恤費只給留日生，留美生則無。〔註251〕

上述 1906 年規定的西洋各國官費留學生學費，也是按照各大學及專門學校的學費計算，但對向在校外預備的新派學生，每月減給五分之一。〔註252〕

2. 留學經費來源

留學經費來源依時間、性質而不同。如最初選派幼童留美的經費，來自江海關關稅，每年 6 萬兩。〔註253〕出使各國大臣帶赴出使國留學的學生經費，則自出使經費內撥用。1903 年，各省所派留日陸軍、師範、法政等科的學生經費，均由各省提閑款或撥用正稅，後以人數過多，改給留學日本士官學校及特約五校學生官費，並由中央分配給各省認解分攤此項經費。〔註254〕而奉天省於清末（1905-1911 年）所派的 90 名赴日習師範教育的女生，其經費由該省自行籌措。

其次，還有前述的 1905 年清廷所派五大臣出洋考察憲政團抵美，耶魯、康乃爾及衛斯理大學，允贈中國留學生獎金。1907 年，兩江總督端方遂就江南各學堂舉行考試，計錄取男生 11 名，女生 4 名。女生即胡彬夏、王季茝、宋慶齡與曹方芸。〔註255〕她們在美國的所有學費、膳宿費，由蘇皖各藩司撥匯解。〔註256〕

1909 年成立的清華留美預備學堂，利用美國退還的庚子賠款，除了考選中等科與高等科學生、專科生與專科女生等留美，另有官費生、半官費生與特別生等名目。此外，還津貼（Partial）自費留美的學生，名額起初暫定 50 名。每名每年美金 480 元，即每月美金 40 元，由駐華監督處照下開手續按月發給，不得預支。津貼年度，每次以 1 年為度，至多不得逾 3 次。〔註257〕

〔註251〕 同上書，頁 422；《教育公報》卷 5 號 12，法令，頁 89，1914 年 1 月規定留日官費生，若確有受水、火災損害，經查明屬實，可領取恤費日幣 40 圓。同年 12 月又規定自費生也可支領此費，見《教育公報》第九冊（1915 年 3 月），法規，頁 5。

〔註252〕 〈通行京外議定游學歐美學費數目文〉，《學部奏咨輯要》卷 2。

〔註253〕 曾國藩、李鴻章，〈奏選聰穎子弟赴美習藝并酌議章程〉，收在舒新城《近代中國教育史料》（一），頁 187。

〔註254〕 舒新城，《近代中國留學史》，頁 144、14-15；學部，〈日本官立高等學堂收容中國學生名額及各省按年分認經費章程〉，收在舒新城《近代中國教育史料》（一），頁 224-229。

〔註255〕 Y. C. Wang, pp. 72-73.

〔註256〕 〈兩江總督端方奏選學生赴美留學辦理情形摺〉，《政治官報》1907 年陰曆 12 月 25 日。

〔註257〕 〈清華一覽〉，引自清華大學校史研究室《清華大學史料選編》第一卷，頁

　　民初新舊交替之際，中國公費留學生學費雖有中斷，但有關方面設法救濟，以維持進修，不致輟學。教育主管機關也訂定留學獎勵的辦法。如 1912 年及 1913 年臨時稽勳局所派留學生的經費，則是由財政部自國稅中撥出。〔註 258〕民國建立以後，只有袁世凱在位時，曾於 1915 年舉辦一次〈遊學畢業生考試〉，授以實官。〔註 259〕1918 年 9 月教育部公布〈留日官自費生勵獎章程〉改獎以金錢，分勤學與成績兩項。但金額少，自費生一年不得過 300 元，官費生不得過 100 元，〔註 260〕1918 年以後，各省留學經費都有拖欠中央的情形，〔註 261〕獎勵章程於同年 11 月修正 1 次，12 月又縮小獎勵的資格與金額，〔註 262〕至此留學生獎勵金可說名存實亡。

　　1918 年 1 月 31 日，教育部通令各省將留學經費盈餘的款項，做為選派各校教職員出洋考察學務用。當時背景是「查年來金鎊價值，異常低落，按照各省所定留學經費，均有鎊價盈餘之款，此種款項，應由各省查酌情形，留備派員出洋考察學務或研究學術，以茲利用。惟留歐官費生學費，則經查明歐戰後，百物騰貴，生活艱難，由部擬定增加學費數目，另案通咨核辦。」〔註 263〕也就是到 1917 年 12 月底為止，由各省察明實在盈餘數目，令行教育廳，酌量選派各校教職員，出洋考察學務或研究精深學術，以廣作育。1919 年又選派陶慰孫與伍崇敏兩位女教員。足見當時留學經費項下，仍有金鎊盈餘之款，供作留備學務用途。

　　此外，國外教育機構或個人為鼓勵留美女生，也有專設的獎學金，如密西根大學巴勃（Barbour）獎學金。1912 年，美籍人士巴勃（Levi Lewis Barbour）偕妻環遊世界，路過遠東地區，發覺中、日、印等國的女子教育落後，醫學情形更差，回國後撥一筆鉅款給母校密西根大學，專作遠東國家學醫女生的獎學金。巴勃獎學金因此創立。後來放寬條件，只要該女生在大學畢業，成

129-130；王煥琛編著，《留學教育》第三冊，頁 1045。

〔註 258〕《民立報》，1912 年 1 月 8 日第八版。

〔註 259〕《政府公報》，通告，收在多賀秋五郎編《近代中國教育史資料‧民國編（上）》，頁 159-160。

〔註 260〕教育部總務廳文書科編，《教育法規彙編》，頁 442-443。

〔註 261〕〈公牘：咨雲南等省長請撥留學經費文〉，《教育公報》第五年十六期，頁 6-14。

〔註 262〕〈公牘：咨各省省長送續行修正留日學生獎勵章程文〉，《教育公報》第五年十六期，頁 5-6；教育部總務廳文書科編，《教育法規彙編》，頁 443-444。

〔註 263〕《教育雜誌》卷 10 號 3，記事，頁 16。

績 80 分以上，有兩位教授推介信，即可申請。〔註264〕

　　女子自費出國留學，不僅需要勇氣和決心，也需要經濟的保障。據 1914-1924 年教育部所規定的官費留學生學費標準，每年學費與生活費，留日需 500-1,000 元，留歐需 2,000 元，留美需 2,000-2,640 元。〔註265〕照此標準，自費生即使再節省，也要籌足 500-1,500 元不可。據 1918-1927 年間，經教育部登記出國的自費生 890 人當中，為留學期間所預定的經費，或因國別、時間長短及家庭環境而不同，但最少需預籌 1,000 元，最多達 30,000 元。此項保證金額，多由政府各部門任高級職位的親戚、同鄉、世誼及家長等人擔保。〔註266〕換句話說，若無較好的家庭出身，或與上層社會有較佳的關係，自費留學是相當不容易的。如此，更顯示近代以來的自費留學女生多為家境小康以上的經濟條件出身。

（三）留學管理方面

　　留學管理，包括主管機構的設置與管理規程的內涵等。以下分別略作說明。

1. 主管機構的沿革

　　民國建立，中央以經費支絀，取消歐美與日本的留學生監督，由各省委託使署兼管。後因留學生眾多，交涉管理諸事繁雜，教育部在 1913 年改派「經理員」管理歐洲各國留學生事務，但只管理經費，並無監督管理留學生的職權。〔註267〕這是很大的改變。9 月，教育部委任駐美清華庚款學生監督黃鼎，兼充駐美學生經理員；並頒布「暫行辦法」，管理中央所派學生，各省可委託該員兼辦或仍委使署監管。〔註268〕1914 年 8 月 12 日，教育部繼〈經理留學日本學生事務暫行規程〉之後，頒佈〈經理美洲留學生事務暫行規程〉23 條與〈經理歐洲留學生暫行規程〉，將經理員都改為教育部特派，並負責教育部及各省所派留學生事項。〔註269〕

〔註264〕 毛彥文，〈我所知道的吳貽芳校長〉，《傳記文學》卷 48 期 2（1986 年 2 月），頁 68。

〔註265〕 舒新城，《近代中國留學史》，頁 139-149。

〔註266〕 王煥琛編著，《留學教育》第三冊，頁 1571-1659。

〔註267〕 〈教育：經理歐洲留學生事務暫行規程〉《法令全書》第十三類，頁 27，收在多賀秋五郎編《近代中國教育史資料·民國編（上）》，頁 566。

〔註268〕 《教育雜誌》卷 5 號 12（1914 年 12 月），法令，頁 87-88。

〔註269〕 《教育公報》第三冊（1914 年 9 月），法規，頁 2-5；王煥琛編著，《留學教育》第三冊，頁 1024-1027。

到 1914 年 12 月，教育部廢止原有各暫行規程。1916 年 3 月，教育部繼〈管理留歐學生事務規程〉之後，又公佈〈管理留美學生事務規程〉37 條，均不派各省經理員，只由教育總長派任監督各一人，管理教育部及各省所派留學生事項。〔註270〕教育部委請嚴恩樞擔任留美學生監督，直到 1926 年嚴氏辭職，其事務也改由使館代辦。〔註271〕以上所述留學事務管理規程的演變，爲民初以來中國政府管理歐美日本等國留學生的重要政策與措施。至於清華留美學生的管理，則由該校另設駐美遊學監督處管理。〔註272〕

2. 管理規程的內涵與演變

清末派遣游學生出洋，以派遣的機關爲主體，一切規章都由該機關規定，並無統一辦法。1903 年以後，學務處及學部成立，派遣學生出洋仍由各省督撫辦理，惟需將錄取學生咨報備案。

1916 年〈選派外國留學生規程〉，規定選拔合格的學生，須於揭曉後 1 個月內，連同最近半身相片 3 紙，繳具留學志願書，呈部領憑出國。留學生行抵留學國，應將在部所領憑證繳由監督，彙送教育部。留學生遇須實習等各種請求事項，應先由監督核辦。若有違背教育總長的命令，曠誤學業，或其他不端行爲，得免其留學。學生自出國日起，至歸抵本國日止，每月須將留學日記（用本國文字按日記載，不得間斷，尤須著重所學事項）呈交教育部，或轉由監督處送教育部，做爲學業的考核。取得學位的論文，或其他著述及考察報告，也須隨時送教育部考核；留學日記及著述報告等，由教育部摘要編印成書，分送各部院各省參考。但次年 5 月，教育部又改令留學生日記不必逐日記載，只須按日記載體裁，隨時記錄心得，並可用本國或外國文字編著論文，或選擇與學術有關的書籍，陸續譯成中文，以抵日記；論文則均記每學期結業時，彙送一次。〔註273〕可說當時教育部的用心良苦，以寫日記等方式來督促留學生勤勉向學。

〔註270〕教育部總務廳文書科編，《教育法規彙編》，頁 446-447，450-451，先改頒〈管理留日學生事務規程〉40 條，要點有：（1）教育部改派監督代替原中央經理員。（2）各省經留員隸屬派監督。（3）部派監督對不稱職的各省經理員，可詳報教育總長撤換。留學生入日本文部省直轄的各高等專門學校及帝國大學，統由教育部送監督辦理；入其他各校則由各省經理員分別辦理。

〔註271〕教育部教育年鑑編纂委員會編，《第二次中國教育年鑑：1934-1947》（上海：商務印書館，1948）第六編，學術文化，總頁 896。

〔註272〕王煥琛編著，《留學教育》第三冊，頁 1049-1052。

〔註273〕教育部總務廳文書科編，《教育法規彙編》，頁 422、428。

　　另有關於禁止留學生與外人結婚的規定。最早在 1910 年 4 月，未免留學生荒廢學業，耗費資財，甚至忘國忘本，禁止未畢業的官自費生與外人訂婚結婚，否則畢業時不給證明書，並追繳官費。〔註 274〕在 1918 年 2 月，只禁止官費生與外國人結婚。同年 7 月第三次的禁止與外國結婚，則官自費生同禁，尤嚴禁官費生。〔註 275〕實際上，此時期留學外國與外人結婚，甚至不返國的，不在少數的；但尚未發現女留學生有此種情形。

　　此外，留學生學成回國服務的規定，除了 1906 年曾規定官費留學生回國須充當專門教員 5 年，〔註 276〕民國以來的各規程多詳於經費，少提到官費生返國任用事，僅 1916 年訂有回國服務的規定，「留學生歸國後，有聽從教育總長指派職務，獲各部願咨調任用之義務。前項義務年限，視其留學期間之久暫酌定之。」〔註 277〕並由部特派監督管理。這是民初考選公費生較詳盡的辦法。

二、五四以後留美教育的政策與規程（1920-1927）

　　十九世紀中葉，中國有識人士倡議「洋務運動」，引進西洋文化，以富國強兵。五四以後，知識份子喊出學習西方文化的優點──「德先生」與「賽先生」，也就是「民主」與「科學」，尤其美國的進步強盛，更使他們夢想以留美學生引領風騷，來建設中國，成爲現代化的泱泱大國。1920 年代留美教育的相關規程，擬按留學資格、留學經費與管理三方面，說明如下。

（一）留學資格方面

　　五四前夕，中國留美學生已超過千人。據統計，1917 年有 1,170 人，其中清華庚款生 370 人，各省官費生 200 人，女生 159 人，其餘爲自費生。1918 年仍保持這數字。比起 1913 與 1914 年的留美學生 1,461 人（官費生 464 人，自費生 997 人），頗有增長。1921 年，清華留美學生有 440 多人，1923 年又增至 470 多人。〔註 278〕五四時期留歐生多於留美生，尤其留法勤工儉學生有兩千多

〔註 274〕〈學部奏禁止游學生與外國人結婚片〉，《大清法規大權續集》卷 17，教育部，游學生，引自多賀秋五郎《近代中國教育史資料・清末編》，頁 672。

〔註 275〕教育部總務廳文書科編，《教育法規彙編》，頁 429。

〔註 276〕《學部奏咨輯要》卷 3，〈附奏官費游學生回國後皆令充當專門教員五年片〉。

〔註 277〕教育部編，《教育公報》第三年十二期，法規，頁 1。

〔註 278〕〈中國留美學生科目調查表〉，"Hand-Book of Chinese Students in U. S. A." 《科學》1915 年 1 期，轉引自李喜所〈中國留學生與五四運動〉，見呂芳上、張哲郎主編《五四運動八十週年學術研討會論文集》（台北：國立政治大學文

人。但留美生獲得碩士、博士者，頗不乏人，因此程度更高，水準較整齊。

　　當時正當歐戰之後，美國生活昂貴，留美費用因而驟增，退款數目遂感入不敷出，於是採取緊縮政策，在校學生實行減招，專科女生等暫行停招，以維持預算的平衡。國內輿論對於留學政策多有指摘，教育思潮已趨向學術獨立、教育自主的途徑。清華大學遂將留美名額逐年減少，每年以 50 名為限，以樽節開銷，改辦為完整大學。對此，當時曹雲祥校長及張彭春教授主張尤力，因而在 1921、1924 年先後停招中等科、高等科學生。1925 年改招大學一年級生 100 名；同時附辦國學研究院，招收研究生 30 名。舊制高等科畢業後派遣留美的學生，還在校者仍繼續每年派遣留美，至 1929 年大學部第一屆學生畢業，才停止遣送留美。

（二）留學經費方面

　　1922 年教育部公佈〈籌辦退款興學委員會規程〉9 條，設立「籌辦退款興學委員會」。〔註 279〕1924 年 6 月 14 日美國務卿照會中國駐華盛頓公使，悉數退還庚子賠款餘額。7 月 24 日，全國教育會、退還庚款委員會發表通電，主張庚款悉數擴充教育及文化事業之用。〔註 280〕9 月 13 日，中國政府派定顏惠慶、顧維鈞、范源濂、施肇基、黃炎培、蔣夢麟、張伯苓、郭秉文、周詒春等 9 人為華人董事，與美國董事孟祿、杜威、貝克爾、葛理恆、白賴脫 5 人組織「中華教育文化基金會」，保管美國退還庚款餘額。18 日開成立會，范源濂、孟祿被推為正副會長。〔註 281〕1925 年 6 月 2-4 日，中華教育文化基金董事會在天津舉開第一次年會，議決庚款用途範圍及分配款項原則 6 條等，改選顏惠慶為董事長，孟祿、張伯苓為副董事長。〔註 282〕同年 10 月，全國教育聯合會、全國庚款董事會發出快郵、代電，主張退還庚款用途，應執行第十屆全國教聯會議決各案支配，做文化交流與獎勵留學。〔註 283〕此

學院，1999），頁 722-723。
〔註 279〕《教育公報》第九年二期（1922 年 3 月），命令，頁 4；教育部中國教育年鑑編纂委員會編，《第一次中國教育年鑑》，大事記，頁 207。
〔註 280〕《教育雜誌》卷 17 期 2，教育消息大事記，頁 3。
〔註 281〕《教育公報》第十一年九期（1924 年 10 月），命令，頁 2，作 17 日：《教育雜誌》卷 16 號 10，教育消息，頁 3，1924 年 10 月 3 日中華文化基金會又派丁文江為董事。
〔註 282〕《中國教育報告第一次》，頁 2。
〔註 283〕《教育雜誌》卷 17 期 10（1925 年 10 月），教育消息，頁 9。

後，其他國家如日本、英國、法國、比利時等也退還部分庚款，跟進美國的做法。

此時期，還有其他公費選派留學。如 1925 年 7 月，交通部為整理留學事務起見，訂定「管理留學生章程」24 條施行，並規定名額 70 名，經費 20 萬元。〔註284〕據統計，自 1908 年至 1925 年 6 月，交通部共派出留學生 600 餘人，分赴歐美日等國；惟未見女生。〔註285〕另外，奉天省選派不少學生出國留學。如1925 年共有 232 人，其中自費生 187 人、官費生 45 人；以留學國別來分，則留學日本有 181 人、美國 33 人、德國 8 人、法國 7 人、英國 1 人、瑞士 2 人。〔註286〕但當時各省教育經費有限，常拖欠中央所墊付留學經費，各省官費留學有時匯費不來，甚至被迫停辦。如 1923 年 12 月 14 日教育部以多數省份拖欠留學經費，曾電令各省停止本年選派留學生。〔註287〕國民黨定都南京後，選派優秀黨員留美，其中也包含女生，如 1926 年有劉蘅靜。〔註288〕

直到 1920 年代末，清華所派男女留美學生，所得費用較一般官費生優厚。茲據常道查的調查，茲列表比較如下。〔註289〕

表 1-6：清華留美學生與一般公費留美學生所得的費用比較

項目 費別	出國路費	治裝費	每月 用費	學　費	畢業及學 位文憑書	學位論 文印費	轉學旅費	醫藥費	回國 川資
清華 官費	無定限；約 800-1200 圓	260 圓	80 美元	約　100-700 美元	約 25 美元	250 美元	西部轉東部 約 120 美元	無限制	520 圓
一般 官費	500 圓	200 圓	80-90 美元				呈准另給	最多 300 圓	250 美元

（當時美金兌換國幣為 2：1；圓為國幣）

至於自費留學生的經費，根據舒新城的《近代中國留學史》估計，留日學生，每人每月學費及旅費雜用，約需國幣 80 元，每年需 960 元。留美學生，

〔註284〕 舒新城，《近代中國留學史》，大事記，頁 285。
〔註285〕 王奇生，《中國留學生的歷史軌跡》，頁 380。
〔註286〕 吳相湘，〈張作霖與日本關係微妙〉，氏著《民國人物列傳》（台北：傳記文學出版社，1986），頁 571-572。
〔註287〕 《教育公報》第十年六期（1923 年 7 月），公牘，頁 29。
〔註288〕 劉蘅靜，（1902-1979），廣東番禺人，北京女師大數學系畢業，任教廣東高師附小；1926 年入哥大學師範學院研究，返國從事教育。見江蘇省教育廳編《江蘇教育》卷 3 期 10，附錄，頁 181；中華民國當代名人錄編委會，《中華民國當代名人錄》第一冊，頁 464；鄭通和，《六十自述》（台北：三民書局，1970），頁 15。
〔註289〕 《中華教育界》卷 15 期 9，轉引自舒新城《近代中國留學史》，頁 144。

每人每月以 90 美元計，約合當時國幣 180 元，加上旅費約 220 元，一年需 2640 元。留歐各國學生，平均每人每月學費及旅費，以 660 元計，一年需 1520 元。〔註290〕可見赴美所需費用為最高。若留學 4 年，需萬元以上，是一筆可觀的經費。

（三）留學管理方面

1924 年夏，教育部公佈改訂〈管理自費留學生規程〉16 條。要點如下：1. 抵達留學國後，均應將在國內所領留學證書向駐在該國辦理學務機關呈驗報到；由管理機關批明入國日期、蓋章發還，且報告教育部備案。還要將在留學國的住址、學校、學科、年級，隨時呈報管理機關，以便按時編造調查表冊，報告教育部。此前的自費生則由管理機關在本年內發給各該生等，親自填寫「履歷書」式兩聯（直式表格左方須填民國年月日、留學國別、自費生姓名及蓋章，表格內需填姓名、籍貫及本國住所、年歲、在本國或外國何校畢業、現在何校何科第幾年級、現在寓所、留學期內籌訂經費、最初入留學國日期、備考等項）分別報部備案及管理機關存查。否則，管理機關得拒為其送學，否認其留學資格。2. 畢業回國時，畢業證書應呈請管理機關驗明，發給證明書。3. 經教育部認為合格的自費生，畢業回國後，得與官費生受同等待遇。4. 入校至畢業，歷次考列優等，由管理機關報告教育部查核，給予褒狀。5. 若有不守規矩或不名譽行為，管理機關應隨時勸戒。如屢戒不改，應報告教育部，嚴予制裁。若向管理機關無理取鬧等情，得報告教育部，轉飭家屬，勒令回國。〔註291〕

上項規程公佈兩天後（1924.7.28），教育部又公佈〈發給留學證書規程〉11 條，要點有（1）官自費留學生均須請領留學證書。否則，逕赴國外留學的制裁，有不得用留學生名義請領護照；不得請領官費；不得請求送學；回國時呈驗文憑不予註冊。（2）自費生應具呈保證書、最近 4 寸半身相片 2 張、畢業憑證證書費 4 元、印花稅 2 角，給教育部或由本省教育廳轉呈本部，核給留學證書。官費生領取證書則免保證書及呈繳文憑。（3）由地方或公共團體補助的留學生，每年津貼補助費數目與年限，須於來文內詳細聲明。不足的費用，由保證人負責。（4）領取留學證書後，方可持向上海特派交涉員（或他省交涉員）公署請求發給護照，並向有關係國的領事館，申請簽字。（5）

〔註290〕舒新城，《近代中國留學史》，頁 148-149。
〔註291〕王煥琛編著，《留學教育》，頁 1011-1012。

官自費生取得留學證書後，其出國日期以 6 個月為限。倘至期因故不能出發，須開具理由，檢同留學證書，呈請本部覆加簽註。（6）留學生行抵留學國後，應將證書呈送各駐在國管理學務機關驗明。（7）自費生如有改留學他國情事，應將原領證書呈部註銷，改給新證書。〔註292〕

1924 年 2 月美國公佈〈移民法〉，限制亞洲學生入境。〔註293〕8 月 18 日教育部通咨各省留美官費缺額，從本年起停止退送，即請改作留學他國名額。以美國移民律，後因日人反抗，准學生入境，此通咨隨而取消。〔註294〕這一年，據華盛頓商務局調查，中國留學生在美國最多，有 1,600 餘人；留歐學生 1,600 人（英國 250 人，法國 1,000 餘人，德國 300 餘人，比利時等國數十人；其中官費 353 人，自費 1,200 餘人。）〔註295〕另一統計，1927 年中國在美官自費生共約 2,500 人，其中自費生頗多。當時每年選派庚款清華學生約 400 人，各省所派約 150-200 人，交通部特派有 40 人。中國學生最多的大學，為哥倫比亞，計 160 人；其次依序為芝加哥 115 人，密西根 96 人，賓州大學 94 人，加州 82 人，哈佛 65 人，康乃爾 60 人。此外，留美學生入工程及機械科，數年間也人數大增。〔註296〕

從以上的留學管理規程，可看出政府對自費生的管理，一向較官費生寬弛，民國建立以後更是如此。不但留學資格限制少，學業成績也很少過問，故自費出國留學的人數有增無減。至於留學生的管理通則，則始於不變的，只有規定學生學業須受監督考核；學生在國外須敦品勵學兩項。但實際執行不嚴，仍有學生鬧事，如 1921 年的留法勤工儉學生。〔註297〕直到 1924 年才明顯改變，加強管理自費生。總而言之，清末民初時期，國內新學剛起步，留學資格、年齡、學科並無嚴格規定，尤其自費留學漫無限制，不僅大學畢業可以留學，就是中學、小學學歷也得任其自由出國，甚至 1920 年代還有留蘇學生的秘密性質。結果，出國留學的人潮中，大部分只是普通教育，而非研究專門學術。要等到 1930 年代以後，國內中等和高等教育具有一定規模，

〔註292〕《教育公報》第十一年八期（1924 年 9 月），命令，頁 2；《教育法規》，頁 3，收在王煥琛編著《留學教育》，頁 1012-1014。
〔註293〕王奇生編著，《中國留學生的歷史軌跡》，頁 379。
〔註294〕舒新城，《近代中國留學史》，頁 86；《教育雜誌》卷 16 號 9（1924 年 9 月），教育消息，頁 10。
〔註295〕王奇生，《中國留學生的歷史軌跡》，頁 380。
〔註296〕《教育雜誌》卷 19 期 2（1927 年 2 月），教育界消息，頁 8。
〔註297〕舒新城，《近代中國留學史》，頁 94-98；李璜，《學鈍室回憶錄》，頁 81-86。

留學選派標準始能作相應調整。

　　儘管庚款留美出身的胡適，1914 年曾撰文〈非留學篇〉，將留學視爲中國的恥辱，費時傷財，事倍功半，只是過渡的舟楫，非敲門磚。他認爲派遣留學：

> 當以輸入新思想爲己國造新文明爲目的。淺而言之，則留學者之目
> 的在於使後來學子可以不必留學，而可收留學之效……若徒知留學
> 之益，乃恃爲百年長久之計，則吾堂堂大國，永北面受學稱弟子國，
> 而輸入文明者如入口之貨，杆格不將適於吾民，而神州新文明之夢，
> 終成虛願耳。〔註298〕

　　這一番話明示留學的得失之間，弊大於利，警告國人勿有長久之計的迷思。但當時多數中國人認爲唯有學習西方的富強之道，才能讓中國立於不敗之地。更多中國婦女在五四新思潮席捲全國的影響下，爲尋求自身的解放而努力。女子可以接受高等教育，但僧多粥少。出洋留美，開拓眼界，更能實地了解「賽先生」的進步。因此越多女生留美習實科。

〔註298〕胡適，〈非留學篇〉，《留美學生年報》1914 年 1 月。

第二章　留美實科女生（一）：理工與生物科學方面

　　本章探討十九世紀末至 1927 年間，留美修習實科的女生人數，以及在美國的學業成就與課外活動等生活體驗情形。清末民初的女子多往日本留學，留美不多，直到五四反日運動發生以後，至歐美留學人數漸增。1919 年五四運動發生以後，也掀起婦女運動的高潮，國立北京大學也有女生要求旁聽，1920 年准許 3 位女生旁聽，不久又繼教會所辦嶺南大學之後，考招女生入學。其它教會大學也陸續對女子開放，加上原有的女子大學，變成一種混合雙軌制。女生在國內有機會與男生同受高等教育，惟名額仍然有限。畢竟在國內接受大學教育，視野還是有限，若能跨出國門，邁向世界，則可擺脫「坐井觀天」之憾。

　　再者，五四時期對西方近代科學知識，更大量引進和宣傳，尤其是自然科學。留美學生透過《科學》雜誌等刊物，提供大量科學基礎知識與基本定理，如萬有引力定律、相對論、原子與量子、彩虹、風、水、電燈、X 射線、照相術、航空與飛機、遺傳學、動植物學、防治蟲害、衛生學、解剖生理學等，還介紹科學方法，從觀察、實驗、假設、推理到歸納、演譯，批判中國傳統文化，試圖建立科學的人生觀。這影響留美女生更多主修實科，追求科學救國的目標。

　　由於留美習理工與生物科學方面的女生較少，因此擬一併探討。醫護衛生方面的女生，則於下一章再做探討。理工方面，包括數理、物理、化學與工程科系。生物科學方面，包括生物、動物學、植物學、農業、園藝、營養與心理學。以下擬首先探討習理工方面的留美女生，其次才討論生物科學的

留美女生情形。

第一節　習理科方面的佼佼者

一、數理學

（一）1912 年以前赴美的女生

　　1912 年以前留美習數理的女生，有曹芳芸、舒彩玉與許女士。以曹芳芸爲最早。曹方芸，字芳芸、芳雲，江蘇人，1871 年生於蘇州；有弟錫庚、雲祥，妹麗雲。從 1917 年北京清華學校所編的《遊美同學錄》，可以查知曹雲祥於 1881 年出生，後也獲得官費赴美，入耶魯大學攻讀普通文科〔註1〕。曹芳芸曾就讀上海教會女校（Clopton Lambeth School）2 年（1883-1885）、蘇州教會女校 1 年（1885-1886）。1892 年入上海中西女塾就讀，畢業的同年（1897）9 月自費抵美，入哥特學院（Cottey College），1902 年 5 月以學業成績優異，獲得金牌獎，同年返國，任教上海中西女塾。〔註2〕1907 年二度留美，入衛斯理大學，攻讀理科。1909 年再入哥倫比亞大學師範科，1911 年獲得理學士（B.S.）返國。〔註3〕

　　舒彩玉於 1907 年抵美，先入預備學校，1908-1912 年入但尼森大學，學習理科。〔註4〕

　　此外，出生紐約的許女士（Huie, Louise），1911 年入紐約韓特學院（Hunter College）習數學，1914 年畢業。次年返國。她生於 1893 年，爲許家 6 個姊妹的長女，自幼在美國接受教育。〔註5〕父親許芹牧師，1854 生於廣東台山縣一農村家庭。幼年在鄉塾讀古書，1868 年隨家人經香港抵美。當時美國排華風潮正烈。他先在一個美國人家裡幫傭，不久轉往奧克蘭一個農場工作。2 年後受僱於一良好基督徒家爲傭，女主人與其子教他讀寫英文，鼓勵入主日學夜

〔註 1〕　北京清華學校編，《遊美同學錄》（1917），頁 147-148，曹雲祥返國，1924-1927
　　　　　年曾任清華校長。參見魯滌平〈七十年前留美回憶點滴〉，李又寧主編，《留
　　　　　美八十年》（二）（紐約：天外出版社，1999），頁 17-19。
〔註 2〕　北京清華學校編，《遊美同學錄》（1917），頁 146。
〔註 3〕　〈美館造具留美學生名冊〉，見教育部檔案：平檔·留學事務，美國，前 3 年
　　　　　度；北京清華學校編，《遊美同學錄》（1917），頁 148-149；Y. C. Wang, pp. 72-73.
〔註 4〕　北京清華學校編，《遊美同學錄》（1918），頁 43。
〔註 5〕　北京清華學校編，《遊美同學錄》（1917），頁 117。

校。1874 年 7 月他受洗爲基督徒，不久擔任中國主日學助理監學。他在 1885年初夏大學畢業，7 月初到紐約，11 月 11 日創立的主日學始業。25 年後（1910），擴充爲紐約市第一所中國牧師主持的基督教堂；同年 12 月 18 日獲得紐約市當局認可。他成爲紐約華埠首座長老會堂創建人，也是第一位中國牧師。他在紐約傳道多年，頗孚眾望，母爲美國紐約人。他家總是對外敞開，尤其在美華人，包括中國留學生，經常到他家作客。學數理的許女士，她的妹妹有許雅麗（次女；本名金荔）、[註6] 許淑文、許海蘭等。[註7] 據稱韓特女子學院是一所紐約專收最出色女生的免費市立學院。因此其入學許可競爭激烈，[註8] 可見許女士的成績優異，才進入該校就讀。

　　再者，許家姐妹除了許女士，在 1910 年代還有 3 位獲得清華津貼。[註9]因此她們仍可算是留美女生。許女士是因上一代先到美國就學或就業，而成爲華僑子女。其實，早期美國華僑普遍受到種族歧視與排斥，第一代不一定能取得美國國籍，但爲謀求生存，必須忍辱打拼奮鬥，希望在美國出生的下一代更有發展，但家庭教育不忘本，重視中國文化，甚至還有葉落歸根的觀念，且能不重男輕女，讓女兒也接受學校教育，甚至進入大學院校。當時一般華人的心態保守，女子有機會接受高等教育者，如鳳毛麟角。許家父母有開明的觀念，經濟條件算得上小康，再有清華津貼補助，因此女兒都上美東私立著名大學。

（二）1912-1919 年間赴美的女生

　　1912-1919 年間的留美女生，有楊佩金、李昂專習數理。楊佩金屬於清

〔註 6〕　許芹於 1880 年 9 月由施洗牧師協助，離舊金山東行。1882 年入賓州日內瓦學院進修英文，2 年後入賓州西方大學（匹茲堡大學前身）。許雅麗在哥倫比亞體育專業畢業後，1917 年回國，爲晏陽初夫人。參見夏輝映、宋恩榮〈著名平民教育家晏陽初先生〉，《人物》1989 年第 3 期，頁 87-89；晏升東、孫怒潮，〈晏陽初與平民教育〉，《文史資料選輯》第 95 期，頁 146；〈津貼同學錄〉，清華大學同學會編，《清華同學錄》，頁 5。

〔註 7〕　清華大學同學會編，《清華同學錄》，「津貼同學錄」頁 5。許淑文嫁給周學章，參見〈張樹政〉，《燕京大學人物志》第一輯（北京：北京大學出版社，2001），頁 193，附照片。"Personal" *The Chinese Students' Monthly*, Vol. 5, No. 8（June, 1910）, p. 530.許海蘭嫁給桂質廷，見華夏婦女名人詞典編委會編《華夏婦女名人詞典》，頁 310。

〔註 8〕　（美）Sharon Bertsch McGrayne 著，李靜宜譯，《諾貝爾女性科學家》，頁 1、7。

〔註 9〕　即許金荔、許金蘭、許金梨，參見清華大學同學會編《清華同學錄》，「津貼同學錄」頁 6。

華專科女生第三批，於 1918 年秋入何樂山學院。〔註 10〕她是浙江鎮海人，大約 1899 年出生。1922 年獲得何樂山學院數學學士（Mathematics, B.A.）。〔註 11〕

李昂（Ang Lanfen Lee）於 1919 年 2 月已在美國就學，主修理科。〔註 12〕她是雲南省人，先曾獲得雲南官費留學日本。1913 年 4 月至日，1917 年 3 月東京女子高等師範學校文科第二部畢業，成績普通，時 23 歲。〔註 13〕據此推算，她很可能是 1896 年出生。她是雲南省費特別生，主修數學，1925 年獲得哥倫比亞大學哲學博士，論文是有關記憶力與智商關係的實驗性研究，原文名稱爲 "An Experimental Study of Retention and Its Relation to Intelligence." 同年刊在《心理學專論》（*Psychological Monographs*）卷 34 期 4（總 157 期），再由新澤西州普林斯頓心理學評論出版公司（Princeton, N. J., Psychological Review Co.）出版，共有 45 頁。1925 年 7 月的上海《婦女雜誌》，還特別刊登一大張她的博士玉照。〔註 14〕據此可知她主修的科目兼跨數學與心理學兩方面。

（三）1920-1927 年間赴美的女生

1920-1927 年間的留美女生，有劉叔庭、胡僙、陸愼儀、黃孝貞 4 位主修數學，其中陸愼儀、黃孝貞爲第四批次清華甄選專科留美女生。由於 1920 年清華學校畢業生多，女生延至次年選派。胡僙則是在 1924 年 7 月核准赴美習數理。〔註 15〕

劉叔庭留美 7 年，在密西根大學攻讀理科，先後獲得學士、碩士，1930` 年獲得博士，論文有關積分如小行星型態的階段性常軌理論研究，英文名稱爲 "Theory of Periodic Orbits for Asteroids of Integral Types." 〔註 16〕隨後她受聘

〔註 10〕 "Student World" *The Chinese Students' Monthly*, Vol. 14, No. 1（Nov., 1918），p. 56.

〔註 11〕 清華大學同學會編，《清華同學錄》，頁 182；國立清華大學校長辦公室編，《清華同學錄》，頁 93。

〔註 12〕 教育部檔案：平檔・留學事務，美國，〈民國八年二月份各部省留美官費生人數清單〉。

〔註 13〕 教育部檔案：平檔・留學事務，日本，〈民前四年至民國十二年度留日畢業生檔案〉。

〔註 14〕 Tung-li Yuan, compiled, 1961, p. 34, 謂李昂的生卒年（1909-1925），筆者以爲有問題。據 1925 年 7 月的上海《婦女雜誌》卷 11 號 7，照片頁，〈美國哥倫比亞大學博士李昂女士〉說她當時是 26 歲。因此推算其生年至遲在 1900 年。

〔註 15〕 王煥琛編著，《留學教育》第三冊，頁 1630。

〔註 16〕 Tung-li Yuan, compiled, 1961, p. 157.

任科羅拉多大學數學教授。〔註17〕此距中國留美男生第一位數學博士，有 17 年之久。可見留美女生要獲得數學博士不容易，但也並非不可能。中國女子在美大學執教，劉叔庭算是很早的優秀人才之一。

陸愼儀（字品梅），江蘇南翔人（又作嘉定人）；1900 年生，南京金女大肄業。1921 年赴美，1924 年獲得衛斯理女子大學文學士，主修數理；1925 年取得康乃爾大學文學碩士，同年返國。〔註18〕

同樣在 1921 年赴美的黃孝眞（1901-1981），湖北宜昌人，望族出身。〔註19〕她先入科羅拉多大學（Colorado College）肄業 1 年，後經該校的女生訓導長（Dean of Women）建議，轉到哈佛大學附近的女校雷德克利夫女子學院。該校學生交際生活少，且用功唸書。她先後主修數學、統計；1925 年以成績「特優」（拉丁文 Magna cum laude，意爲 with great honor or praise）的學科成績，獲得學士，入選 Phi Beta Kappa 會員。1926 年再獲同校經濟碩士（M.A.），主修統計學。〔註20〕

據黃孝眞自述，其父黃伯賓爲清末留日學生。她幼年隨父母赴日，入日本初小 4 年肄業。1912 年全家遷北京；她考入北京女師，至 1918 年畢業。〔註21〕她很想再考進清華，雖請一位家教先生補習英文一年，但進步有限。1919 年進上海大同中學 1 年。該校是全國最早實施「男女同校」的私立大同（Utopia）學院的預科，也就是附中。該學院正科即本科，下設文、理、商三院，1928 年以後改「學院」爲「大學」；預科學制 7 年。管理嚴格，功課督促緊湊；尤以英語和理科，被公認是私立大學程度最好的。〔註22〕黃孝眞在上海大同中學，受

〔註17〕 不著撰人，〈劉叔庭女士〉（夏屏方君寄贈），《婦女雜誌》卷 16 號 3，照片。
〔註18〕 清華大學同學會編，《清華同學錄》，頁 211。
〔註19〕 國立清華大學校長辦公室編，《清華同學錄》，頁 137；《教育雜誌》卷 13 號 9（1923 年 9 月），記事，頁 8；寰球中國學生會編，《寰球中國學生會民國十五年特刊》，頁 2、6。
〔註20〕 清華大學同學會編，《清華同學錄》，頁 162；李幹，〈李黃孝貞夫人行述〉，以及潘秀玲，〈訪黃孝貞女士談六十年前投考清華往事〉，《傳記文學》卷 39 期 6（1981 年 12 月），頁 114-116。國立清華大學校長辦公室編，《清華同學錄》，頁 137，謂黃爲衛斯理女子學院學士、經濟學碩士。唯《教育雜誌》卷 13 期 9，記事，頁 8，謂黃入衛斯理女子學院。疑有誤。
〔註21〕 潘秀玲，〈訪黃孝貞女士談六十年前投考清華往事〉，頁 114。
〔註22〕 大同大學是留美康乃爾大學畢業生胡敦復，鑑於清華大學被洋人和官僚把持，教育方式也不盡符合國情，因而聯合「立達學社」的成員 11 人，1912 年共同創辦。男女生兼收，備有宿舍。見吳士餘主編《上海舊影老學堂》，頁 88。

業於良師吳在淵、胡憲生。前者教數學，以最簡捷方法講解代數與幾何，解答難題；後者教英文，以多種例句反覆講解文法與詞類，都使她獲益非淺，奠定考取清華官費留美的基礎。1920 年夏，北京大學首度招考女生，她在上海投考，以高分考取該校預科，以敏慧活潑，備受師長所愛；後因北京學潮鬧得兇，有三分之二的時間停課。同年清華考選專科官費留美女生，因故延後 1 年，她得以報考。

當時報考人數有七、八十位，分在上海與北京舉行考試。考試科目不少，有中、英、法、德 4 種語文、歷史、地理、數學、物理、化學，以及英語會話等；每天只考 2 科，共考 1 周。依各科成績的平均分數，決定錄取與否。她因家在北京，就近住入清華園，吃住都好。她英文較弱，但膽子大。考英文筆試時，其中最重要一道題目，是要寫出 3 本英文小說的概略分析。她只讀過《傲慢與偏見》（*Pride and Prejudice*）與《金銀島》（*Treasure Island*），第三本 *Ivanhoe*，則只讀過中譯本，只好硬編湊數。英語會話口試，由王崑山主考，她自認講得不好，仍誠實答問自高小起，已學 10 年英文。物理科則由清華校長梅貽琦主考，其中一題是考電話機的裝置。她在考卷上作一簡圖，梅校長站在旁邊看了，點頭稱許。

然後，錄取者由校方護送赴美，在美國始可自由選擇學校與科系。當時美國大學也相當歡迎中國學生，只要申請，必定獲准入學。一因她們經由考選赴美，程度不差；二因她們有公費，不需要他們的獎學金。她與另 9 位女生，以及其他官私費留美學生，還有 3 位清華學校的護送員，一行人於 1921 年 8 月 12 日午後，在上海外虹橋公和祥碼頭，乘招商局的三千噸郵輪「中國號」赴美。過日本海時，遇到暴風，幾乎遇難。當時在船上共有中國女學生 36 位，男生 180 位，幸好有驚無險。但中國號從此停駛。輪船航行 20 多天，終於抵達舊金山，各人分頭到自己所選學校的所在地，開始在美的讀書生活。〔註23〕

由黃孝貞個人的憶述，吾人可以管窺當時其他清華專科留美女生的家庭背景、國內學歷出身，以及投考清華留美和赴美的過程概況。再者，上述 4 位女生中，獲得博士 1 位，碩士 2 位、未詳 1 位。惟獲得碩士的 2 位，都是在取得數理學士後，改變主修，一讀文學，一讀經濟，而獲得碩士。顯示她們在基礎上繼續案自己的志趣或理想，學習其他領域的學科。

〔註23〕《教育雜誌》卷 13 號 9，記事，頁 8；潘秀玲，〈訪黃孝貞女士談六十年前投考清華往事〉，頁 115-116。

二、物理學

（一）1912-1919 年間赴美的女生

清末，未見女子留美專習物理學。1912-1919 年間，留美女生主修物理的，有曾茅雲、黃振華。中國留美學生最早出國主修物理，是在廿世紀初。有李賦基、何育杰、夏元瑮、李耀邦、張貽惠和吳南薰等人。隨後，1909 年又有胡剛復、梅貽琦、顏任光、饒毓泰、李書華、丁燮林等。胡剛復在哈佛大學研究 X 射線，獲得博士，為中國第一位從事該項研究的科學家；顏任光、葉企孫（1898-1977）在芝加哥大學，分別研究氣體離子遷移率、普朗克常數的測定；葉企孫後來又在哈佛大學研究鐵磁性金屬的高壓磁導率；饒毓泰（1891-1968）在普林斯頓大學研究水銀蒸氣的低壓弧光；李書華在巴黎大學研究極化薄膜的滲透率。他們做為中國人，在國外發表論文，獲得肯定，這也代表中國開始步入世界物理的領域。〔註 24〕由此可知留美女生主修物理，較男生晚十多年。

1912 年，黃振華由稽勳局遣送留美。她生於 1896 年 9 月 29 日，為黃興的長女；〔註 25〕上有兄一歐（1893 生），下有三弟（一中、一美；一早殤）一妹（德華）。〔註 26〕她深受父愛。出生那年冬天隨家人遷居石家河新居，鄰近瀏陽河，對外交通更便利。1904 年黃興在長沙起義，因事前遭洩密，易裝逃滬。其母廖澹如（淡如；1940 年 5 月病逝重慶）帶著她與兄弟一歐、一美，躲避清吏來家包圍，隱姓匿名，遷居無定，且一度與父音信斷絕。次年黃興與孫文等組織同盟會，奔走革命，賴其母能仰事撫恤，刻苦耐勞，將他們照顧養大。〔註 27〕黃振華於 1913 年入哥倫比亞大學就讀，後獲理學士、文學碩士。〔註 28〕

學數理的曾茅雲，是浙江奉化人，在衛斯理女子大學肄業，後獲得紐約哥倫比亞大學學士，1920 年以前返國。〔註 29〕

〔註 24〕　安宇、周棉主編，《留學生與中外文化交流》，頁 298-299、318。

〔註 25〕　李雲漢，《黃克強年譜》（台北：中國國民黨黨史委員會，1973），頁 25。

〔註 26〕　楊愷齡，《民國黃克強先生年譜》（台北：台灣商務印書館，1981），頁 2-3、7。

〔註 27〕　李又寧，〈記三位不平凡的女性〉，《近代中國》期 24（1981 年 8 月），頁 218、220；沈剛伯，《民族英雄及革命先烈傳記》（台北：正中書局，1981），頁 109-110、118-119。

〔註 28〕　《留美學生年報》，第二次；中華民國當代名人錄編輯委員會，《中華民國當代名人錄》第二冊，頁 417。

〔註 29〕　上海檔案館，檔案號 U121-2-015，〈中華婦女青年會體育師範學校簡章〉（中華婦女青年會，1920 年），頁 3，頁 225-226。

總之，在 1919 年以前，未見留美實科女生獲得博士，要到 1920 年以後才有。

（二）1920-1927 年間赴美的女生

1920-1927 年間留美專攻物理的女生，有顧靜徽、馮麗榮，均獲得博士。顧靜徽（1900-1983）是江蘇嘉定人（今屬上海市），上海大同大學肄業。1923年考取第五批次清華專科女生，同年夏天赴美留學，專攻數理，1925 年取得康乃爾大學文理科學士（A.B.），〔註 30〕1928 年耶魯大學數學及物理學碩士（M.S.）；1931 年密西根大學物理學博士。〔註 31〕論文是研究有關一種系統化波段的三元子組成的分子中，二氧化氯的膝受光譜及其強度；原文名稱"The Absorption Spectrum of Chlorine Dioxide and IntensityDistribution in a Band System of Symmetrical Triatomic Molecules."刊載在 1933 年《物理學評論》（*Phys. Rev.*）第 44 卷，頁 376-390。〔註 32〕她是最早獲得密西根大學物理學博士學位的中國女生，也是第一位獲得物理學博士的中國女生。〔註 33〕

還有一位女生馮麗榮（1901 生），繼顧靜徽之後，也在 1932 年獲得密西根大學物理學博士。論文是研究有關磷化氫的紅外線光譜吸收作用，原文名稱為"Infrared Absorption Spectra of Phosphine."刊在 1934 年《物理學評論》（*Phys. Rev.*）第 45 卷 4 期，頁 238-241。〔註 34〕磷化氫是一種有毒氣體。這在當時應該都屬於很先進的科學研究。

此外，也有數位修習物理化學或理科。如吳辟疆於 1920 年 1 月核准自費赴美學理化。〔註 35〕她是四川成都人，約 1901 年生，成都華美女中畢業；自備國幣 3,000 元，由任教北京法專的兄長吳永權為保證人，1920 年 1 月核准赴美。吳克婉主修普通理科，曾獲得清華津貼；1928 年西拉古斯大學理學士。〔註 36〕

〔註 30〕 清華大學同學會編，《清華同學錄》，頁 335，作 1925 年獲得學士，惟《華夏婦女名人詞典》，頁 849，做 1926 年獲得學士。此處從前者說法。又寰球中國學生會編，《寰球中國學生會民國十五年特刊》，頁 24、30，誤作顧靜徽為私費留學。

〔註 31〕 國立清華大學校長辦公室編，《清華同學錄》，頁 175。

〔註 32〕 Tung-li Yuan, Compiled, 1961, p. 134.

〔註 33〕 高魁祥、申建國編，《中華古今女杰譜》，頁 260-261。

〔註 34〕 Tung-li Yuan, compiled, 1961, p. 145.

〔註 35〕 王煥琛編著，《留學教育》第三冊，頁 1584。

〔註 36〕 清華大學同學會編，《清華同學錄》，頁 137、8。

　　雖然 1927 年爲止，留美女生較少專攻物理，但在 1930 年代出現吳健雄等傑出物理學女生，成就超越許多留美攻讀物理學的男生。（參見後文）

三、化　學

（一）1912-1919 年間赴美的女生

　　1911 年以前，未見留美女生專習化學。1912-1919 年間，則有蔡秀珠、沈彬貞、王世靜、陶慰孫與楊蔭榆 5 位專習化學。

　　蔡秀珠（1898 年生）是江蘇吳縣人，第二批次清華留美女生之一，1916 年 9 月至美。她在國內先後畢業於蘇州振華女校及景海女校正科，成績優異，作文曾受教師讚賞。〔註 37〕1916 年她以蘇州景海女學畢業生，將〈書籍爲吾人之良朋〉、〈沃土之民不材瘠土之民嚮義論〉兩文，投稿《婦女雜誌》，同年 9、11 月獲刊於「國文範作」。〈書籍爲吾人之良朋〉文中提到朋友爲五倫之一，人生所不能缺。但她也說到：

> 西諺有言曰：Books are bettercompanies than men. 然則以書籍爲伴又勝於以朋友爲伴也。故書籍者，吾人之唯一良朋也……以人爲友，或有離散之時；以書爲友，斷無睽違之日。且也讀聖賢之書，可以明道，披英雄之傳，可以勵志，朋友非聖賢英雄，恐不能告我如書籍之親切有味也。聖賢勸我善，英雄規我過，讀其書猶與之面談也。由是觀書籍固吾人之良朋矣。然書籍不可不擇，猶朋友之不可不擇也。

這篇文章被該雜誌評爲「發揮親切醰醰有味」。第二篇文章，她首先破題，點明題目出於魯國賢母敬姜所言：「沃土之民不材，瘠土之民嚮義，是人心之善惡關係於地質之沃瘠也。」再提出質疑，表達自己的看法。她認爲「沃土之民不必皆不材也；瘠土之民不必皆嚮義也。」沃土之民皆不材，則今日歐美富庶之邦如何解釋？瘠土之民皆嚮義，則蟄伏於北極（原文作埃克顯 Arctic）冰天雪窖的土民，索居於撒哈拉 Sahara 萬里旱荒的黑人，其道德程度超越群倫，而何以適得相反結果？

　　然則地質之沃瘠，何與於人？心勞則善，心逸則惡，不在地質而在人

〔註 37〕清華大學同學會編，《清華同學錄》，頁 185，將蔡秀珠誤爲 1921 年專科留美女生；蔡秀珠，〈書籍爲吾人之良朋〉，《婦女雜誌》卷 2 號 9（1916 年 9 月），國文範作，頁 2。

心也。世人不知貿貿焉。就地質之沃瘠，以覘人心之善惡，則操轉移
人心之權者，謀諸地而不必謀諸人矣。其可耶，其不可耶？〔註38〕

此兩文以傳統中國文言及作文技巧寫作，還參用英文與西諺表達她的想
法，堪稱佳作。姑且不論其意境與技巧，可知 1916 年時值民初五四時期，雖
然新文學運動的倡議白話文正熱烈，女子教育的國文教學仍以文言爲主，即
使教會學校亦然；而像蔡秀珠這樣的中學生程度，則爲奇葩。顯示民初女子
經考選出洋，不但英文程度要好，其國學程度的確也須在一般水平之上。蔡
秀珠於 1916 年秋先入德拉瓦女學，主修文科；1920 年獲瓦沙女子學院化學學
士（B.A.）。1921 年哥倫比亞大學碩士。〔註39〕

沈彬貞主修化學，1917-1918 年爲清華津貼生，獲西拉古斯（Syracuse；
或譯薛雷克斯大學）理學士（B.S.）、芝加哥大學理學碩士（M.S.）。〔註40〕1918
年，楊紹蓮（Yang Soa Lien）入麻省理工學院主修化學。〔註41〕惟其所獲學位
未詳。

1919 年王世靜（Lucy C. Wang）抵美，入愛荷華州蘇族市（Sioux City）晨
邊大學（Morningside College；或譯爲早邊）化學專業，1921 年獲文學士，成
績優。再獲得巴勃獎學金，〔註42〕同年進入密西根大學繼續深造理化，1923 年
獲化學碩士回國。〔註43〕總計留美 4 年。她是 1897 年 1 月 29 日生於福州，字
仲止，由教會資助赴美留學。曾祖王慶雲（字雁汀），爲清道光時進士，歷任順
天府尹、戶部左侍郎、工部尚書等職。祖父王仁堪（字可莊），清光緒丁丑年（1877）
殿試狀元，授修撰，歷任貴州、江南與廣東等地的學政，以及鎮江、蘇州知府
等職。在鎮江知府任內，曾處理丹楊天主教教案，史載當時外使屢責求保護教
堂，他請奏定專律，謂「條約若無何懲辦明文，每出一事，任意要挾。宜明定
焚毀教堂，作何賠償；殺傷教士，作何論抵；以及口角鬥毆等事，有定律可遵。

〔註38〕 蔡秀珠，〈沃土之民不材瘠土之民嚮義論〉，《婦女雜誌》卷 2 號 11（1916 年
　　　　11 月），國文範作，頁 5。
〔註39〕 房兆楹，《清末民初洋學學生題名錄初輯》，頁 192；*Who's Who in China*,
　　　　（Shanghai: 1937），p. 20；董霱主編，《學府紀聞——國立南開大學》，頁 181。
〔註40〕 清華大學同學會編，《清華同學錄》，頁 65；以及同書，「津貼生同學錄」頁 2。
〔註41〕 "Student World" *The Chinese Students' Monthly*, Vol. 14, No. 1, p. 56.
〔註42〕 曾芳苗，〈民國教會女子教育〉，頁 196。
〔註43〕 貝德士輯，〈中國基督徒名錄〉，收在章開沅主編《社會轉型與教會大學》（武
　　　　漢：湖北教育出版社，1998），頁 400；徐友春主編，《民國人物大辭典》，頁
　　　　46。

人心既平，訛言自息。」〔註44〕可知他明白條約文字的不足以應付外來傳教勢力及其問題，希望建立法制，以便遵行。王仁堪的長子孝緝，任福建省教育廳廳長、海軍部咨議等職。叔父王孝緗，任遼寧省實業廳廳長。另一位王孝泉，爲日本早稻田大學政學士，著名閩籍學者，曾幫助華南女大第一任校長程呂底亞購買校地。次子王孝繩，即王世靜的父親，承父蔭，歷任京漢鐵路提調、學部咨議、郵傳部丞參等職。因此，王仁堪的學生梁啓超，推崇王家是「累世通顯，益崇禮法」的官宦世家。王世靜的母親何蕙儀，育一子三女。王世靜排行第三，從小與姊世秀、兄世達、妹世婉，隨父母等家人北遷，曾在武漢、北京等地生活，有家庭教師教導。但她父親對女兒的教育仍頗爲傳統，並無太高期望。他寫給王世達的詩云：「汝姊知書解弄琴，慰情聊自夸薺日；惜陰努力乃汝悅……」〔註45〕王世靜自述生長在「女子無才便是德」和凡事男性優先的時代，對「女生能做什麼」，「女孩子算什麼」等問題，備受困擾。她自幼常恨自己爲何不是男孩；少女時期的生活，更讓她覺得中國女孩難得愉快的生活。年紀稍長，就想盡力去做一些當時一般人以爲女子不可行的事。

　　由於王世靜的父親也讓她在武昌及北京的教會女校，接受新式教育，藉此對西洋文化有初步認識。1911 年她 14 歲，父親病故，家人搬回福州原籍。1913 年，她與姊世秀進入當時新設的福州華英女學堂就讀，這是華南女子大學前身，也是她生命的轉機。當時美籍校長程呂底亞，接受美國記者訪問曾提到王世靜姊妹倆到該校申請註冊時，並非各科都合乎標準，而且她們不是基督徒，要准予入學是有點爲難。但因兩姊妹是「官家」子女，成爲學校宣傳辦學、擴大社會影響的招牌。她倆後來在該校受洗成爲衛理會基督徒，愛校如家，也積極參加學校的基督教女青年會活動，成爲骨幹，獲得師長賞識。她憶述該校給她敞開大門，從《聖經》聽到基督的召喚：「凡勞苦負重來就我者，皆錫爾安。」「我就是道路、眞理和生命。」她在該校愛的生活中，找到跟隨耶穌的道路。從此人生轉向光明，開始自覺使命，想要幫助廣大中國女性追求更充實的生活。〔註46〕1917 年，王世靜自華南女子大學預科畢業，留

〔註44〕福建通志編纂，《福建通紀》卷四（台北：大通書局，1968），頁 2307-2310。

〔註45〕梁啓超，〈林夫人壽序〉，王孝綺等編《西清王氏族譜》卷一（福州王氏鉛印本，1934），頁 4、6。

〔註46〕Lucy C. Wang（王世靜），"My Call", *China Christian Advocate*（Oct., 1936）Shanghai: Methodist Episcopal Church, p. 5.轉引自朱峰《基督教與近代中國女子高等教育》，頁 94。

校工作 2 年，1919 年以教會資助的公費留美。〔註 47〕

此時期，還有教育部公費選派教師進修。1918 年，教育部決定每年選派各大專學校教員若干人，赴歐美各國留學。如同前文所述，入選者男教授 5 人，女教授 2 人——北京女高師的楊蔭榆與沈葆德。這是中國正式派遣教授留學研究的開始。他們一行與清華留美學生，於 1918 年 8 月 3 日由上海附搭南京號輪渡美。他們的公費留學期以 3 年爲限。〔註 48〕1919 年 6 月，北京女高師又呈准派該女教員陶慰孫、伍崇敏赴美留學。〔註 49〕楊蔭榆、陶慰孫均主修理科。

陶慰孫（1895-1982）是江蘇無錫人，1898 年生於上海。〔註 50〕其姊陶慰子於 1908 年 5 月入日本女子大學附屬高等科。〔註 51〕1909 年陶慰孫也自費留日，入東京女子師範學校學理化，後改爲江蘇省官費，1918 年畢業返國。在北京女子師範學校任教。她在江蘇省選派留學生時，免全部試驗，但按照規定，仍然要通過教育部考驗留學生第二試，因此在 1919 年 7 月 2 日應試，結果成績及格，平均爲 60.00 分，爲這一年江蘇省 2 名派補生之一。〔註 52〕次年以北京女高師的優秀教員身分，獲得教育部選派留美深造。〔註 53〕陶慰孫攻讀化學，1921 年在哥倫比亞大學畢業，獲得理學士；1922 年再獲得康乃爾大學碩士返國。〔註 54〕

楊蔭榆爲江蘇無錫人，1888 年生，小名申官。家境清寒，兄弟姊妹各 3 人。排行老大的長姊，出嫁後因肺疾去世。長兄在武備學校因試炮失事去世，他的女兒楊保康日後留學美國。三弟公費留學，主修統計，回國後肺疾去世。

〔註 47〕 Cavanaugh, ed., 1931, p. 251；王世靜的姊妹世秀、世瑜，均福州英華學校畢業，清華津貼留美，惟非主修實科。見清華大學同學會編《清華同學錄》，「津貼生同學錄」頁 1。

〔註 48〕 《教育公報》第五年十二期（1918 年 9 月），公牘，頁 36-37；《教育雜誌》第 10 卷 8 號，記事，頁 64。

〔註 49〕 教育部總務廳文書科編，《教育公報》第六年二期（1919 年 2 月），公牘，頁 34。

〔註 50〕 Cavanaugh, ed., 1932, p. 296.

〔註 51〕 教育部編纂處編，《教育部月刊》（1913 年 1-10 月）；教育部總務廳文書科編，《教育公報》第六年十二期，記載，頁 1；同刊，第七年二期，報告，頁 22，以及命令，頁 34。

〔註 52〕 王煥琛編著，《留學教育》第三冊，頁 1562。

〔註 53〕 教育部總務廳文書科編，《教育公報》第七年二期，報告，頁 22；命令，頁 34。

〔註 54〕 Cavanaugh, ed., 1932, p. 296.

只有次兄楊蔭杭（1878-1945）最有成就。1910 年得賓州大學碩士，其論文出版成書，名爲《日本商法》，列入該校法學叢書第一輯。返國由張謇推薦，在北京法政學校任課。後以薪水不夠維持家計，於辛亥革命前夕辭職回南方，任申報館編輯，同時爲上海律師公會創始人之一。1912 年任江蘇高等審判廳長，舉家搬到蘇州。當時他已育 4 女 1 子，還需負擔高堂老母、長嫂及其子女各一。後因堅持司法獨立，判處一惡霸死刑，被袁世凱調任北京高等檢察廳長；又將大貪官許是應拘留一夜，不准保釋，而受停職審查處分，後被認定合法而復職，1919 年辭職回南方。〔註55〕

　　楊蔭榆與其二姊蔭枌，長相不美，從小不得寵。楊蔭榆曾纏足再放，並非天足；也曾穿耳洞，但洞又長肉，不戴耳環。據說她母親還拿她的照片，當面取笑她上仰的鼻子，她生氣地連說：「就是你生出來的……」被家人傳爲笑談。其實，她雖然皮膚黝黑，身材比中等略高，臉型卻不錯，雙眼皮，目光有神，笑時兩嘴邊有小酒窩，齒列整齊。她由看重門當戶對的父母給她訂親，大約在1901 年結婚後，才知蔣家獨子患痴呆，成天嘻嘴流口水。她不肯生育，爲自衛，曾把對方的臉皮抓破，甚至回娘家就不肯再到婆家。她婆婆先派轎子來接，再派老媽子一同來接，楊蔭榆無奈被接走。後來，她又不肯回去，婆婆親自上門來接，甚至闖進她二嫂臥房的床帳後面，把害怕而躲藏的她揪出。被逼至此，她不再示弱，索性聲明絕不再回蔣家。楊蔭榆被罵是「滅門婦」，從此結束既苦又短的婚姻，與其二姐長年住在楊蔭杭家；但兩姊妹也不要好。1902 年楊蔭杭回國，在家鄉與友人共同創立理化會。這是最早有男女同學的補習學校，當時不過 18 歲的楊蔭榆與其二姊都參加學習，且不坐轎子，步行上學。可見她當時已放足，開風氣之先。後來，她由楊蔭杭資助，在蘇州景海女中肄業 2 年左右，轉學上海務本女中，與湯國梨（後爲章太炎夫人）同學。時人稱她「此女子不肯依賴男子而能自立之先聲也。」〔註56〕她自務本畢業以後，於 1907 年考取江

〔註55〕　楊蔭杭曾考入北洋公學肄業；19 歲娶妻同鄉唐須嫈。21 歲（1899）爲上海南陽公學選派官費留日六人之一，次年參加留日學生的勵志會，暑假回無錫，公然在俟實中學鼓吹革命，又拒絕對祠堂裡的祖先叩頭，險些遭到出族。在留日學生出版的第一份雜誌《譯書匯編》，以翻譯法政名著而出名；1902 年早稻田大學畢業返國，在上海任時事新報館編輯，並在澄衷學校、務本女校、中國公學兼任教職。1906 年初赴美留學 4 年多；漸淡出革命活動，埋首書本，傾向改良。見楊絳〈回憶我的父親〉，氏著《將飲茶》（台北：曉園出版社，1990），頁 10、18-22、31。

〔註56〕　〈離婚創舉〉，《女子世界》期 15（1905 年），記事，頁 86-87。

寧官費留日，同年 10 月至日，入東京女子高等師範學校（御茶水女子大學前身）理科（1909.5-1913.3），畢業成績中等，獲得一別針型獎章；嫻熟日文與婦女的社交禮節，同年回國。〔註57〕

　　楊蔭榆於 1913 年自日返國，任教江蘇省立第二女子師範學校，1914 年曾任蘇州女師教務主任。1914 年轉赴北京女師工作，1916 年起兼任女高師學監主任，1918 年即赴美留學。〔註58〕以前，有一次她帶幾位來賓參觀女高師附小的飯堂。她最喜歡的外甥女楊絳，當時滿 5 歲，正就讀該校一年級。全堂的小學生都安靜專心吃飯，她看到楊絳飯碗前掉了好些米粒，還走去小聲提醒，楊絳趕緊把米粒撿到嘴裡吃。其他小女孩看見，也如法炮製。當時的楊蔭榆在學校有威信，受到師生喜愛，連帶使因楊絳受到女高師學生的喜愛。她們有時帶楊絳到大學部玩，打鞦韆；甚至開懇親會演戲 3 天，楊絳被借去，扮戲裡的花神，頭頂盤辮插滿花，衣服也貼滿金花。運動會時，楊絳由一大學生教導，一同表演跳繩；老師還教她向來賓致詞。張勳復辟時，楊家沒逃離北京，避居在楊蔭杭的英國友人波爾登（Bolton）家幾天。楊蔭榆先帶楊絳前往，坐在波爾登的書房裡，一直和他講英語，笑臉相向。〔註59〕從楊絳的這些文字描述，可見楊蔭榆當時從事教育的敬業樂群。

　　楊蔭榆在教學工作之餘，努力進修學英語，因而雀屏中選，獲得赴美深造的難得機會。楊蔭榆赴美深造那天，月台上有許多喜歡她的同事與學生，包括楊絳的老師。很多學生離情依依，送禮物留念，那成為她多年珍藏的紀念品；也有人掉淚，甚至有個老師和幾個大學生哭得抽噎。她要楊絳由其大姊帶來車站送行。火車鳴笛兩聲，慢慢開走，楊蔭榆站在火車盡頭處，也頻頻揮手、拭淚。可說是她生平最得意而驕傲的日子，展望學成歸來，大有作為。從這件事，也顯示當時楊蔭榆在學校頗受歡迎，是值得肯定的早期的職業婦女。〔註60〕她在 1918 年夏先入麻州胡桃山女塾，〔註61〕後到哥倫比亞大學主修教育學，副修算學及應用化學，1919 年 2 月底教育部停發官費，〔註62〕1923 年獲得碩士返國。

〔註57〕　楊蔭枌的丈夫裴劍岑，譯有麥考萊（Macaulay）的《約翰生傳》（Life of Johnson），頗有文名；但因傳染疾病給楊蔭枌，以致夫妻分手，無子女。見楊絳，〈回憶我的姑母〉，頁 71-74。

〔註58〕　胡光麃，《波逐六十年》，頁 217。

〔註59〕　楊絳，〈回憶我的姑母〉，頁 75-77，楊絳尊稱三姑母楊蔭榆為「三伯伯」。

〔註60〕　同上註。

〔註61〕　"Student World" The Chinese Students' Monthly, Vol. 14, No. 1（Nov., 1918），p. 55.

〔註62〕　教育部檔案：平檔，留學事務・美國，〈民國八年返國名單〉。

〔註63〕她對自己沒有能夠唸到博士，感到很遺憾。〔註64〕

（二）1920-1927 年間赴美的女生

1920-1927 年間，公費留美女生有 3 位專攻化學，其中張錦、曹簡禹等 2 位獲得博士，還有張緯文 1 位肄業。自費女生中有 7 位專攻化學，其中 3 位為碩士——余寶笙、藍如溪、藍如涓等，王宗瑤與王非曼為學士，酈文英等二位未詳。

張錦與曹簡禹為第七批清華專科留美女生。1927 年 8 月，該批 5 名女生與清華學生，還有自費生 63 人（包括女生 10 人），總共 133 人，搭「戾臣總統」號赴美。〔註65〕張錦於 1929 年獲得密西根大學理學士，1931 年伊利諾大學化學碩士，1933 年同校博士；〔註66〕她的論文是有關苯的立體化學研究；原文名稱為"Stereochemistry of Dipyrryl andDipyrryl-Benzenes."刊登於 1952 年的 DA.學報 12 卷 5 期，共 605 頁。〔註67〕苯是從煤焦由等提煉出的無色液體。查考英漢字典，可知立體化學是研究分子內原子或原子群在空間的關係位置的學科。可以說張錦所做研究，是當時很先進的化學科學。

曹簡禹，1908 年出生，江蘇宜興人，寄居江陰。〔註68〕1929 年於康乃爾大學獲得學士（A.B.），1930 年又獲得同校碩士（M.S.），主修植物生理學。〔註69〕再入伊利諾大學，專攻有機化學及物理化學，1933 年獲得化學博士返國，論文是有關通挫第三級丁基乙烯的四角型重新排列研究；原文題目為"The Rearrangement of the Plyines. Tetra-Biphenyl-di-Tertiary-Butyl-Ethinylethane."〔註70〕曹的學識與經驗頗廣，奠定日後教學及研究廣泛的基礎。由此可

〔註63〕 《教育雜誌》，卷十號八，記事，頁 64；《教育公報》第五年十二期，公牘，頁 36-37。
〔註64〕 楊絳，〈回憶我的姑母〉，頁 77-78。
〔註65〕 李紹昌，《半生雜憶》，頁 205。
〔註66〕 清華大學同學會編，《清華同學錄》，頁 186。
〔註67〕 國立清華大學校長辦公室編，《清華同學錄》，頁 223；Tung-li Yuan, compiled, 1961, p. 74.
〔註68〕 清華大學同學會編，《清華同學錄》，頁 230；國立清華大學校長辦公室編，《清華同學錄》，頁 223；徐友春主編，《民國人物大辭典》（石家莊：河北人民出版社，1991），頁 816。
〔註69〕 清華大學同學會編，《清華同學錄》，頁 230。
〔註70〕 國立清華大學校長辦公室編，《清華同學錄》，頁 223；《教育雜誌》卷 26 期 12，頁 141；中華民國當代名人錄編輯委員會，《中華民國當代名人錄》，頁 848；Tung-li Yuan, compiled, 1961, p. 185.

知第七批清華專科留美女生中，有 3 名獲得博士學位。最早是龔蘭珍，其次是 1933 年張錦與曹簡禹獲得同校化學博士。

余寶笙（Patricia Yue；1904.4.4-1996），於 1924 年抵美，進大學習醫；後轉讀晨邊大學化學系，1927 年獲得學士。她是福建莆田人，上有一兄，下有兩弟一妹。父親余景陀醫生，是莆田聖路加醫院院長兼護士學校校長。由於父母重視子女教育，做為排行長女的她，1910 年才滿 6 歲，便被送到教會學校寄宿讀書。她隨姑母余恩賜到福州，入陶淑小學就讀，畢業後再升入陶淑中學。聖路加醫院和陶淑女中，係屬聖公會在福建創辦的醫療、教育機構。余寶笙家人在其中擔任要職，[註71] 其家庭應為聖公會的信仰。余寶笙於 1922 年考入華南女大，2 年後赴美。她童年和少年時期遠離家庭，在女校受到嚴格的教育訓練，過艱苦的集體生活 12 年，得以養成堅強的性格與獨立自主的精神。剛入小學時，她的頭髮也長過蝨子，這在當時較封閉的女校是常事。到高中時，她已成為美麗、優雅的姑娘。每年放暑假回莆田家鄉，她常打赤腳與弟妹一起爬山。吃苦耐勞的勁頭，與她白皙美利的外貌，顯得很不相稱。1924 年春，她帶著母親給的 800 塊銀元，獨自飄洋過海，到美國讀書。母親囑咐她：女孩子要有志氣，好好讀書，畢業後不要留戀外國，要帶著知識回國工作。這位堅強的姑娘在美國半工半讀，1928 年獲得哥倫比亞大學化學碩士返國。[註72]

湖北廣濟籍女子藍如溪（原名玉杏，1905 年生於江西九江縣），於 1926 年與其姊藍如涓（原名玉蘭，約 1900 生）由教會資助赴美留學。藍如溪 3 歲喪父，母邢氏曾任九江美以美會的儒勵及諾立兩所女子中學教員，與石美玉醫師和美籍胡遵理女傳教士同工。藍如溪 6 歲再喪母，邢氏臨終前託孤，由石美玉和胡遵理教養。1920 年她與姊隨同遷居上海伯特利工作。藍如涓獲得西北大學文學士，於 1925 年再得密西根大學碩士，1926 年返國。[註73] 1923 年，藍如溪畢業於上海美南浸信會晏摩氏女中，隨即在伯特利中學任教。1925

〔註71〕 李晴，〈余寶笙年譜簡編〉，福建華南女子學院編，《余寶笙院長紀念集》（福州：未正式出版，1997），頁 34。

〔註72〕 陳鍾英，〈中國婦女自立自強的典範──記余寶笙老師〉，見 www.forsa.org.cn/news/MLB86/20040910113858.Htm-30k-2007 年 5 月 10 日擷取。

〔註73〕 震球中國學生會編，《震球中國學生會民國十五年特刊》，頁 69、71；教育部編，《教育部專科以上學校教員名冊》第二冊，頁 55；〈伯特利教會創辦人──胡遵理教士〉，戎玉琴等編《伯特利‧我們的家》，頁 61；丁侃，〈紐約文教界悼念程其保博士〉，收在谷正綱等著《程其保先生逝世週年紀念集》（出版地與出版者不詳，1976），頁 56。

年，她在王載舉辦於上海的退修會中，受到講員——赴日宣教的衛爾克林（Paget Wilkes）感召，與胡美林（女）、楊紹唐、周志禹、計志文等人決志奉獻爲教會工作。1926 年 2 月赴美，先入泰勒大學（Taylor University）就讀，後轉學阿士貝理學院（Asbury College），攻讀化學，1929 年畢業，原擬入醫學院，後決志獻身傳道而回上海。﹝註74﹞

1925 年留美的王宗瑤，密西根大學化學系畢業；﹝註75﹞還有一位張緯文，則爲浙江吳興人，於康乃爾大學，主修化學科；惟不知何故未獲得學位。﹝註76﹞

還有山東齊河女子王非曼，在美國就讀一段時間，畢業於麥克那斯特學院化學系、明尼蘇達州立大學家政系，獲得哥倫比亞大學家政碩士；專長家庭服裝學、家庭管理。曾在美國實習 1 年。1930 年初期返國。她留美期間，曾加入並加入美國家政學會、中國科學會、中國化學會、美國紐約中國教育學會。﹝註77﹞因此，她先後在美國獲得兩個學士，再獲得碩士。按她的生年與經歷推算，至遲應在 1927 年代左右抵美留學。

此外，也有女生申請自費赴美學醫科，結果改唸其他科目者。以鄺文英爲例，1920 年 6 月她獲得核准自費留美習醫科；後研究化學，又習商科，獲得愛阿華州大學學士。1930 年已返國。她是廣東新寧（台山）人，約 1897 年生；曾在天津公學、九江儒勵女中、金女大肄業。﹝註78﹞她下有妹淑貞（字淑眞，1900 生）、瑞英（1903 年生），﹝註79﹞後來也以自費赴美留學。﹝註80﹞

﹝註74﹞　〈神學院董事長藍如溪博士〉，見戎玉琴等編《伯特利‧我們的家》，頁 62。
﹝註75﹞　寰球中國學生會編，《寰球中國學生會民國十五年特刊》，頁 49。
﹝註76﹞　清華大學同學會編，《清華同學錄》，頁 186；國立清華大學校長辦公室編，《清華同學錄》，頁 202-203。
﹝註77﹞　教育部編，《教育部專科以上學校教員名冊》第一冊，頁 259；〈編後餘談：本期作者履歷現狀介紹〉，《教育雜誌》卷 26 期 12，頁 141；褚承志，〈國立山東大學（上）〉，《山東文獻》卷 6 期 2（1980 年 11 月），頁 25、27。
﹝註78﹞　王煥琛編著，《留學教育》第三冊，頁 1591。
﹝註79﹞　同上書，第二冊，頁 799-800，以及第三冊，頁 1609。惟《良友》期 57（上海，1931 年 5 月），頁 35，「學生與音樂」，謂鄺富灼（1870 生，廣東新寧人）女兒鄺文英，排行三女，當時 14 歲（即大約在 1917 年出生），在倫敦三一音樂院獲得優等獎。鄺富灼於 1882 年 3 月自費抵美，家貧而半工半讀，1902 年自樸摩那學校轉入加州大學，1905 年獲得哥倫比亞大學學士，主修教育及英文，1906 年爲同校教育碩士，獲得獎學金。留美期間加入基督徒派救世軍組織，成爲救世軍華語傳教士。1906 年 10 月返國後，主要在上海從事教育與文化事業。1908 年結婚，育有 4 女 1 男。見北京清華學校編《遊美同學錄》（1917），頁 192-193。據此，對照上述鄺文英的生年與鄺富灼〈六十年之回

這樣看來她們三姐妹的出身優裕，故由家庭資助赴美深造。

此外，還有一位李馬利，清末由教會資助赴美，很可能攻讀化學與數學。她曾就讀江西南昌美以美會所辦的葆靈女學堂，1907 年隨女教士雲雅清赴美留學。〔註81〕後來在 1913 年伊利諾大學的中國同學會照片中，首見她與另兩名女生。她住在該校 Urbana 校區，大學畢業後，繼續就讀該校研究所，主修社會工作（Social Work），1915 年為該校同學會副會長。〔註82〕後來獲得伊利諾大學教育碩士，1915 年返國，先後曾在金女大與東南大學任教化學與數學。〔註83〕因此，他很可能在大學時期主或副修化學，具有相當的專業，才有資格進入任教。

第二節　習生物科學的女生漸見成績

本節所探討留美實科女生，在自然科學方面的學習，主要有生物與農業兩大領域。廣義的生物科學，包括生物、動物、植物與心理學等。農業科學則包括農業、農業經濟與園藝學。以下分別敘述。

一、生物學

（一）1911 年以前赴美的女生

清末有王季茞、王季照 2 位姐妹赴美進修生物學。王季茞為最早留學美國的三位官費女生之一。她生於 1894 年，是江蘇蘇州人。〔註84〕1907 年由江蘇省選派，與胡彬夏、宋慶林共四名女生，以官費留美。此事緣於 1905 年清廷派 5 大臣出國考察憲政，考察團抵美時，耶魯（Yale）、康乃爾（Cornell）

顧〉，《良友》第 47 期（1930 年 5 月），頁 12-13、22、30、36，以亚所附照片，可知是另一位同名同姓者。
〔註80〕《教育公報》第九年八期，紀載，頁 2。
〔註81〕〈教育：各省遊學彙誌——江西〉，《東方雜誌》卷 4 期 9，頁 218。
〔註82〕另兩位女生是林惠貞與李小姐（Esther E. Lee-Toma），見 Carol Huang, *The Soft Power of U. S. Education and the Formation of a Chinese American Intellectual Community in Urbana-Champaign 1905-1954*（Ph. D. Thesis: University of Illinois at Urbana-Champaign, 2001）, pp. 79, 99.惟謝長法，《借鑑與融合：留美學生抗戰前教育活動研究》，頁 175、178、184，謂李瑪莉為山東萊陽人。今從前者説法。
〔註83〕Thurston and Ruth, p. 155；曾芳苗，〈民國教會女子教育〉，頁 229、241；謝長法，《借鑑與融合：留美學生抗戰前教育活動研究》，頁 175、178、184。
〔註84〕教育部檔案：平檔，留學事務‧美國，〈前三年度，美館造具留美學生名冊〉。

及前述的衛斯理大學，允贈中國留學生獎金。1907 年兩江總督端方遂就江南各學堂舉行考試，計錄取男生 11 名，女生 3 名——胡彬夏、王季茝與曹方芸。她們因程度未合，令先入衛斯理大學附設的預備學堂就讀，至試驗合格才行升入。除了宋慶林，另三人爲江寧官費留美。〔註 85〕她們所有的學費、膳宿費，由蘇皖各藩司撥匯解。〔註 86〕

王季照（字季昭），爲王季茝之姊。1888 年生在北京，長於蘇州，1911 年自費赴美留學修習理科。她還有妹季玉。他們的父親王芾卿，爲文人學者，先祖爲明朝宰相王鏊。母親王謝長達（1849-1934.12.25）爲江蘇吳縣望族謝松甫長女；出嫁後，隨夫宦居北京。〔註 87〕1895 年王芾卿升任內閣侍讀學士，不意逝世，遺孤 9 人，家道中衰。王謝長達回蘇州老家守寡，含悲忍苦侍奉婆婆、教養子女。兒子季烈、季點後來策名清廷，請求迎養，都不獲准。清末國事日非，有識之士謀求救國良方。她體察時局，憤社會弊俗重男輕女，在蘇州辦放足會，率先宣傳取消纏足。1905 年和友人蔣胡振懦等，捐募一千數百元，在蘇州賃屋創辦一所女子二等小學，校名「振華」，意在振興中華，10 月 18 日開學；次年添設二年制簡易師範科，培養小學師資。雖初時風氣未開，經勸學才招到學生十餘人。此後社會風氣漸變，加上收費較低，學生逐年增加，達數十人。來校參觀者多予讚許，其中有中丞程德全與郡守何剛德等三官員，指撥每月經常費 200 銀兩，幫助該校擴大學額，增添學科與設備，奠定發展基礎。〔註 88〕王謝長達遇有公益慈善之舉，則出席演說，努力服務社會。〔註 89〕她以一介女流，自甘淡泊，不拘泥於傳統陋俗，能接受新觀念，既要慘澹經營振華女校，又要維持家庭與教養子女，誠然不易。如此懿範家風，子女自受薰陶。她的女兒季茝、季昭、季玉，均努力求學，先後赴日、

〔註 85〕 Y. C. Wang, pp. 72-73.
〔註 86〕〈兩江總督端方奏選學生赴美留學辦理情形摺〉，《政治官報》光緒卅三年十二月廿五日，謂女生胡彬夏、王季茝、曹方芸、宋慶林能直接進入大學就讀，且主修外國語文科系。此說有誤。《東方雜誌》卷 3 期 11，各省遊學彙誌，頁 298；又 Y. C. Wang, p. 71,作男生 10 名，女生 3 名。
〔註 87〕 不著撰人，〈三十年來之校務：大事記〉，蘇州振華女校編《振華女校三十年紀念特刊》（蘇州：編者印行，1936），頁 14。北京王氏老家尚存，劉一達，《老根兒人家》（北京：北京出版社，2004），頁 93。
〔註 88〕 季玉，〈三十年來校史報告〉，蘇州振華女校編輯《振華女校三十年紀念特刊》，頁 1。
〔註 89〕 周邦道，《近代教育先進傳略》（台北：中國文化大學出版部，1981），頁 41-42。

美留學。王季昭在 1902 年入上海中西女塾，1907 年畢業。〔註90〕因此，王季
茝早年可能先由母親教導，再與王季昭同入中西女塾。她倆均參加官費留美
考試，王季昭與同鄉楊蔭榆成爲備取生，均獲改派赴日留學。〔註91〕王季昭
於 1907 年 9 月至日，就讀神戶（Kobe）女學院理科 4 年，1911 年 4 月畢業；
同年夏赴美。〔註92〕

　　王季茝、胡彬夏於 1907 年 8 月至美，10 月均入前述的胡桃山學校肄業，
即衛斯理學院預備科。〔註93〕當時已 16 年歷史，有 400 多位畢業生頗具影
響力。她倆在該校求學 2 年，親身見聞該校二位首任校長的品格與教育，以
爲女學生效法。〔註94〕王季茝於 1910 年自胡桃山女塾升入衛斯理女子學
院，〔註95〕1914 年獲得文學士（B.A.）。她轉攻生物化學科，勤學用功，成
績優異，次年獲得芝加哥大學理學碩士（M.S.），1918 年獲得哲學博士
（Ph.D.），〔註96〕論文是研究有關中國皮蛋與燕窩的化學，題目爲"The
Chemistry of Chinese Preserved Eggs and Chinese Edible Birds' Nests." 1921 年
12 月刊印在美國《生物化學雜誌》（*The Journal of Biological Chemistry*）卷
49 頁 429-452。〔註97〕1919 年 5、6 月間，由留美監督遣送回國，〔註98〕她
留美共 11 年，能以 3 年獲得博士學位，成爲中國留美女生中的第一位博士，
相當出類拔萃。

　　據同時留美的胡彬夏於 1916 年描述王季茝研究化學，得以獲博士學位是
其來有自。

　　　　吾同學王季茝女士，化學家也。現正在研究皮蛋與燕窩之質料也。彼
　　　　舊社會女子聞之，必笑爲多事，如此如此，即可製成，有何大不了事，

〔註90〕　北京清華學校編，《遊美同學錄》（1918），頁 2。
〔註91〕　《東方雜誌》卷 3 期 11（1907 年 11 月），各省遊學彙誌，頁 298。
〔註92〕　教育部檔案：平檔，留學事務・日本；北京清華學校編《遊美同學錄》（1918），
　　　　　頁 2。
〔註93〕　"Abroad: Statistics of Chinese Girls in America", *The Chinese Students' Monthly*,
　　　　　Vol. 3, No. 2, p. 65.
〔註94〕　胡彬夏，〈美國胡桃山女塾之校長〉，頁 1-3、28-31。
〔註95〕　教育部檔案《留學平檔・美國，前三年度》，〈美館造具留美學士名冊〉。
〔註96〕　Tung-li Yuan, compiled, 1961, p. 191.
〔註97〕　Tung-li Yuan, *China in Western Literature*,（New Haven: Yale University Press,
　　　　　1958），p. 533.
〔註98〕　教育部檔案：平檔，留學事務・美國，〈民國八年發給留美畢業生證明書報告〉、
　　　　　〈民國八年四月三十日以後，六月三十日以前淺回國學生名單〉。

實而不病，嗜之者眾，即係善物，何試驗之爲。然自曾受大學教育之
女子觀之，此中之理，非甚淺明，亟宜有人費數年心力，以審察之也。
他日王試驗得有結果，美國大學且須給與博士之學位也。〔註99〕

胡彬夏在胡桃山女校也曾學習理化。她認爲做實驗比學縫紉、烹飪更不簡單：
「稱一化學質料不能錯，一分一錢錯，則失之毫釐，謬之千里。執一玻璃細
管，燒之於煤氣火上，必較執一鐵剪，裁剪於桌上爲難；繪一物理圖樣必更
難於既條線縫。」〔註100〕她引王季茝爲例，申明大學教育能使人發見常人所
未見，並致力於所見，如試驗皮蛋與燕窩的質料等等。有教育者有能力，無
教育者無能力，受教育愈高，能力愈大。大學教育做爲高深專精研究的基礎，
有重要的價值。〔註101〕

1911 年夏赴美的王季昭，入樸摩那學院（Pomona College）勤學用功，專
攻生物學（Biology），後獲得清華津貼。〔註102〕1913 年入選生物學會（Biological
Seminar），次年入選科學會（Scientific Society），撰著有〈鳥之血輪量法〉
（"Measurement of Birds' Corpuscles"）一文，1914 年刊載在該校《動物學季刊》
（*Pomona College Zoological Quarterly*）。1915 年畢業，獲得學士（B.A.）；旋入
芝加哥大學師範科，1916 年於芝加哥社會經濟學校畢業，同年再入太平洋神道
學校習聖經課程，1917 年返國。〔註103〕她先攻讀生物學，再轉學社會經濟，
後又修讀聖經課程，顯示跨越文理學科的領域，試圖統合知識，擴展視野。

（二）1912-1919 年間赴美的女生

1912-1919 年間自費留美女生中，有王立明、趙志道主修生物學。趙志道，
1890 年出生，1914 年與丁懋英及第一批清華專科留美女生同行赴美。〔註104〕
她是清華留美初期「特別生」之一。據 1933 年的《清華同學錄》稱，特別生有
9 種門類 77 名，包括稅務學堂學生 9 人、使館學生 7 人、袁世凱裔學生袁克安
等 3 人、北洋學堂學生與教育部稽勳局學生各 22 人、軍諮處學生與滿州貴冑學
堂學生各 2 人、研究醫學學生 1 人等。其中也有少數女生，如丁懋英、趙志道、

〔註99〕 彬夏，〈基礎之基礎〉，《婦女雜誌》卷 2 號 6（1916 年 6 月），社說，頁 9。
〔註100〕 彬夏，〈二十世紀之女子〉，《婦女雜誌》卷 2 號 1（1916 年 1 月），社說，頁
　　　　11-12。
〔註101〕 同上註。
〔註102〕 清華大學同學會編，《清華同學錄》，「津貼生同學錄」頁 1。
〔註103〕 北京清華學校編，《遊美同學錄》（1918），頁 35。
〔註104〕 程其保，〈清華留美史略〉，頁 31。

鄒邦元、許世照（端珪）、黃倩英、黃倩鴻與卓文；〔註105〕前四人均修習實科。其中的趙志道，是 1916 年布拉佛（Bradford）大學生物系學生。〔註106〕

　　1916 年春赴美留學的王立明（1896.1.1-1970），出生於安徽太湖縣東鄉；當地景致雖好，卻十年九災。她 3 歲時，隨父母遷居太湖縣城。她祖父王子芬業醫，醫術精明，人稱「王神仙」。祖母（約 1842-1922）擅紡織，21 歲守寡；王立明 10 歲前，由她教導，能以緯線助紡經線，以供應全家所需布衣。她父親也繼業中醫，喜研佛學、西洋解剖學，比較中西醫學異同。母親祝氏，出身太湖富商家庭，不識字，但聰慧能背詩詞，是傳統的賢妻良母。王立明排行老二，爲唯一的女兒，有兄瑞琛、弟瑞琳與瑞瑚。她幼時穿男裝，與兄弟竹馬嬉戲。4、5 歲時，由母親依俗予以纏足，因哭罵抗拒，父親暗地給她解放，但母親仍將她綁在椅子上，貫徹纏足。她 7、8 歲時，也吵著要和兄弟一樣上學堂讀書，不肯只在家學女紅。她父親遂在案頭擺一張凳子，工作之餘，取《女論語》、《國文》、《本草》、《湯頭訣》等經典與醫書，教她認字讀書一、二小時，至 1904 年因急病去世，從此家道中落，賴母日夜操作針線維生。〔註107〕她雖只 9 歲，也要幫忙家務，起早摸黑拾柴禾、割豬草，並照料弟弟，還常去向外祖父等親友家告貸，甚至送典當變賣。藉此童年的生活磨煉，養成她堅忍刻苦的習慣和獨立進取的性格。

　　1905 年，太湖縣城內的福音堂新設「成美女學」，免費收容無力入家館、私塾的信徒子女。王立明想入學，她母親透過數位友好的小姐妹引導，常去請求該校校長。校長也是新寡的少婦，以同病相憐，遂破例錄取她。10 歲的王立明入學後，連年考第一，讓母親頗得安慰；偶爾也調皮，曾與表妹帶領同學溜進附近的桃園打桃偷食，惹得師長傷心，她們悔愧落淚。由此事略見她年少即具活動領導能力。她 12 歲時，從書本領受新知識與思潮，不顧母親責打和旁人訕笑，自行拿掉裹腳布，成爲全縣出名的第一位放足女子。但日後雙腳走路，仍見纏痕。1908 年初小畢業，同年秋獲校長推薦保送至九江儒勵（Rulison）女子中小學。但因無力繳費，曾隨母親至外婆家叩頭求助，獲得開中藥舖的舅舅允以補貼學費。當時儒勵女校遠在 100 里外，是皖贛鄂三

〔註105〕清華大學同學會編，《清華同學錄》，「特別生同學錄」頁 1。
〔註106〕姚公騫主編，《中國百年留學精英傳》第二冊，頁 66-67。
〔註107〕王立明，〈由家庭到社會──婦女節制會總幹事王立明女士自述〉（下文簡稱〈由家庭到社會〉），《良友》期 53（1931 年 1 月 1 日），頁 16。

省交界區惟一的教會女中，她初次離家，由其師王善治帶領坐土車 3 天到長江邊，在友人家借宿一夜始抵校，欣見代理校長石美玉。該校有 200 多學生，樓房前有假山，種滿桃花；山前的運動場，有鞦韆架等設備，提供 200 多學生的課外活動。她苦讀 6 年，成績優異，從高小跳班唸中學，得免繳學費與膳宿費，只需自理治裝零用；1912 年全校第一名畢業，以口才好，善演講，能力強，獲聘留校任教。〔註108〕

王立明在九江肄業期間，曾有男女同班學習的經驗。因物理老師有事離校，以致她所屬甲班的理化課，與鄰近的男校同文書院合班上課，20 多個男女生從起初畏怯到習慣成自然；其中的劉湛恩（1895-1938），後來成為她的丈夫。1915 年，王立明受邀到湖北孔壠鎮幾個同學家過暑假。她親見一位同學自幼由父母包辦婚姻，數度抗婚，仍被男方從街上擄去鄉下成婚。此事讓她感到中國女性處境堪憐，心中暗自決定將來學業有成，要從事婦女運動，謀求女子的自由。她畢業前，有位「萬國婦女節制會」（Women Temperance Association）代表蒞校演講，懇切闡述煙酒的毒害，使中國有亡國滅種之虞。後有多位同學加入該會，該校得以組成婦女節制會分會，她被推為會長，從此與該會結不解之緣。這是她參加婦女運動的開端。〔註109〕萬國婦女節制會是國際性基督教組織，1874 年創立於美國，總部也設在美國。會長法蘭西絲‧威拉（Frances Willard）。〔註110〕她動員全國數以千計的婦女，多數來自教會，熱心為社會除惡，如同十字軍。她們分赴街頭對抗酒商；在沙龍舉行禱告會；派糾察員監視酒廠，以阻止上工。1883 年威拉巡行全美各分會，並從舊金山

〔註108〕 王立明，〈由家庭到社會〉，頁 16；劉光華，〈我的母親劉王立明〉，《人物》總第 10 期（北京，1981 年 11 月），頁 143；黃富強，〈我所知道的劉王立明〉，《文史資料選編》輯 36（北京，1989 年 3 月），頁 141-142。劉湛恩出身湖北省陽新縣貧苦農家，7 歲喪父，母羅氏時僅 27 歲，被族人侵佔山田，受逼改嫁不從，趁夜帶他與妹明珍，徒步逃往漢陽。後經遠親介紹，羅氏入一醫院為傭工打雜，惟收入微薄，被迫將女兒送人做童養媳。羅氏刻苦上進，鑽研護理，成為護士。劉湛恩受其母自立精神影響，也努力求學，漢陽小學畢業後，入九江同文書院。見劉紹唐主編〈民國人物小傳：劉湛恩〉，《傳記文學》卷 46 期 6，頁 142。

〔註109〕 王立明，〈由家庭到社會〉，頁 16-17；《上海婦女志》編纂委員會編《上海婦女志》，頁 600。

〔註110〕 威拉曾任穆迪（Dwight Moody）助理。她發表文章，為女性講道辯護，還討論教會裡的性別歧視語言。見芭芭拉‧麥克哈非著，朱麗娟譯《她的歷史——基督教傳統中的婦女》，頁 151。

至中國，決定爲酗酒者與娼妓進行工作。1907 年協助中國教會婦女成立「中華婦女節制會」總會於上海。〔註 111〕但少有擴張。1909 年喬西‧古瑞奇（Chauncey Goodrich）的妻子莎拉（Sarah）出任秘書長，致力發展，到 1916 年她已使美國該會的領導幹部堅信節制運動是「母愛的組成」，受託爲保護家庭，遠離所有邪惡。〔註 112〕

只是，清末的中國與美國情況不盡相同，中華婦節會必須規劃社會大眾可接受的改進與發展策略。如吸食鴉片的氾濫、加上喝煙與抽酒的問題，都是敗壞社會道德與全民健康的大惡，遂以婦孺爲基本工作對象，提倡婦女參加政治、經濟活動，以提高其社會地位，獲得解放；舉凡威脅家庭的事項，如一夫多妻制、纏足、納妾及賣女爲婢等，特別受到關懷。簡言之，該會在中國，偏重禁吸鴉片、節制飲酒與生育，以促進婦女身心健康。隨後，組織逐漸擴展至上海、南京、九江、漢口等地，1916 年已在 7 省區建立 40 個分會。主要在學校及教堂舉辦公開演講，配合掛圖、海報及幻燈片。各分會運用優生學統計的小冊子、繪製煙酒影響身體組織的生理學圖表，希望節制運動觸及更廣大的群眾。〔註 113〕

王立明在諾立書院成爲美以美會基督徒，〔註 114〕留校任教後，每月薪資 10 元，除了自留伙食費 2 元，其餘則補貼家計與就讀同文書院的大弟。她母親甚得安慰，重展歡顏。她教書一學期，自覺不足而想深造，但當時女子在國內少有大學可進，且接受高等教育，以出洋留學爲尚。於是她力爭上游，

〔註 111〕 萬國婦女節制會，又稱爲世界婦女節制會，強調「爲神、家庭與本國」（For God and Home and Native Land），認定社會罪惡係造成家庭破裂的主因，而婦女的稟性較熱誠、純潔且忠實，因此受神召命，以家庭的價值來提昇社會素質。1886 年派代表到中國，與女傳教士配合，首在浙江建立分會。會務初由上海長老會和九江美以美會的外籍女傳教士擔任幹事。參見梅雲英，〈女子節制會〉，中華續行委辦會編，《中華基督教會年鑑》第四冊（1917），頁 198。

〔註 112〕 Mrs. Chauncey Goodrich, "Woman's Christian Temperance Union of China", *The China Mission Year Book* 7（1916）, pp. 488-489.

〔註 113〕 1910 年代初期，中國吸食鴉片人口，約佔世界的一半；大都是男性；但女性也會因某些病痛而遵醫囑，或與丈夫作伴，或爲忘卻喪親等痛苦的心事，而吸鴉片上癮。英美煙草公司在漢口開一香煙工廠，僱用超過 1,500 名的中國工人，每月生產 2 億枝。昂貴的外國酒，如淡酒、威士忌及罐裝啤酒等，進口量不斷上升。中國婦女節制會鑑於中國缺乏組織的動力與公共的宗教氣氛，爲免招來眾怒，不採沿路歌唱進入街坊，在沙龍裡禱告等事，只訴諸較無戲劇性的策略，鼓勵參加者宣誓抑制煙或酒。見 Pui-lan Kowk, pp. 186-188.

〔註 114〕 貝德士輯，〈中國基督徒名錄〉，頁 387。

考取留美獎學金，以留學的好處說服母親，又得校長及親友的贊助，1916 年隻身赴美。她主修生物學，以實踐「科學救國」的信念。她篤信基督教，對進化論頗有懷疑。〔註115〕儒勵女校代理校長石美玉留美學醫出身，又關心女子教育，曾任婦女節制會會長，她對王立明後來立志赴美，以科學救國，想必也有一定的影響。

（三）1920-1927 年間赴美的女生

1920-1927 年間，自費留美女生中，可確定主修生物學的，有吳貽芳、林同曜、張匯蘭，另有何彙蓮、高君韋修習自然科學，不確知爲生物學，但應與生物學有關。此處姑且歸列生物學科。

吳貽芳，祖籍江蘇泰興，寄籍浙江杭州，1893 年 1 月 26 日生於湖北武昌。她本是書香名門；曾祖父是翰林；祖父是舉人，帶全家赴武昌任官，以清廉自守，不治家業，遂至家道中落。她父親吳守訓，只考中秀才，以教私塾，勉強維持一家 7 口的生活（她有兄、姊、妹各一，加上父母、老祖母）。後來，她父親以妻子的首飾，托人捐得一名「候補知縣」，而獲任徵收稅款釐金的牙釐局局長。1904 年，她父親由當陽縣知縣，調任湖北省牙釐局財務科長。1909 年，他因上司即兩江總督端方慫恿陷害，挪用公款做生意虧空，11 月在乘船去湖南辦事途中，投長江自殺，屍體遍尋不著。吳貽芳自 1905 年先隨姊姊就讀維新派人士所辦的杭州女子學校，住外婆家；兩年後，因姨夫陳叔通勸導，她與姊姊先後轉考入上海啓明女校（天主教所辦）、蘇州景海女校（基督教所辦），專攻英文等新學。父親的死，使 16 歲的她輟學，隨家人遷居杭州外婆家，靠親戚接濟度日。辛亥革命後，家人又隨陳叔通一家遷至上海。不久，她哥哥吳貽榘考上清華學堂，卻因北洋政府挪用庚款作爲軍費，學校被迫停課一年，一時想不開，跳黃浦江自殺。她母親朱詩閣憂傷過度，隨後病逝。她姊姊吳貽芬，也在母親入殮前夜上吊自殺。如此，家中只剩她與 9 歲的妹妹、老祖母孤苦無依。幸因陳叔通的幫助，她插班杭州弘道女中 4 年級，從此堅強度日、發奮讀書。1914 年，她隨陳叔通一家搬到北京，並獲薦介入北京女師校任教英文，從此有薪俸供養祖母與妹妹。〔註116〕

〔註115〕 劉光華，〈我的母親劉王立明〉，頁 143-149；黃富強，〈我所知道的劉王立明〉，頁 141-142。

〔註116〕 楚源，〈智慧女神吳貽芳——中國婦女的驕傲〉，《中外雜誌》卷 49 期 3（1991 年 3 月），頁 60；趙志邦，〈前金陵女子大學校長吳貽芳病逝〉，《傳記文學》

　　1915 年，教會學校「金陵女子大學」在南京創辦。吳貽芳經由杭州弘道女中的美籍老師諾瑪莉推薦，2 月插班考進該校，成爲第一屆學生。不久，她以優異表現，獲推舉爲學生自治會會長。她也受同班同學徐亦蓁（後嫁牛惠生）以基督教熱忱感化，〔註 117〕讓她逐漸改變以前對宗教的看法。先前，她進入蘇州景海女校，就視科學爲當代世界唯一的眞理，宗教是迷信，要廢除所有宗教。但在金女大，通過對天文學、生物學的學習，意識到宇宙的神奇、科學的侷限，相信在這些規律之上，一定有個更高的規律。〔註 118〕終於在 1916 年夏，在上海受洗爲基督徒。〔註 119〕

　　1919 年 6 月，吳貽芳自金陵女大畢業，赴北京女高師任英語教師，後兼英語系主任。她親自對報考者做入學考試，錄取標準嚴格。有官家女子向吳送禮，情商通融入英文系被拒，反誣吳好收賄賂。加上吳依程度分兩班的做法，都引起不滿。當時，蘇雪林、毛彥文等是她的學生。吳貽芳點名一次，就能過目不忘的記憶力，以及臉上常帶抑鬱的神情，令蘇感到好奇，常從樓上教室窺探樓下吳與趙麗蓮同住的房間。蘇寫匿名信安慰她；蘇、毛也向報端發表眞相，爲她申辯。〔註 120〕1921 年，美國何樂山女子大學校長至北京女高師參觀，並作講演，由吳貽芳翻譯。她的表現受到對方激賞，並予以推薦，故在 1922 年獲得密西根大學巴勃獎學金，赴美留學。〔註 121〕

　　吳貽芳在密西根大學研究院，主修生物學，並選修法文、德文。1923 年 1 月，她與北京女高師同事高君珊，同時獲得教育部發給學費。〔註 122〕這顯示她與高君珊均爲成績優異，合於教育部獎勵女子教育師資進修的用意，而獲得官費。吳貽芳在美 5 年間（1922-1928），後期也曾獲得清華津貼。〔註 123〕1927 年北伐期間，國內興起收回教育權運動，政府決定教會學校都要由中國人當校

　　　　　卷 47 期 6，頁 65。

〔註 117〕毛彥文，〈我所知道的吳貽芳校長〉，《傳記文學》卷 48 期 2（1986 年 2 月），頁 67。

〔註 118〕吳貽芳，〈基督教教育之特殊貢獻〉，《基督教教育季刊》卷 6 期 2（1930 年 6 月），頁 9-10。

〔註 119〕毛彥文，〈我所知道的吳貽芳校長〉，頁 67。

〔註 120〕蘇雪林，〈吳貽芳的悲劇美〉，《中外雜誌》卷 50 期 3（1991 年 9 月），頁 32。

〔註 121〕毛彥文，〈我所知道的吳貽芳校長〉，頁 68。

〔註 122〕教育部總務廳文書科編，《教育公報》第十年一期（1923 年 1 月），紀載，頁 8。

〔註 123〕清華大學同學會編，《清華同學錄》，「津貼生同學錄」頁 5。

長，校董會內要多數為中國人。同年冬，金女大改組校董會，校名改為金陵女子文理學院。該校創辦委員會，選舉並聘定吳貽芳為校長，電請她回國任職。當時，她正在準備博士論文，收到聘書後，在次年以優異成績畢業，獲得生物學博士以及昔革瑪（Sigma）榮譽學會會員返國。〔註124〕她的博士論文題目爲"A Contribution to the biology of <u>Simulium</u>（<u>Diptera</u>）."，是研究黑蠅生活史，刊載在 1930 年密西根大學科學學會出版的《密西根科學與人文學報》（*Papers of the Michigan Academy of Science, Arts and Letters*）卷 13，頁 543-599。〔註125〕

　　1927 年以前清華留美公費女生，獲得生物領域的碩士則有林同曜。她是福建閩侯人，〔註126〕上海培華女學畢業，〔註127〕1921 年入伊利諾大學教育系肄業，1925 年獲雷克里非（Radcliffe）女子學院生物及教育學士（A.B.），後來又獲得碩士學位。〔註128〕

　　張匯蘭於 1926 年在美獲生物碩士返國。〔註129〕她又名渭南（1898.1-1997），小名銀官；江蘇南京人，出生時家境清寒。父爲教員，1899年逝世。她幼時多病，但個性勇毅；1907 年母親到一教會學校就職，她跟隨前往該校求學，後且參加江南第一次聯合運動會；1916 年高中畢業，留校任教。她手巧，能把衣服改得整齊合身，被母、兄譽爲「改造博士」。次年，她又考入上海女青年會體育師範學校，與高梓同班，各種體育運動使她甩掉一身病痛，體重增加 4 公斤。她對學校一副借來的人體骨骼尤感興趣，爲日後從事人體解剖學研究奠定基礎。〔註130〕1919 年畢業後，留校服務，爲外籍教師做些翻譯工作。該校重視師資素質，但因經費不足，難以長期支付外籍教

〔註124〕趙志邦，〈前金陵女子大學校長吳貽芳病逝〉，頁 65。
〔註125〕Tung-li Yuan, compiled, pp. 206-207.
〔註126〕清華大學同學會編，《清華同學錄》，頁 98。
〔註127〕國立清華大學校長辦公室編，《清華同學錄》，頁 138；房兆楹，《清末民初洋學學生題名錄初輯》，頁 192；《教育雜誌》卷 13 號 9，頁 8，記事。
〔註128〕國立清華大學校長辦公室編，《清華同學錄》，頁 136；清華大學同學會編，《清華同學錄》，頁 98。
〔註129〕張匯蘭，〈我和金陵女大體育系〉，《體育文史》1983 年第 1 期，頁 36；德本康夫人、蔡路得著，楊天宏譯，《金陵女子大學》，頁 52、91；曾芳苗，〈民國教會女子教育〉，頁 229、241。
〔註130〕德本康夫人等著，楊天宏譯，《金陵女子大學》，頁 53；曾芳苗，〈民國教會女子教育〉，頁 229、241；金海，〈體壇名宿張匯蘭的人生追求〉，《縱橫》2002年第 5 期，頁 38、41；邱偉昌、鍾瑞秋，〈榮獲國家體育運動榮譽獎章的張匯蘭〉，《上海體育史話》（上海：體育文史委員會辦公室）1984 年第 4 期，頁 36。

師的高工資，1920 年決定選派畢業生留美，她與高梓獲派赴美進修，但需要
自付學費的一半。〔註131〕

　　張匯蘭和高梓初就讀加州密爾斯（Mills）私立女子大學體育系 1 年，次
年轉到威斯康辛（Wisconsin）大學體育系。〔註 132〕當時威大環境優美，設
備完善，有不少名教授，如曾任體育系主任的赫次靈頓（C. W. Hetherington），
主張體育師資培養的主修課程，除了體育專業與實習課程，還需修習動物
學、化學、解剖學、生理學、歷史與英文等科目，期望體育教師與其他科目
教師，有相等的尊嚴與地位。高、張修習運動生理學、解剖學等專門科學課
程，又與醫科的同學一起，而對現代科學知識觀念，奠定一些基礎。她倆也
深受美國教育家杜威「學由於行」（意即「由做中學」）與「教育即生活」思
想的影響；兩人身處理想的學習園地，收穫相當豐碩。1922 年高梓獲得體育
學士返國。〔註 133〕當時張匯蘭則未畢業，但因女青年會一再催促，於 1923
年 8 月返校服務 2 年，擔任人體解剖學、民間舞蹈課程。〔註 134〕1924 年秋，
該校因經費問題，併入金女大。當時她和英籍教師哲維思（Tervis）、華籍同
事卓文均轉往金女大任教。張匯蘭在金女大任教解剖學、人體機動學等基礎
理論課程。〔註 135〕但她因為尚未獲得學士文憑，連教師會議都不能參加，
僅能參加禱告會。金女大規定教員服務 3 年，可獲資助出國赴英美深造，她

〔註131〕　張匯蘭，〈我和金陵女大體育系〉，頁 36；高梓口述，汪清澄執筆，〈教學生
　　　　　涯七十年〉（上），《中外雜誌》期 54 卷 6（1993 年 12 月），頁 82。
〔註132〕　密爾斯是一小型學校，規模不及上海女子體育師範學校，但重視生活教育，富
　　　　　人情味，舍監會輪流請同學吃一頓她親自做的晚餐，並一塊兒聊天。她倆在這
　　　　　短短一年，深刻感受美國的風俗文化。見高梓口述，汪清澄執筆，〈教學生涯
　　　　　七十年〉（上），頁 82；〈會晤新聞〉，《青年女報》1922 年 5 月，頁 16，轉引
　　　　　自安珍榮，〈中華基督教女青年會研究〉，頁 219；徐友春主編，《民國人物大
　　　　　辭典》，頁 958；華夏婦女名人詞典編委會編，《華夏婦女名人詞典》，頁 539。
〔註133〕　周恃天譯，《西洋體育史》，頁 513-514。
〔註134〕　邱偉昌、鍾瑞秋，〈榮獲國家體育運動榮譽獎章的張匯蘭〉，頁 36。
〔註135〕　卓文（國興，字賀春），廣東香山人，以反清革命有功，1913 年獲臨時稽勳
　　　　　局費留美，後又獲清華津貼，先後畢業於麻省 Coughing Academy 及紐約哥
　　　　　倫比亞大學（理學士），是杜威的高足，曾得獎章，1921 年學成返國，先任
　　　　　教廣州執信紀念中學，後受聘於金女大，專長游泳與球類運動等，任教球類
　　　　　等術科項目。見〈卓國興女士事略〉，中華民國開國五十年文獻編纂委員會
　　　　　編《中華民國開國五十年文獻》第一編第十四冊（台北：中華民國開國五十
　　　　　年文獻編纂委員會，1962），頁 550-551；安珍榮，〈中華基督教女青年會研
　　　　　究〉，頁219；高梓口述，汪清澄執筆，〈教學生涯七十年〉（上），頁 81；張
　　　　　匯蘭，〈我和金陵女大體育系〉，頁 36。

因此得以再度赴美深造。〔註136〕因此該校體育系成立後，她於 1925 年再度赴美進修，同年從威斯康辛大學體育系畢業，1926 年 8 月獲麻省理工學院生物學碩士，9 月啓程返國。〔註137〕

二、動物學

（一）1912-1919 年間赴美的女生

清末，未見留美女生主修此科。1912-1919 年間，有朱蘭貞、丁素筠；她倆均考取 1918 年清華第三批次專科女生留美。這一年錄取 8 位，同年 8 月 7 日她們與其他出洋學生由上海寰球中國學生會、江蘇省教育會、中國青年會、婦女青年會、美國大學同學會與留美學生會六大團體，假上海霞飛路安立德的住宅，聯合舉開歡送會餞別。總計有北京清華留美學生 63 人與專科男生 7 人，加上教育部所派公費生 11 名（男生 4 人與女生 2 人；各大學 5 人），河南資送 30 人；自費生 70 人，於 11 日均參加另一次歡送會；蒞會者數百人，頗極一時之盛。〔註138〕同月中旬，她們 8 位與唐玉瑞、楊紹蓮 2 位女生，以及上述一行人，搭乘「南京號」郵船赴美。〔註139〕

丁素筠爲山東披縣人，1898 年出生，父親丁立美爲牧師。1922 年她獲得何樂山女子學院動物學學士（A.B., Zoology），1923 年獲得哥倫比亞大學音樂學碩士。她學得兩種專長，也是近代中國第一位專攻「動物學」的留美女生。朱蘭貞爲江蘇嘉定人，先於 1922 年獲得密西根大學科學士（B.A.），主修醫科；1923 年獲得哥倫比亞大學動物學碩士（M.A.）；同年返國。〔註140〕

（二）1920-1927 年間赴美的女生

1920-1927 年間有劉德珍。她是湖北漢口人，1925-1928 年獲得清華津貼，

〔註136〕張永濱等，《中國第一位女海洋學家──劉恩蘭》，《金陵女兒》編寫組，《金陵的女兒》，頁 52。

〔註137〕邱偉昌、鍾瑞秋，〈榮獲國家體育運動榮譽獎章的張匯蘭〉，頁 36；張匯蘭，〈我和金陵女大體育系〉，頁 36；德本康夫人等著，楊天宏譯，《金陵女子大學》，頁 52、91；曾芳苗，〈民國教會女子教育〉，頁 229、241。

〔註138〕不著撰人，〈總論：國事日誌〉，中華續行委辦會編訂《中華基督教會年鑑》第五冊（1918），頁 32。

〔註139〕"Student World" *The Chinese Students' Monthly*, Vol. 14, No. 1, pp. 55-56；李紹昌，《半生雜憶》，頁 126。

〔註140〕寰球中國學生會編，《寰球中國學生會民國十五年特刊》，頁 63；清華大學同學會編，《清華同學錄》，頁 210。

紐約哥倫比亞大學巴納德學院動物學士，1928 年獲同校動物學碩士。〔註 141〕加上前述的朱蘭貞、丁素筠，共計有 3 位。

三、植物學

（一）1912-1919 年間赴美的女生

清末，未見留美女生主修植物學科。1912-1919 年間，有王季玉、楊保康主修此科。楊保康是江蘇無錫人，1895 年出生，其父為楊蔭榆的長兄，早逝，她與母、弟，賴叔父楊蔭杭照顧。〔註 142〕1918 年她考取第三批次清華專科女生留美，同年秋入學衛斯理女子學院；〔註 143〕1922 年獲得同校教育及植物學士，1923 年獲得哥倫比亞大學幼稚教育及教育碩士。〔註 144〕

王季玉專攻植物學，曾獲得清華津貼，1916 年獲得麻省何樂山女子學院文學士；1917 年獲得伊利諾大學理科碩士（M.S.）；〔註 145〕又入哥倫比亞大學師範學院及芝加哥大學進修，1918 年返國。〔註 146〕因此，自 1912-1919 年間，修習植物學的女生，僅見她們兩位。

（二）1920-1927 年間赴美的女生

1920-1927 年間留美女生中，有李舜匋、馬心儀、沈驪英。1921 年留美的馬心儀（慕令；英文名 Roberta Mohling），是山東臨淄人，山東女師出身；父為醫生，母早逝。1918 年她考入上海女子體育專門學校第三期，與同學陳咏聲（1900-1997）同寢室，成為好友。不久馬心儀因父親病逝，返家奔喪，致使功課落後，幸陳咏聲幫忙輔導才趕上。1920 年畢業後，兩人相約一同赴美，因陳咏聲無法負擔一等艙的船費，又不願要求家裡資助而未成行。馬心儀任教天津第一女子師範學校 1 年，1921 年考取山東省留美名額，同年赴美德州奧斯汀（Austin）大學。教育部檔案中的女生馬「恭」令，應即馬「慕」令的筆誤；她考取山東省津貼每年 600 元，其餘由家屬籌匯。保證人為親戚關係

〔註 141〕清華大學同學會編，《清華同學錄》，頁 58、「津貼生同學錄」頁 6。
〔註 142〕楊絳，〈回憶我的父親〉，頁 10、14-22、71-72；清華大學同學會編，《清華同學錄》，頁 66；國立清華大學校長辦公室編，《清華同學錄》，頁 93-94；*Who's Who in China*（1937），p. 24.
〔註 143〕"Student World" *The Chinese Students' Monthly*, Vol. 14, No. 1, p. 56.
〔註 144〕姚公騫主編，《中國百年留學精英傳》第二冊，頁 66-67。
〔註 145〕清華大學同學會編，《清華同學錄》，頁 8。
〔註 146〕北京清華學校編，《遊美同學錄》（1918），頁 2。

的齊東大學教授秦耀庭。但她獲教育部核准頒留美證書時間爲 1924 年 2 月，〔註147〕或爲延誤所致。

馬心儀在美，先學體育，後轉攻植物學；1930 年獲得德州大學植物學博士，論文題目爲"Studies on Starch Deposition in Certain Mosses and Fern Allies." 是有關澱粉沉澱物在某些苔蘚與羊齒植物類的研究，同年出版，書名改爲《澱粉沉澱物在某些苔類的孢子生殖細胞》（"Starch Deposition in the Sporogenous Cells of Certain Mosses."），刊載在《植物學家俱樂部》（*Bull. Torrey Bot.club*）卷 51（頁 525-535），同年稍後返國。〔註148〕她留美 9 年，是近代中國學體育出身留美獲得博士學位的第一人，也是第一位體育出身的女博士。

李舜匋於 1924 年入衛斯理大學習植物學，曾獲得清華津貼，〔註149〕後獲得芝加哥大學生物學碩士，於 1927 年左右返國。〔註150〕

至於沈驪英，則於 1925 年入衛斯理女子學院研習植物學 4 年，1928 年獲得理學士。她留美期間，敏而好學，進步快速，每學期成績均列優等。雖然該校爲美國典型的貴族女校，她深得其精髓而無奢侈習尚。教授上課，列舉遺傳學、生理學、黴菌學等科的研究專家及其國籍，以昭示各種學術的進步及學者的成績，而爲後輩的表率。他們提到即使國土最小如瑞士，或曾被滅亡國如波蘭，都有重要的貢獻；惟獨地大物博的中國，卻沒沒無聞。她與這些頂著光環的歐美同學一起聽課，心中感觸深切，立志畢生研究科學。她的畢業論文爲〈木槿之受精作用及色素遺傳〉，受到教授器重，同年被選爲 ATOPA 學會會員。〔註151〕

四、心理學

心理學是十九世紀後半興起的學科，爲了解心靈如何運作，與進化論、醫學的關係密切。1879 年在德國來錫大學，有馮德（Wilhelm Wundt）設立第

〔註147〕王煥琛編著，《留學教育》第三冊，頁 1622。
〔註148〕Zheng Wang, p. 266. Tung-li Yuan, p. 163
〔註149〕清華大學同學會編，《清華同學錄》，「津貼生同學錄」頁 4；寰球中國學生會編，《寰球中國學生會民國十五年特刊》，頁 35-36。
〔註150〕教育部編，《教育部專科以上學校教員名冊》第一冊，頁 133。
〔註151〕沈宗瀚，〈亡妻沈君驪英行述〉，頁 264；見沈君山、黃俊傑編《鍥而不捨》（台北：時報文化出版公司，1981），頁 81；《中華留學名人辭典》編委會，《中華留學名人辭典》，頁 344-345。

一個正式的心理實驗室，研究知覺。日後許多美國心理學先驅都師從於他，
如霍爾（G. Stanley Hall）於 1883 年在約翰霍浦金斯大學建立美國第一個心理
實驗室。艾賓豪思（H. Ebbinghans）於 1885 年出版第一個有關記憶的實驗研
究。占姆士（William James）的 *Principles of Psychology*（《心理學原理》）於
1890 年在美國出版，是功能學派方法論。鐵欽納（E. B. Titchener）於 1892 年
在康乃爾大學建立「結構論」，是美國心理學一個主要的影響。桑代克
（Thorndike）於 1898 年做了第一個對動物學習控制的實驗。維也納醫生佛洛
依德（Sigmund Freud）於 1900 年提出《夢的解析》（*The Interpretation of
Dreams*），從童年的性解釋潛意識，建立廿世紀許多有關心裡分析的觀念。西
蒙（Herbert Simon）和比奈（Alfred Binet）於 1905 年發展第一個智力測驗。
魏德邁（Max Wertheimer）於 1912 年發表第一個完形心理學，是認知心理學
發展的基礎。華森（John B. Watson）於 1913 年以其行為主義，主張心理現象
是始於刺激而終於反應，倡導一個主要的心理學趨勢。1920 年，結構主義和
功能主義被行為主義學派、完形心理學及心理分析等三個新學派取代。[註152]
由此可知心理學做為廿世紀初的一門科學，當時正是方興未艾。中國留學生
也注意此新興的心理學科而有心攻讀學習。

（一）1912-1919 年間赴美的女生

1912-1919 年間，有吳卓生、許端珪，主修或輔修心理學。

吳卓生於 1913 年在哥大攻讀教育，獲得理學士（B.S.）。[註153] 教育學
通常歸類於人文科學，授予文學士；但她獲頒理學士，應爲偏重心理學所致。
吳卓生原籍江蘇吳縣，大約 1888 年生於上海。父親是珠寶商；[註154] 母不詳，
只知死於 1941 年。吳卓生從上海中西女塾畢業，英文名 Catherine，成爲虔誠
基督徒，但對佛教徒的父親相當尊敬，所以彼此的信仰不致引起衝突。她在
清末留學日本，畢業於廣島（Hiroshimo）師範學校，主修幼稚教育，返國任
教於蘇州戴維孫紀念學校（Davidson Memorial School；又稱慕家花園幼兒

〔註152〕 〈附錄一：心理學簡史〉，見艾德金森等著，曾慧敏、劉金蘭、盧麗玲合譯，
《心理學》（台北：桂冠圖書公司，2004 年 3 版），頁 943-953。

〔註153〕 韓國璜，《自西徂東》(2)（中國音樂文集 2）（台北：時報出版公司，1885），
頁 46。

〔註154〕 日本山本澄子於 1963 年 4 月 24 日訪問吳卓生，見 Yamamoto, Sumiko, *History
of Protestantism in China: The Indigenization of Christianity*,（Tokyo: the
Institute of Eastern culture, 2000）, p. 50.

園），〔註155〕與 Atkinson 小姐共事。1910 年秋吳卓生被選派赴美留學，〔註156〕先赴堪薩斯城訓練學校訪問，同年秋入喬治亞州的 La Grange 學院習英文，準備深造幼稚園工作。〔註157〕1911 年獲得該校音樂文憑，以及亞特蘭大幼稚師範學校的教育文憑；後在紐約大學主修音樂教育，1913 年就讀哥大。〔註158〕1915 年獲得同校文科碩士返國。〔註159〕她是當時少數能先後留學日美，接受高等教育的女子。

　　1913 年冬，俞子夷到紐約，曾在飯店裡會晤吳卓生及其男友劉廷芳。劉廷芳在哥倫比亞大學攻讀心理學，吳習幼稚師範。吳、俞均由蘇州慕家花園幼兒園選派出洋；在紐約因住處接近，時相過從。1914 年，吳卓生與幼師主持人協商，為較年輕的俞氏安排一週的參觀日程。她陪同他赴兩個幼兒園，聆聽幾堂幼師課程。又帶往城內玩具店看陳列品，索取不少廣告說明書，還有幾次長談，扼要告知很多理論問題，使初學幼兒教法的他，獲益良多。吳卓生提到幼稚教育肇始於福祿貝爾。舊日流行的保守派，一切依照福氏學說不變。哥倫比亞大學師範學院則大加革新，是屬於杜威的進步派。1913 年底，蒙特梭利曾來哥大演講，宣揚自由，是第三派。但哥校師生經過討論，認為蒙氏法使兒童受種種教具的束縛，並非真正自由學習。吳熱誠而循循善誘，故俞子夷尊稱為「優良阿姨」。1915 年吳卓生畢業，較俞子夷先歸國。〔註160〕

　　後來，又有許端珪入哥倫比亞大學習教育。值得注意的是，她也在 1916 年獲得「理學士」（B.S.），1917 年獲得碩士返國。許端珪，字世照、摺君、光宇，福建福州人，1887 年生。〔註161〕祖父許揚美，受牧師職最早，清末留美學醫的許金訇，即其女兒。後來他又生二子；許端珪的父許則翰（號周之）居長。許則翰從小隨父傳道，先後畢業於培元、福音、英華各書院。許則翰任牧師職共 40 年，其間，走訪親友，與患病者談道及代禱；曾發起福州孤兒院、青年會，主持福州賑濟局、保嬰局，獲得閩浙總督提名獎勵「恩用保赤」、「幼及人幼」、「功垂保赤」等匾額。許揚美晚年多病，他對父親問

〔註155〕俞子夷，〈幼兒園教法及蒙鐵梭利〉，頁 455-457。
〔註156〕韓國璜，《自西徂東》，頁 46；Cavanaugh, ed., 1931, p. 172.
〔註157〕"Personal" *The Chinese Students' Monthly*, Vol. 6, No. 1（Nov., 1910）, p. 106.
〔註158〕韓國璜，《自西徂東》（2），頁 46。
〔註159〕Cavanaugh, ed., 1937, p. 172.
〔註160〕俞子夷，〈幼兒園教法及蒙鐵梭利〉，收在陳學恂主編《中國近代教育史教學參考資料》中編（北京：人民教育出版社，1987），頁 455-457。
〔註161〕北京清華學校編，《遊美同學錄》（1917），頁 38-39。

醫調藥，歷經數寒暑不倦，可以說他仁孝慈憫，樂助貧困孤寡。1920 年冬，許則翰赴北京參加衛理宗的東亞合議會，道途奔走，體氣不支，於次年 3 月 24 日去世。他育有 4 子 4 女；長子世芳，曾任吳淞海軍醫院院長，兼海軍總司令公署軍醫科科長。次子世和，海軍軍醫少監、吳淞海軍醫院醫官。三子世銘卒於哈爾濱防疫差次。四子世箴留學美國。至於四個女兒，以許端珪爲長女，下有妹貞珪、祥珪、瑞珪，均有成就。〔註 162〕許端珪於 1901-1906 年間就讀福州華英女書院。赴美以前，歷任教職，如天津北洋女師（1906-1908）、北洋高等女校（1906-1911）、北洋女子公學（1906-1912）等；還曾服務慈善醫療事業，於 1911-1913 年任天津紅十字會會長。〔註 163〕1913 年 9 月抵美進修。〔註 164〕她的兄弟多在軍中擔任醫生，應該是受到許金訇的鼓勵。她自己的赴美留學，不無可能是受這位姑的激勵所致。

　　吳卓生、許端珪兩位的攻讀學業與學位情形雷同，她們應該是修習教育，而以心理學爲重點，因而都獲得理學士。1920 年以後的留美女生，也有類似情形。

（二）1920-1927 年間赴美的女生

　　1920-1927 年間赴美女生中，修習心理學的，則有徐亦蓁、高君珊、陳懿祝、林平卿、郭興燕等。

　　徐亦蓁在 1922 年進入哥倫比亞大學師範學院，主修教育行政，副修心理學；次年夏獲得教育碩士後返國。〔註 165〕徐亦蓁（1894.1.5-1981.2.1），祖籍江蘇崑山；祖父是基督徒，在崑山主持教會工作 15 年。她的父親是詩人和作家，上海聖約翰大學歷史和文學教授。母親精通古典文學，曾任崑山浸禮會女子學校校長，組織孤兒院，管理鄉村衛生工作所與助產士訓練所等。徐亦蓁從小爲浸信會基督徒，幼年天資聰明，在父母嚴謹的庭訓下，讀中國四書五經及歷史。1901-1907 年就讀艾利茲學校。〔註 166〕1907-1914 年上中學，16 歲時畢業於上海晏摩氏女中，隨後 5 年，從事家庭教師的工作。1915 年金女大在南京成立，徐亦蓁報名就讀，主修歷史，副修心理學。該校第一年招收

〔註162〕不著撰人，〈書拾肆：逝世聖徒〉，中華續行委辦會編訂《中華基督教會年鑑》第六冊（1921），頁 264。
〔註163〕北京清華學校編，《遊美同學錄》（1918），頁 38-39。
〔註164〕清華大學同學會編，《清華同學錄》，特別生，頁 1。
〔註165〕徐振玉，〈吳貽芳的知心摯友——徐亦蓁〉，頁 3。
〔註166〕貝德士輯，〈中國基督徒名錄〉，頁 390-391。

11 名學生，讀完一年級的有 9 人，完成 4 年學程僅有 5 人，其中包括徐亦蓁、吳貽芳。她們成績優秀，都是學生自治會的負責人。1919 年五四運動爆發時，帶領全校 50 多位同學，在街上遊行，反對北洋軍閥政府在《巴黎和約》上簽字，並鼓動同學們罷課 2 週。徐亦蓁在 1919 年畢業金女大，獲學士學位後，應聘在南京國立高師中小學擔任英文、音樂教員；〔註167〕兼任東南大學女生訓導長 1 年，1920 年在北京女子師範學院讀書，同年應北京高等師範學校聘請，擔任英文及歷史教師。1922 年她獲得深造的機會，赴美就讀。〔註168〕

　　福建福州女子高君珊，大約 1894 年出生。〔註169〕她早年在上海愛國女校肄業，師從蔣維喬最久，自聖馬利亞女學畢業後，蟄居家中。當時蔣維喬在北京，特別爲她介紹至北京女子師範學校爲教員。高君珊接信而來，卻以學歷不勝爲辭。〔註170〕後來她從事文字工作，翻譯有〈泰西列女傳〉，刊在《婦女雜誌》卷 3 號 9-12（1917 年 6-12 月）；〈慈母類〉，登在同刊卷 4 號 9（1918.9）；還以「君珊」的署名，撰寫小說〈母心〉，登載同刊卷 4 號 12（1918.12）。1920 年代初已在北京女高師任教，1922 年自費留美，入哥倫比亞大學，又與北京女高師同事吳貽芳都獲得教育部選派的教授出國研究名額，同時於 1923 年 1 月發給學費。〔註171〕兩人均是留美第二年才改補官費。高君珊後來獲教育心理學碩士，1925 年返國。〔註172〕

　　此外，還有陳懿祝（福建海澄人，約 1899 年生）獲得西羅印大學學士，哥倫比亞大學教育學暨心理學碩士，1924 年左右返國。〔註173〕郭興燕（1901 年生，湖南常寧人）在 1920 年代中期獲得哥倫比亞大學教育學院碩士，主修教育心理。〔註174〕林平卿於 1931 年取得衛斯理女子學院文學士，主修心理學；1933 年繼續在密西根大學進修。〔註175〕至此可見有些學校將心理學歸入

〔註167〕〈金陵女子大學畢業生〉，《婦女雜誌》卷 6 號 1（1920 年 1 月），照片頁。
〔註168〕徐振玉，〈吳貽芳的知心摯友——徐亦蓁〉，見《金陵女兒》編寫組《金陵的女兒》，頁 3。
〔註169〕教育部編，《教育部專科以上學校教員名冊》第一冊，頁 211。
〔註170〕蔣維喬，〈高公夢旦傳〉，《教育雜誌》卷 33 號 18，頁 11、14。
〔註171〕《教育公報》第十年一期（1923 年 1 月），紀載，頁 8。
〔註172〕寰球中國學生會編，《寰球中國學生會民國十五年特刊》，頁 69-70。
〔註173〕教育部編，《教育部專科以上學校教員名冊》第一冊，頁 164，以及第二冊，頁 280；《廈門大學佈告》卷 3 期 2，頁 10。
〔註174〕清華大學同學會編，《清華同學錄》，頁 217。
〔註175〕同上書，頁 98。

人文學科，這想必是心理學的延伸應用，與人文學科接近所致。

五、其他相關學科

少數女生赴美習自然科學，但不能確知她們的主修學科。如 1924 年留美的高君韋、何彙蓮。何彙蓮原本申請赴美習文科，於 1924 年 8 月核准赴美。她抵美後，入衛脫華司大學習自然科學。〔註 176〕

高君韋（君偉）是福建長樂人，約 1900 年生，滬江大學畢業。1924 年 6 月她核准留美，入康乃爾大學，專習自然科學。〔註 177〕高氏是福州望族，詩禮傳家，歷代不乏高官，在長樂一帶「富甲一方」，有「高百萬」的稱號。她父親高鳳謙（號夢旦；1870.1.28-1936.7.23）有兄弟 3 人；長兄高鳳岐（歡同）為清末舉人出身，官居梧州太守。次兄高而謙（子益），留學法國巴黎大學畢業，精通法文，返國後曾任清末駐義大利公使、民初北洋政府外交次長，蜚聲外交界。高夢旦排行第三，中秀才後，無心於仕途；1901 年浙江大學堂選派學生 10 人赴日留學，他擔任留學監督，在日本考察一年多，認為日本因教育而興盛，其根本在小學，遂決定編輯小學教科書。返國後入上海商務印書館，曾任編譯所所長，著手設定編譯小學國文教科書的全部計劃。商務印書館後來成為中國近代出版史上第一家，也是規模最大的出版機構，他做為該館的元老，名聲比兩兄更大。〔註 178〕他娶妻邱氏，育三男（謹軒、仲洽、叔賀）四女（君珊、君遠、君韋、君箴），兒女長大，一律送入「洋學堂」就讀。故高君韋的長姊高君珊，先於 1922 年留學美國；〔註 179〕幼妹高君箴（1901 年生），依家族的大排行，被稱十四小姐，為上海著名的神州女校高材生，中英文俱佳；後嫁同鄉鄭振鐸（1898 年生）。〔註 180〕高君韋在美學習，也曾獲

〔註 176〕 寰球中國學生會編，《寰球中國學生會民國十五年特刊》，頁 35、37。

〔註 177〕 同上書，頁 35、40。

〔註 178〕 鄭爾康，《石榴又紅了──回憶我的父親鄭振鐸》，（北京：中國人民出版社，1998），頁 96-97；蔣維喬，〈高公夢旦傳〉，《教育雜誌》卷 33 號 18（1936年 10 月），頁 11、14。

〔註 179〕 高君珊曾就讀上海愛國女校，聖馬利亞女學畢業，蟄居家中，1917、1918 年間譯述多篇英文文章，刊登於上海《婦女雜誌》。後任教北京女高師。1925年哥大畢業返國，曾任國立東南大學教育教授。見賈逸君《中華民國名人傳》，附錄二，頁 42；蔣維喬，〈高公夢旦傳〉，頁 14；《婦女雜誌》卷 3 號5-8、卷 4 號 9 與 12（1917 年 5-8 月、1918 年 9 與 12 月）。

〔註 180〕 鄭振鐸出身低，家境窮。見鄭爾康《石榴又紅了──回憶我的父親鄭振鐸》，

得清華津貼。她的兄弟姐妹能接受中上教育，可以歸功於其父有開明思想，淡泊名利，重視子女教育。〔註181〕

第三節　修習農業與工程科學的留美女生

一、農　業

（一）1912-1919 年間赴美的女生

1914 年，有李美步在哥倫比亞大學攻讀農業經濟。李美步（又名美寶；〔註182〕英文名 Mabel）是廣東南海人，〔註183〕1897 年生。她父親李韜，爲前清舉人，曾任雲南財政廳長，〔註184〕後爲紐約基督教華人牧師，主持華埠晨星書館。1911 年李美寶在紐約，參加中國留紐學生會。〔註185〕1914 年她獲得廣東官費在美留學。〔註186〕先入哥大巴納德及師範學院就讀，〔註187〕以成績優異，再取得當時清華津貼的獎學金。〔註188〕由此可知她享受廣東省費的時間有限，但終於在 1921 年獲得哥大農事經濟博士，論文名稱爲 "The economic history of China, with special reference to agriculture." 是研究中國經濟史，特別關於農業方面的探討。同年刊載在該校的《歷史、經濟與公共法研究》（*Studies in History, Economics and Public Law*）卷 99 期 1（總期 225），共 461 頁。〔註189〕據說此書原由其父參閱中國古籍，編成中文原本的大綱，她據此以成英文的著作。〔註190〕

頁 93、97、104。
〔註181〕 清華大學同學會編，《清華同學錄》，「津貼生同學錄」頁 4。
〔註182〕 《中國留紐學生會年報》創刊號（1911 年 8 月），頁 3-4。
〔註183〕 〈津貼生同學錄〉，清華大學同學會編，《清華同學錄》，頁 2。
〔註184〕 陳炳權，《大學教育五十年（陳炳權回憶錄）》（香港：著者自印：1970），頁 1088。
〔註185〕 《中國留紐學生會年報》創刊號（1911 年 8 月），頁 3。
〔註186〕 〈東美中國學生會十齡紀念記事〉，《東方雜誌》卷 12 號 3，内外時報，頁 26-27，謂 1914 年在美就學；朱毓祺，〈胡適眼中的聖女——李美步博士〉，《歷史月刊》1999 年 4 月號，頁 94，謂李美步於 1913 年赴美入哥倫比亞大學。
〔註187〕 "Alliance and Sectional Officers", *The Chinese Students' Monthly,* Vol. 10, No. 1（Oct., 1914），p. 55.
〔註188〕 清華大學同學會編，《清華同學錄》，「津貼生同學錄」頁 2。
〔註189〕 Tung-li Yuan, compiled, p. 35.
〔註190〕 陳炳權，《大學教育五十年（陳炳權回憶錄）》，頁 1088。

（二）1920-1927 年間赴美的女生

1920-1927 年間的留美女生中，僅有沈驪英 1 位。沈驪英由於在衛斯理女子學院畢業以前獲得母親手諭，內附父親遺囑，想要子女有一人學農，研究糧食生產，以繼其志。她母親交代由她承擔此事，她對母親最為敬愛，遂遵命研究農業，在 1927、1928 年夏季入康乃爾大學，師從洛夫（H. H. Love）教授研習作物育種學。1929 年夏畢業，同年秋取道歐洲返國。洛夫也曾是日後成為她丈夫沈宗瀚的主科教授；1925 年 4 月由康乃爾派遣來華，主持作物育種改良 1 年。〔註 191〕

二、園藝學

陳潔如（1906-1971），乳名阿鳳（音譯），浙江鎮海人，父親陳學方為紙商，母吳氏為蘇州人，家境小康，是上海愛國女校肄業，任教小學。由於好友朱逸民嫁給張靜江，常到張家，因而結識蔣介石，受到追求。1921 年 12 月 5 日年僅 15 歲的她，由張靜江證婚、戴季陶主婚，在上海嫁給蔣介石，為其第二任妻子。然而，好景不常。1927 年蔣以國民革命軍總司令北伐底定長江，成為中國政局的重要人物，6 月底往訪宋家，宋美齡推崇他為英雄。她大姊宋藹齡又從中拉攏，欲撮合成婚。7 月 30 日蔣寫信給張靜江，請求設法讓陳潔如出國赴美，學習 5 年。1927 年 8 月 19 日陳潔如在上海新關碼頭，由張靜江的長女張蕊英、五女張蒨英陪同赴美。陳潔如與大她六歲的張蕊英較親密，多與其說話、商量。〔註 192〕她們搭乘傑克遜總統號豪華輪船赴美。她在同年 10 月 2 日給好友朱逸

〔註 191〕 沈宗瀚，〈亡妻沈君驪英行述〉，頁 264；見沈君山、黃俊傑編《鍥而不捨》（台北：時報文化出版公司，1981），頁 81；《中華留學名人辭典》編委會，《中華留學名人辭典》，頁 344-345。

〔註 192〕 張蒨英是浙江人，1910 年在法國出生。1917 年隨父親張靜江自法國舉家遷居紐約，在紐約接受教育，不久母親因車禍去世，1919 年 42 歲的張靜江在上海續絃，娶 17 歲的朱逸民。1923 年，張靜江的五個女兒回到上海，長女張蕊英（Teresa；23 歲）、次女張芷英（Ioline；21 歲）、三女張蘭英（Suzannie；19 歲）、四女張荔英（Jeogeit；17 歲）、五女張蒨英（Helen；13 歲）。張蕊英曾到中西女校任教；張荔英酷愛繪畫藝術。張芷英、蘭英與蒨英不諳中文，聘一位楊先生來家裡教讀中文。見董更安，〈陪陳潔如赴美：張靜江幼女林可勝夫人張蒨英話當年〉，《傳記文學》卷 46 期 6（1994），頁 51-52；《傳記文學》卷 55 期 2，頁 41-42；陳潔如，《陳潔如回憶錄全譯本》上下冊（台北：傳記文學出版社，1992），頁 7-13、56、411-412。

民（張靜江的繼室）的信中，自稱她奉命求學。〔註193〕陳赴美是奉蔣的旨意離開中國，名爲留學，實已被棄。

陳潔如在美 6 年，初受婚變影響心情，又怕碰到熟人，後來苦學英文，請私人老師來家中補習。〔註194〕她在美國的前 2 年，經常寫信給朱逸民，告知學習生活。如 1927 年 11 月中，提到她已找到一位英文教員，每日學習 1 小時課，希望次年 1 月能應試進校讀書。她急於要爭一口氣給外國人看。1928 年 2 月初，她已進學校，該校教員暨同學們，都待她和藹，不致感覺作新生的痛苦。這應該是入紐約哥倫比亞大學師範學院就讀，且取英文名 Jean。但她 9 月 18 日她在信中提起學校開學，忙著讀書，但還看不懂外文報，在美很感隔膜，不知何時能從大學畢業，實在想回家，也很想聽到中國的近況，希望朱逸民寫信說一些。1929 年 2 月 11 日她在信中說起當時忙著讀英文書，數量很多，不可開交。4 月 12 日的信，她說因有英文課，每天還要備課，因此較無空暇寫信。她想這一年選定學校，學成一個專業，就要回國。這透露她當時似乎已從哥大輟學。同年 8 月 28 日的信，她決定下學期去一女子專門學校學園藝；又因英文不太好，沒有學校承認，而美國移民局不准護照再展期，非與張荔英出境不可，且不能換學生護照。〔註195〕

1929 年 9 月，陳潔如決定獨自進入另一所學校。那就是張蒨英所憶述的陳潔如到賓州的學校念園藝學（Ambler Pennsylvania School horticulture）。〔註196〕10 月 13 日的信，她提到離開紐約已一個月，在新學校所學功課大多是實驗；實習時她和同學們常採顆蘋果在手中，邊吃邊工作，同學也多相愛，覺得愉快。該校學生一共只有 40 餘名，彼此熟稔。前一週功課重大，多數同學因工作太多而睏倒在床，但她還算幸運，沒受妨害。她在 1930 年 2 月 10 日的信，說當時

〔註193〕王曉華，〈陳潔如在海外生活錄〉，《南京社會科學》總第 60 期（1994 年 2 月），頁 36-42。

〔註194〕董叟安，〈陪陳潔如赴美：張靜江幼女林可勝夫人張蒨英話當年〉，頁 51-52；唐德剛序，〈私情的感念和職業的道義〉，見陳潔如《陳潔如回憶錄全譯本》上冊，頁 4。

〔註195〕王曉華，〈陳潔如在海外生活錄〉，頁 39。

〔註196〕同上註；1927 年，張蕊英入哥倫比亞大學學院；17 歲的張蒨英到紐約後，在一所服裝設計學校就讀。她自小喜歡穿著打扮，走在時代前端，至此實現理想。1931 年返國。惟張蒨英回憶陳潔如入園藝學校的時間是 1930 年。參見董叟安〈陪陳潔如赴美：張靜江幼女林可勝夫人張蒨英話當年〉，頁 52。此處採王曉華的說法。

所學功課比別的學校大不相同。因實習課程頗多，到晚上四肢疲憊，但對身體終歸有益，她感覺比以往加倍強壯。1931 年 6 月 27 日的信，她說這年夏天可從學校畢業，但尚未決定何日回家；想在此多得些學識，以便自立事業。〔註 197〕從上述陳潔如的信看來，她苦修英文，學習養蜂、園藝，並未習教育學或獲取碩士學銜，〔註 198〕至 1933 年返國。〔註 199〕總計她留美 6 年，在失落與收穫之間，想來是「一言難盡」，不勝唏噓！

三、營養學

（一）1912-1919 年間赴美的女生

第二批清華女生黃桂寶（桂葆），1897 年生，江西德化（後併入九江）人；〔註 200〕1916 年 9 月抵美，入布拉佛學院文科，1917 年畢業；同年再入史密斯女子學院（Smith College）肄業。1919 年入芝加哥大學，專攻家政學的飲食治療，1921 年獲哲學士（Ph.B.）返國。〔註 201〕

（二）1920-1927 年間赴美的女生

此期間，有嚴彩韻、孫芝淑、李淑香、陳美愉、龔蘭珍、何靜安等主修營養學；其中公費生只有龔蘭珍，餘為私費生。

龔蘭珍，字蘭真，江蘇上海人，1904 年生，燕京大學畢業。〔註 202〕考取清華專科女生留美。她是 1927 年清華專科女生第七批也是最後一批赴美，入哥倫比亞大學，主修營養學，於 1932 年獲哲學博士。〔註 203〕論文是有關某些補血產品對身體的鐵質影響；題目名稱為"The influence of some nutrients on hemoglobin production and the iron content of the body."。〔註 204〕龔蘭珍僅以 5

〔註 197〕王曉華，〈陳潔如在海外生活錄〉，頁 39。

〔註 198〕同上文，頁 40；陳潔如著，《陳潔如回憶錄全譯本》下冊，頁 458。

〔註 199〕劉紹唐，〈關於「陳潔如回憶錄」與「提供者」及「譯者」〉，頁 41-42。

〔註 200〕不著撰人，〈女青年會全國協會的幾位委員〉，《女青年》卷 13 期 8，插圖頁 2，謂黃桂葆為江西德化人；清華大學同學會編，《清華同學錄》，頁 166，謂黃桂葆為江西九江人。

〔註 201〕房兆楹，《清末民初洋學學生題名錄初輯》，頁 191；*Who's Who in China: Biographies of Chinese Leaders,* p. 22.

〔註 202〕《教育雜誌》卷 26 號 12，頁 140，以及卷 25 期 12，頁 142。

〔註 203〕國立清華大學校長辦公室編，《清華同學錄》；《教育雜誌》卷 26 期 12，頁 140。

〔註 204〕Tung-li Yuan, compiled, 1961, p. 122.

年時間攻讀而取得博士，可知她的學習成就相當優秀。

李淑香於 1923 年 5-6 月核准赴美。她是燕京大學肄業，曾在協和醫院服務，欲習專門飲食衛生學術科；由誼羅氏駐華醫院資助學費，她的老師協和醫科大學校長胡恆德作保證人。〔註205〕

1921 年自費留美的嚴彩韵（Daisy Yen Wu；1902-1993），祖籍浙江慈谿；1902 年 6 月 12 日生於上海。祖父嚴信厚（筱舫，1838-1906）曾入李鴻章幕，歷任保道員，後以經商聞名中國，〔註206〕爲寧波籍富商，創辦「上海總商會」，被推爲第一任會長。父嚴子均（1872-1930），繼承父業與家產，曾任職農工商部，繪畫、書法頗有造詣，爲藝術鑑賞家。他作風開明，重視子女的教育。母楊麗芬（1879-1943）爲虔誠的基督徒。嚴彩韵生長在溫馨而富文化氣氛的大家庭，在 12 個孩子中，排行第六；且爲長女，下有 3 妹。〔註207〕她自懂事起，由一位學識淵博的堂伯指導，學習中國古典文學。年幼聰慧的她，4 歲左右，就顯出不凡的計算才能。一次，她隨家人上街購物，適逢店家以 9 折銷售商品給客人，她向店家要求 8 折，後經折衝，店家打 85 折成交。她就以心算，說出應負金額 6.75 元，與店家所報金額一分不差。此事讓在場的大人驚訝，親友傳爲佳話，譽稱她爲「千里駒」。她 6 歲時，父親決意讓她接受新教育，送去中西女塾附小就讀；小 1 歲的妹妹嚴蓮韵也一起入學。〔註208〕

嚴彩韵是名教育家嚴範孫的姪女。〔註209〕1913 年隨家遷往天津，經過家庭教師一年半的輔導，學習天津方言，於次年考入天津中西女校（Keen School）。她每年都考全班第一。每逢寒暑假，又去學校補習，以增加學分。4 年內讀完 6 年的中學課程。1917 年 6 月提前畢業。不久，嚴彩韵獲得父親允許，考入當時中國唯一的女子大學——南京金陵女子大學，年僅 15 歲。一年

〔註205〕 《教育公報》第八年十一期，紀載，頁 15。
〔註206〕 李盛平，《中國近現代人名大辭典》（北京：中國國際廣播出版社，1989），頁 284。
〔註207〕 曹育，〈最早在國內從事化學研究的女學者——吳嚴彩韵〉，《中國科技史料》卷 16 期 4（1995）頁 35；嚴蓮韵，〈我的大姊、營養學家——嚴彩韵〉、李葆眞，〈愛母校至深至長的嚴蓮韵〉，見《金陵女兒》編寫組《金陵的女兒》，頁 25。
〔註208〕 嚴蓮韵，〈我的大姊、營養學家——嚴彩韵〉，以及李葆眞〈愛母校至深至長的嚴蓮韵〉，頁 25-26、34-37。
〔註209〕 吳景略，〈生物化學家吳憲的生平事略〉，中國人民政治協商會議天津市委員會文史資料研究委員會編《天津文史資料選輯》輯32（1985 年 6 月），頁 87。

後，以全班第一的優異成績，獲得「理事獎學金」。這是發給新生的最高榮譽獎。她將獎學金捐給金女大附小，使其教學走上正軌。每年放假回家，常和其妹說起金女大教師治學嚴謹，學生勤奮好學等事，使得嚴蓮韵後來捨近求遠，原想就近去北京讀燕京、清華等收女生的大學，轉而遠去南京就讀金女大。雖然南京比起天津諸多方面條件差，但「既來之，則安之」，她倆住同寢室 3 年，嚴蓮韵深受她的影響。日後她倆所想所作都有默契，也樂於討論一些重大問題，意見也大致相同。〔註210〕

　　嚴彩韵於 1921 年入金女大的姊妹校──波士頓史密斯大學，專修食品化學和營養學。1922 年夏，她爲學習更多的知識，利用暑假去芝加大學，選讀生理化學和營養學等 3 門學科，成績均得 A。同年秋入哥倫比亞大學，由食物化學權威謝爾曼（Henry C. Sherman；1875-1955）與羅斯（Mary Swartz Rose）指導，研究食品化學和營養，特別是國際上剛起步的維生素。當時，人們只認識維生素 A、B、C。謝爾曼對食物的維生素含量，發展出定量學分析方法。嚴彩韵心靈手巧，在謝爾曼的實驗室工作出色，深得導師讚賞，1923 年 5 月獲得化學碩士，年僅 21 歲。1923 年初，亞洲一流的醫學院「北京協和醫學院」（Peking Union Medical College; P.U.M.C.）要物色高材生返國任教，哥大推薦她，洛克菲勒基金會的駐華醫社（the China Medical Board）對她的成績很滿意，聘爲 1923-1924 年度生物化學系助教。1926 年暑假，金女大畢業生張肖梅申請入芝加哥大學攻讀碩士。校方不確知她的程度，初未接受。但 2 周後，芝大回信表示願意接受，理由是稍早嚴彩韵在芝大修課的成績優異。〔註 211〕可見金女大的教學水準高，加上嚴彩韵的優異成績，獲得美國一流學府認可。

　　浙江紹興女子陳美愉，約 1900 年生；1919 年上海女青年會體育師範學校第二期畢業；再入金女大進修，1920 年獲文學士，曾任女青年會體育師範科

〔註210〕嚴蓮韵，〈我的大姊、營養學家──嚴彩韵〉，頁 26，嚴蓮韵於 1924 年金女大畢業，任教上海中西女校，1932 年嫁給徐亦蓁的弟弟（留美密西根大學，與吳貽芳同學），育有 3 個子女。又謂嚴彩韵移居天津後，1913 入中西女中，4 年完成中學課程；但據曹育，〈最早在國內從事化學研究的女學者──吳嚴彩韻〉，頁 36，嚴彩韵是經家庭教師一年半的輔導，學習天津方言，於次年考入天津中西女校，3 年便完成中學全部課程。

〔註211〕曹育，〈最早在國內從事化學研究的女學者──吳嚴彩韻〉，頁 36-37；嚴蓮韵，〈我的大姊、營養學家──嚴彩韵〉，頁 26-27；浦熙修，〈中國女經濟學專家張肖梅女士訪問記──不願爲了「家」而放棄「著述」〉，頁 13-15。

教員 4 年，1926 年秋留美。〔註212〕中華女青年會鼓勵其教職員出國深造，規定服務滿 6 年可休假 1 年，並有機會出國進修，她可能循此規定留美。〔註213〕1926 年秋入哥倫比亞大學研究，獲碩士返國，專長衛生教育、營養學。〔註214〕1928 年左右返國。

此外，也有女生以營養學爲輔修。如安徽合肥女子孫芝淑（宇之淑，約 1902 年生），1922 年 9 月由教育部核准留美習家政；1923 年金女大畢業留美。〔註215〕後獲得哥倫比亞大學家政與營養學碩士。〔註216〕還有何靜安於 1924 年 9 月赴美，主修家政學，返國後在大學任教，抗戰前著有《營養學》等書，由商務印書館出版。〔註217〕可見她也輔修營養學。何靜安是奉天開原（遼寧新民）人，大約 1902 年出生；〔註218〕北京燕京大學畢業，〔註219〕自備 6 千元赴美。燕大在 1926 年才有第一屆家政系畢業生，〔註220〕因此，她留美以前，並非主修家政，有可能主修理科。

二、工程科學

（一）化學工程

酆雲鶴是 1899 年 1 月 29 日生於山東利津縣莊科村一貧寒家庭。〔註221〕

〔註212〕金陵女子文理學院辦公室編，《金女大大事記》，頁 54，陳美愉於 1920、1921 年的畢業生名單均出現，不知是否爲同一人。此處採 1920 年畢業者：安珍榮，〈中華基督教女青年會研究〉，頁 250-a；*Directory of Chinese University Graduates and Students in America, 1946-47*（New York: China institute in America, 1947），p. 11.

〔註213〕施葆眞，〈一段難忘的經歷〉，見《金陵女兒》編寫組，《金陵的女兒》，頁 68。

〔註214〕安珍榮，〈中華基督教女青年會研究〉，頁 250-a；教育部編，《教育部專科以上學校教員名冊》第一冊，頁 241。

〔註215〕金陵女子文理學院辦公室編，《金女大大事記》，頁 54。

〔註216〕教育部編，《教育部專科以上學校教員名冊》第一冊，頁 259。

〔註217〕不著撰人，〈編後餘談：本期作者履歷現狀介紹〉，《教育雜誌》卷 26 號 12，頁 140-141。

〔註218〕王煥琛編著，《留學教育》第三冊，頁 1624-1625、1628；寰球中國學生會編，《寰球中國學生會民國十五年特刊》，頁 35、38-40。

〔註219〕不著撰人，〈編後餘談：本期作者履歷現狀介紹〉，《教育雜誌》卷 26 號 12，頁 140。

〔註220〕陳意，〈回憶燕京大學家政系〉，頁 42。

〔註221〕羅先哲，〈情繫雲絲——記著名苧麻纖維專家酆雲鶴〉，《縱橫》1995 年第 2 期，頁 26；英文《中國婦女》編著，《古今中外婦女人物》下冊（石家莊：河北人民出版社，1986），頁 564-565；中國婦女管理學院編，《古今中外女

6 歲時，一場大水災，淹塌她家房屋，迫使她一家從利津縣流浪到泰安縣，再轉轉落腳於濟南。父親酆江在濟南開設小木匠舖，仍不足維生。因生活所迫，她 8 歲時給有錢人當丫頭，除了掃地、煮飯、擦桌椅等事，還要侍候比她大幾歲的東家小姐。武昌起義成功，民國改元，13 歲的酆雲鶴受時代思潮影響，也想要讀書，央求東家小姐每天教她認識一個字，卻被取笑斥責，憤而跑回家，向母親吵著要上學。後來她病倒，淋巴結紅腫，化膿潰爛，身體日漸瘦弱，幸得一好心醫生贈送一些草藥，使病情好轉。後來她母親想盡辦法，讓她進一所免費學堂。這時已 15 歲的酆雲鶴，才有機會上學。她雖然吃粗糧麵窩窩，喝酸豆腐水熬的漿汁，臉上卻出現笑容。每天清早，從城東跑到城西的醫院換藥，再趕到學校上課，但從不遲到；晚上服事患腿痛的母親睡著後，就在床頭點一盞小油燈溫習功課。〔註 222〕

　　儘管酆雲鶴比班上同學高出一個頭，經常受到嘲笑，卻不介意，每次考試總是第一名。憑著驚人的毅力與才智，從一年級跳到三年級，從三年級跳到五年級，3 年間讀完小學 8 年的課程，至 19 歲以優異成績考入濟南女子初級師範學校本科。該校國文教師王翔千利用教學機會，向女學生傳播新思想、新文化，從《新青年》、《覺悟》等新潮刊物上，選取文章油印出來，發給她們閱讀。〔註 223〕想見酆雲鶴受此影響，逐漸確定西方文化「科學」與「民主」的優點，值得學習。次年，她積極參加 1919 年反傳統與帝國主義的「五四」運動，畢業前拒絕家裡給她安排的婚事，決心報考北京女高師。

　　爲了準備考試，她找到學校一間堆放雜務的破房子，還有一張大板凳，白天當課桌，晚上當床睡，把自己反鎖在裡面當作囚犯。她下定決心把四年的功課複習好，讓幾個要好的同學每天把飯從窗口遞給她。她每天起早睡晚，無視於屋裡的悶熱、潮濕、蚊蟲咬。整整 1 個月苦讀，足不出戶，終於以山東省第一名的好成績，於 1922 年考進北京女高師理化科。此後，生活更加艱苦，白天用功學習，晚上教「家館」，給有錢人家的子弟補習功課，賺點學雜費。她自己縫鞋做衣，穿著不合時的粗布衣，常被誤爲進城幫工的老媽子，

　　　　名人辭典》，頁 84、85，均謂酆雲鶴生於 1899 年；惟華夏婦女名人詞典編委
　　　　會編，《華夏婦女名人詞典》，頁 1122，謂酆氏生於 1900 年 1 月。此處從前
　　　　三者說法。
〔註 222〕 羅先哲，〈情繫雲絲——記著名苧麻纖維專家酆雲鶴〉，頁 26；羅先哲，〈用
　　　　草製雲絲的女專家酆雲鶴〉，北京《炎黃春秋》2003 年第三期，頁 60。
〔註 223〕 羅先哲，〈用草製雲絲的女專家酆雲鶴〉，頁 60。

不以爲意。4 年後，即 1926 年以優異成績畢業。由此可見她出身貧苦人家，生活條件艱苦，卻「人窮，志不窮」，把握遲來的上學機會，迎頭趕上。酆雲鶴爲求深造，決心出國留學，1927 年考取官費赴美。〔註224〕留美女生大都家境優裕，但很少有像她這樣家境清寒，卻努力向學，考取官費出國深造，誠爲「有志者事竟成」的範例。

　　酆雲鶴留美 5 年，先在俄亥俄州立大學（Ohio State University）化學工程系攻讀。開學前，學校按慣例帶領新生到工廠、研究單位，參觀學習一個月。活動緊張、辛勞，連男生都感到吃力，酆雲鶴卻毅然參加。整整一個月，跑了四個州，每天活動十多小時，上下幾十層樓，還要長途步行。她的腿紅腫，難以穿鞋，但從不叫苦喊累，也未耽誤一天，令外國人對她刮目相看。她勤奮學習。一般學生一學期至多選兩門實驗課，她卻選修化工、有機定性分析和定量分析三門很重的實驗課。且在 1 年後，即 1928 年取得碩士。1929 年夏季，天氣悶熱，只有酆雲鶴還在實驗室做實驗。該校研究院長來到，看見這位中國姑娘既瘦小又汗流浹背，唯恐她缺乏休息，有害健康，就要她停止實驗，否則取消她的實驗成績。酆雲鶴懇切表明自己不怕苦，只想盡快完成學業，能以科學救中國，使得院長頗受感動。〔註225〕1931 年，酆雲鶴獲得同校博士，論文題目爲"Clarification of sugar by aluminum tannate."，〔註226〕是有關用鋁單寧酸鹽製糖的研究。以此特殊發現，她成爲俄亥俄州第一位取得化學工程博士的女生，也是第一個拿到化工博士學位的中國女留學生。〔註227〕許多公司和學校想以重金聘用她，甚至美國一所大學以年薪 6,000 元的優厚待遇，聘請她去教化學。但她以吟唱一首〈甜蜜的家鄉〉歌曲，表示心繫貧窮落後的祖國而婉拒，次年毅然回國。美國友人認爲她回國，才華會被埋沒，對她放棄優厚待遇難以理解，卻也只有尊重。〔註228〕

〔註224〕同上，頁 26-27。
〔註225〕羅先哲，〈情繫雲絲——記著名苧麻纖維專家酆雲鶴〉，頁 27；惟華夏婦女名人詞典編委會編，《華夏婦女名人詞典》，頁 1122，謂酆雲鶴於 1927 年獲得碩士。此處從前者說法。
〔註226〕Tung-li Yuan,compiled, 1961, p. 119.
〔註227〕中國婦女管理學院編，《古今中外女名人辭典》，頁 84-85；華夏婦女名人詞典編委會編，《華夏婦女名人詞典》，頁 1122；中華留學生名人辭典編委會，《中華留學名人辭典》，頁 753-754；廖蓋隆主編，《中國人名大詞典——當代人物卷》，頁 2185。
〔註228〕羅先哲，〈情繫雲絲——記著名苧麻纖維專家酆雲鶴〉，頁 27。

（二）建築學與美術設計

攻讀建築學科的留美女生林徽因，於 1924 年 6 月以考取清華留美津貼，為「半費生」，直到 1927 年為止。〔註 229〕她是福建閩侯人，1904 年 6 月 10 日生於杭州；本名徽音，出自《詩經‧大雅‧思齊》：「思齊大任，父王之母。思媚周姜，宗室之婦。大姒嗣徽音，則百斯男。」乳名寶寶、徽徽。〔註 230〕留學英美時，先後取名 Phylins（菲利絲）、Whei（徽）。〔註 231〕祖父林孝恂（字伯穎）為清光緒己丑科（1889）進士，曾任翰林與浙江金華、孝豐、石門、仁和等知縣與海寧知州。祖母游氏（1911 年病逝），育 5 女（次女以外，依序為澤民、嫄民、丘民、子民）2 子。長子長民（字宗孟，1876-1925）即林徽因的父親，兩度留日早稻田大學（1906、1909）主修法政；次子天民，1887 生。林孝恂能接受西方新思想，曾在杭州辦家塾，分國學與新學兩齋，聘林紓、林白水為主講，教育子侄；〔註 232〕並參加孫文領導的革命運動，資助二子與族侄林覺民、林尹民（廣州黃花崗革命烈士）等青年赴日留學。他們都善詩文、書法。林徽因的生母何雪媛（1882-1972）為側室，出身浙江嘉興富商家，〔註 233〕幼即纏足，生子女各二。林徽因為其僅存的孩子，算是長女，最受祖父與父親疼愛。〔註 234〕她自幼生長在傳統的名門大家庭，與生母、祖父母、姑母及其子女，先後同住在杭州陸官巷與察官巷。她與表姐王孟瑜（大姑丈王永昕之女；大她 8 歲）、鄭友璋（早逝的二姑所生獨女）最要好。她因生母不識字，5 歲時由年長其父 3 歲的大姑母啟蒙；所學唐詩和宋詞等，多能強記誦讀。6 歲時，父親學成返國，參與立憲運動，任福建諮議局書記長；武昌起義後，轉赴滬寧與北京等地宣傳革命。當時她才 6、7 歲，已能幫家人代筆給父親寫家信等，因而常獲父親歡心，賞以果玩等。

〔註 229〕 清華大學同學會編，《清華同學錄》，頁 101。

〔註 230〕 可止，〈空谷回音〉，梁從誡編《林徽因文集：文學卷》（天津：百花文藝出版社，1999），頁 450。

〔註 231〕 Wilma Fairbank, *Liang and Lin—Partners in Exploring China's Architectural Past*, p. 24.

〔註 232〕 陳鍾英、陳宇，〈建築學家、詩人林徽因〉、〈林徽因年表〉，見氏編《中國現代作家選集——林徽因》（香港：香港三聯書店與人民文學出版社，1990），頁 301-341。

〔註 233〕 陳學勇，〈關於林徽因小傳的一些補充——林微音林徽音女男有別並非一人〉，《傳記文學》卷 59 期 5，頁 74-75；林杉，《林徽因傳：一代才女的心路歷程》，頁 7。

〔註 234〕 Jonathan Spence, "Forward", in Wilma Fairbank, pp.II, 11.

〔註235〕

　　1912年春，她父親任南京臨時政府參議院祕書長；旋在上海與湯化龍等發起「共和建設討論會」，擁梁啓超爲首。於是她隨祖父移居上海虹口，同表姐妹入讀附近的愛國小學2年級。次年，她父親轉任國務院參事，全家再遷北京；僅她留滬陪祖父，直到1914年祖父病逝後，才上北京與父母團聚。時父親盼得子傳承香火，已於1913年在福建娶妾程桂林（上海人），育有一女（燕玉）四子（桓：1915生）、（恆：1916生）、（暄：1918生）、（暄：1920生）。〔註236〕姨娘與子女5人住在北京家的前大院；她與母親則住後邊新院。生母對二娘的心懷嫉恨，使她的生活蒙上陰影，日後影響她的婚姻觀，不喜舊觀念，要追求獨立自主。〔註237〕1916年，她與表姐妹進英國教會所辦的培華女中，習英文等新學；漸萌對繪畫、雕刻與戲劇的愛好。不久，父親反袁帝制，將家人遷往天津英租界。因家人弱病，12歲的她承擔大部份的家務。次年，張勳復辟期間，父親去南京，家人再遷天津自來水路；她獨留北京看家，至父親出任段政府司法總長（1917.7.17-11.15）；家人才返居北京雪池胡同。1918年，父親卸職不久，又與湯化龍、藍公式赴日遊歷；她爲排遣寂寞，自編一本字畫目錄。〔註238〕從她少女時代的家庭生活，隱約可見舊式富家女子的煩悶生活，進入新時代轉型期，始有機會受新教育而能自我抒解。

　　林徽因於1924年留美，此前已有出洋讀書的經驗。那是在1920年4月，16歲的她伴隨父親赴英；7月，再隨赴巴黎、日內瓦、羅馬、法蘭克福、柏林與布魯塞爾等地旅行。9月返居倫敦，以優異成績考取倫敦聖瑪莉學院（St. Mary's Collegiate School），入中學兩年，英語進步很快。在英倫期間，林長民是中國駐英國際聯盟協會（League of Nations Union）主任；她做爲家務幫手，會見不少客人，藉此結識一些名作家，如韋利（Arthur Waley）、威爾斯（H. G. Wells）、哈代（T. Hardy）、福斯特（E. M. Forster）、曼斯菲爾德（Katherine Mansfield）、B・羅西爾等，並進入他們的社交圈。〔註239〕這些社交活動的影

〔註235〕陳鍾英、陳宇，〈建築學家、詩人林徽因〉、〈林徽因年表〉，頁325。
〔註236〕同上註，頁325-326；費慰梅著，曲瑩璞、關超等譯，《梁思成與林徽因——對探索中國建築史的伴侶》，頁12。
〔註237〕Wilma Fairbank, pp. 10-11, 16；梁從誡，〈倏忽人間四月天——回憶我的母親林徽因〉，頁248-278。
〔註238〕梁從誡編著，《林徽因文集：文學卷》，頁416，照片圖4。
〔註239〕Jonathan Spence, "Forward", in Wilma Fairbank, pp. II, 11；陳鍾英、陳宇，〈建築學家、詩人林徽因〉、〈林徽因年表〉，頁327。

響，不下於學校教育，使她日後能以詩文創作、喜與友茶會敘談，偏愛拜倫的詩文等。〔註240〕1921 年初，她初識父親的好友徐志摩。徐於 1920 年 9 月 20 日由美轉來劍橋大學爲研究生；常到離劍橋 6 公里的沙士頓鎮（Sawston）林家吃午茶，並引導她由欣賞而愛好濟慈（Keats）、雪萊（Shelley）、拜倫（Byron）與吳爾芙（Virginia Woolf）等人的詩歌與戲劇文學作品。不久，她與已婚的徐志摩因相處日多生情。林父遂決定結束講學，儘快返國。8 月，她受邀與好友黛絲・柏特烈全家，前往倫敦南部的布萊頓海邊避暑 20 天；泳技大進。10 月 14 日，隨父由法國搭船「波羅加號」回國。同年 11、12 月間返抵上海，由梁啓超派人接回北京。〔註241〕

　　林徽因由於這次留英機會，而選定「建築」作爲終身事業。她第一次產生學習建築的夢想，是在遊歐旅途中受到現代西方的古典藝術啓發。她感到中國需要一種能使建築物數百年不朽的良好建築理論。〔註242〕她因父親與梁啓超、汪大燮組「講學社」，忙於外務，而常獨守寓所，在擔任建築師的女房東鼓勵指導下，遂對繪畫和建築愈感興趣。同時，林徽因對好友黛絲・柏特烈能以數小時在畫板上畫好房子，相當歆羨；又聽她說明建築業是結合日常生活的藝術創造和實際用途，決志將來要學「建築」。〔註243〕她既實現父親在家書中曾提到要帶她出國的三個初衷：「第一要汝多觀覽諸國事物，增長見聞。第二要汝近我身邊，能體會我的胸次懷抱……三要汝暫時離去家庭煩心生活，俾得擴大眼光，養成將來改良社會的見解與能力。」〔註244〕後更引導熱愛繪畫的梁思成（1901-1972）一道學建築。據梁自述：「我第一次去拜訪林徽因時，她剛從英國回來，在交談中，她談到以後要學建築。我當時連建築是什麼還不知道，徽因告新我，那是包括藝術和工程技術爲一體的一門學科。因爲我喜歡繪畫，所以找她選擇了建築這個專業。」〔註245〕

〔註240〕梁從誡編著，《林徽因文集：文學卷》，頁 13-15；梁錫華編譯，《徐志摩英文書信選》（台北：聯經出版公司，1979），代序，頁 8，謂林徽因曾赴蘇格蘭就讀，恐不確。

〔註241〕Wilma Fairbank, pp. 12-14；梁從誡編著，《林徽因文集：文學卷》，頁 28-29、37。

〔註242〕比林斯《蒙塔納報》（1926.1.17），引自費慰梅著，曲瑩璞、關超等譯《梁思成與林徽因——對探索中國建築史的伴侶》，頁 27。

〔註243〕梁從誡編著，《林徽因文集：文學卷》，頁 17。

〔註244〕陳鍾英、陳宇，〈建築學家、詩人林徽因〉、〈林徽因年表〉，頁 327。

〔註245〕林洙，《大將的困惑——我與梁思成》（北京：作家出版社，1991），頁 29；

　　她返國後，仍進培華女中讀書。不久，父親重提她的婚事；對象是她 14 歲時，由長輩「正式介紹」的梁啓超長子梁思成。1922 年，林 18 歲，梁 21 歲；林梁作為兒女親家，兩人的婚事已有成言，但尊重梁啓超指示在訂婚之前，必須完成學業，而未正式下聘。〔註246〕惟徐志摩仍企圖挽回林徽因。1922 秋，他趕赴柏林與元配張幼儀離婚，並儘速返國，作一番告白，其中宣稱「我將於茫茫人海中訪我唯一靈魂之伴侶；得之，我幸；不得，我命。」〔註247〕林幾經考慮，以生母的遭遇，加上兩位姑母的反對，認為嫁徐作塡房對她名聲不佳，因而做出明智抉擇。〔註248〕

　　林、梁原訂於 1923 年夏各自從培華女中與清華大學畢業後，相偕留美。但一場意外車禍，使計畫延後一年。那是梁在 1923 年 5 月 7 日上午 11 時左右，騎著長姊梁思順（1893-1966）新送的戴維遜牌（Haney-Davidson）摩托車，載二弟思永（1904-1954），由南長街的家趕赴紀念「五七國恥」的抗日示威遊行隊伍，當南行轉進東西向的長安街時，被軍閥金永炎的大轎車從側面撞上，梁思成被壓在車下，造成股骨複合性骨折。當時梁住院 8 週，時值初夏炎熱，常只穿背心式汗衫；林每天下午到醫院探視，坐在病床邊，對他談笑或安慰，偶而擰手巾幫他擦汗。兩人雖加速建立「親密的友情」，但出身舊官家的梁母李蕙仙，看不慣她這般「現代女性」少有羞澀的表現，致使婚事受到延宕。唯梁啓超感激她幫忙記錄他口述給長女思順的信，仍對她堅定支持。〔註249〕大約同時，她考取清華留美津貼。此時期清華「半官費」生，赴美前可先在國內報考，不需等留美一年後成績優異才申請。

　　至於林徽因留美兼學美術設計，係源於她也喜愛文藝。她在 1924 年赴美以前，持續寫作，與表姊王孟瑜、曾語兒，參加徐志摩主辦的「新月社」活

　　　　Wilma Fairbank, pp. 24, 27.

〔註246〕陳鍾英、陳宇，〈建築學家、詩人林徽因〉、〈林徽因年表〉，頁 301-341；作林徽因與梁思成初識於 1918 年；Wilma Fairbank, p. 16，則作兩人「正式」認識於 1919 年。

〔註247〕梁從誡編著，《林徽因文集：文學卷》，頁 45；關志昌，〈民國人物小傳：林徽因〉，《傳記文學》卷 49 期 6，頁 135。

〔註248〕梁從誡編著，《林徽因文集：文學卷》，頁 37；梁錫華，《志摩新傳》（台北：聯經出版公司，1979），頁 46-47。

〔註249〕梁思成經協和醫院三次手術，左腳竟比右腳略短 1 公分左鞋後跟需加小墊；脊椎病弱，背部需裝支架，導致終身跛足。見陳鍾英、陳宇〈建築學家、詩人林徽因〉、〈林徽因年表〉，頁 249；Jonathan Spence, "Forward", p. X；林洙，《大將的困惑——我與梁思成》，頁 23-24。

動。如 1924 年初，她與徐志摩共邀提琴家弗里次・克萊斯勒（Fritz Kreisler）到北京舉行音樂會，正式將西方古典音樂介紹到中國。隨後，甫獲諾貝爾文學獎的印度詩哲泰戈爾（Rabindranath Tagore; 1861-1944），應梁啓超、林長民的「講學社」邀請，來華訪問（4.12-5.20）；並作巡迴演講。她與梁思成也參與其間。4 月 27 日，泰戈爾在天壇草坪講演，她攙扶泰戈爾上台，徐志摩任正翻譯，林副之。〔註250〕北京報界登載他倆伴隨泰戈爾的大幅照片，有謂「林小姐人豔如花，和老詩人挾臂而行，加上長袍白面、郊寒島瘦的徐志摩，猶如蒼松竹梅的一幅三友圖。」一時傳爲美談。5 月 8 日新月社在北京協和醫學院禮堂爲泰戈爾做 63 歲的生日壽宴，有 400 位名人出席；胡適任主席，在演說和贈禮後，即展開文藝節目。首先由林徽因飾演一古裝少女戀望「新月」的造型圖案，象徵以泰戈爾《新月集》命名的新月社。接著，演出泰戈爾改編的一段英文抒情短劇 Chitia，中文譯名爲〈齊德拉〉或〈契忒拉〉等。林徽因扮演齊德拉，徐志摩與鄰父分扮愛神與春神；梁思成擔任佈景。林、徐表演入戲，觀眾多予肯定；泰戈爾等印度友人盛讚「年輕的林女士英語說的夠流利」。〔註251〕5 月 10 日的《晨報》，以標題「林女士態度音吐，並極佳妙」、「父女合演，空前美談」的報導，更讓林徽因聞名北京社交界。她推展中印兩國友誼有功，但梁母對她這樣的拋頭露面，頗有微詞。〔註252〕林受中西文化教育，似「新舊參半」，但身處過渡時代，仍須承受傳統女性的美德，其實還是「舊多於新」。

1924 年 6 月，林徽因掙脫姑母與姨母，對她留美會變野的擔憂，偕同獲庚款獎學金的梁思成，還有他的清大室友陳植，以及二弟梁思永赴美留學。7 月 7 日，她與梁思成、陳植三人抵達美國東部綺色佳城（Ithaca），先入康乃爾大學暑期班。她選修戶外寫生和高等代數課程，梁則在前兩課程之外，如選

〔註250〕 梁從誡編著，《林徽因文集：文學卷》，頁 57；陳鍾英、陳宇，〈建築學家、詩人林徽因〉、〈林徽因年表〉，頁 303、327；Wilma Fairbank, p. 21.

〔註251〕 〈齊德拉〉是泰戈爾引用印度史詩《摩詞德婆羅多》中的一段故事。劇情描述馬尼浦國王的獨生公主齊德拉生來醜容，但從小受到王子般的儲君訓練；某日在山中打獵，對鄰國王子阿順那（Arjuna）一見鍾情，便祈求愛神賜她美貌一年，得與成婚。但當她聽到丈夫是敬慕那平盜賊亂的女英雄齊德拉以後，又祈求愛神，恢復原貌。參見林杉，《從徐志摩的靈魂伴侶到梁啓超的欽定媳婦——林徽音傳》，頁 242、55-57；梁從誡編著，《林徽因文集：文學卷》，頁 53。

〔註252〕 陳鍾英、陳宇，〈建築學家、詩人林徽因〉、〈林徽因年表〉，頁 303、327、340；梁從誡編著，《林徽因文集：文學卷》，頁 71-73。

三角與水彩靜物，以期易於銜接建築系大二以上的課程。康大注重學生創造個性的教學力式，使她能有兩個多月愉快、充實的學習生活。〔註253〕在暑期課程結束後，她與梁先後赴費城的賓州（Pennsylvania, Philadelphia）大學。該校於18世紀創立，屬常春藤盟校之一，與哈佛、史丹福大學並稱美國頂尖三大學府；所創設的建築學院，繼承巴黎美術學院的風格聞名於世。它將建築與繪畫、雕塑並列為三種造型藝術風格，以實用、經濟與美觀為三大要素；要求學生鑽研希臘、羅馬的古典柱式建築與歐洲中世紀和文藝復興時期的著名建築，以及西元前27年羅馬人維特魯威（Vitiuvius）所撰《建築十書》等經典名著。當時系主任是法籍名建築師保爾克雷（Paul P. Cret; 1876-1945）。系裡對學生的基本要求之一，是繪製整潔、美觀的建築渲染圖，包括書寫。也常以繪製古代遺址的復原圖，或以某未完成的大教堂作設計圖為題，舉行作業評比，以測驗學生的能力。〔註254〕

　　1924年8月下旬，梁思成獲入建築系2年級。但該系拒收女生，理由是學生須整夜畫圖及外出，無人陪伴的女性在場並不適當，而且該校自1870年設立建築課程，雖允許女子選修建築學課程，卻不允許她們進入人體寫生室，恐怕會分散男生的注意力，也會使彼此感到尷尬。但若要獲得建築學學位，必須通過人體寫生課程的學習。〔註255〕熱愛建築學的林徽因，只好如同其他美國女生一樣，改入美術系，但仍選修建築系課程。〔註256〕她獲得1924-1927年的清華津貼。〔註257〕她在美術系的名字是 Liang, Phyllis Whei-Yin（Lin），顯然已冠上未婚夫的姓氏「梁」，公開她與梁思成的感情關係。她在美術系的課程未得詳知，但她設計自己的作品，除了經常利用美術系設備齊全的工作室；以先前遊歐和留學英國2年的見識，必定有相當的助益。同班同學有4人，其中2人為女生，即 Elizabeth Sutro、Dorothy Caroline Lovatt，她與 Sutro 為好友。在該校的第一學期，林徽因便和梁思成一起上課；且所做的建築圖作業，甚得約翰·哈貝孫

〔註253〕陳鍾英、陳宇，〈建築學家、詩人林徽因〉、〈林徽因年表〉，頁76-77；Wilma Fairbank, pp. 21-23.梁錫華，《徐志摩新傳》，頁49。

〔註254〕費慰梅，〈梁思成傳略〉，收在梁思成著，梁從誡譯，《圖說中國建築史》（台北：崇智國際文化公司，1991），頁 xiv。

〔註255〕王貴祥，〈林徽因先生在賓夕法尼亞大學〉，清華大學建築學院編，《建築師林徽因》（北京：清華大學出版社，2004），頁194、195。

〔註256〕同上註；Wilma Fairbank, pp. 23-24；林洙，《大師的困惑——我與梁思成》，頁191。

〔註257〕清華大學同學會編，《清華同學錄》，頁101，誤謂林徽因於1922年留美。

（John Harbeson）等教授的稱許。從他們所修的課程看來，建築系三年級的課程有水彩畫Ⅰ、Ⅱ（第一、二學期各 1 學分）、建築歷史（第一、二學期各 1 學分）、建築設計Ⅲ（第一、二學期各爲 7 與 5 學分）、裝飾歷史（第二學期，1 學分），素描Ⅴ（第二學期，1 學分）、建築技術（第一學期，2 學分）、統計圖表（第二學期，2 學分）、木工構造、石工與鐵工構造（三種構造課程，第一、二學期各 1 學分）、一般衛生學、供熱通風、供水排水、設計理論、體育或軍事訓練（以上課程均爲第一、二學期各 0.5 學分）。〔註258〕

　　林徽因以 3 年完成 4 年學業，且成績優異，1927 年 2 月 12 日獲賓大美術學士，獲得 B. F. A.學位。〔註259〕據 1926 年 1 月 17 日《蒙塔納報》（Montana Gazette）刊載她的同學比林斯（Billings）所寫的一篇訪問記，提及她的作業分數不是得到最高，便是第二。1926 年春，她成爲建築設計系的兼任助教，次年又被提升爲兼任講師。顯見她不受性別限制而「認命」，在課業上也相當用功。時值 1920 年代，全美國建築界在建築設計方面是屬「折衷主義」的保守風格，即建築外形重在模仿歐美史上各時代的建築形式，較不注重新建材與新技術創作。〔註260〕1927 年 2、7 月，梁思成先後獲建築學士與碩士。同年夏，兩人有幸同獲聘爲費城的克雷建築師事務所助手，工作了一暑假。〔註261〕林滿腦子創意，往往先畫一張草稿或建築圖樣，隨後又提出或採納各種修正、改進的建議；稿子總要改到沒地方落筆才罷休。當臨近交圖期限，她在畫圖板前趕工，往往需由梁幫忙善後，才能交出工整的設計圖定稿。如此合作模式，日後經常出現在她倆的專業生涯中。

　　此外，她熱愛戲劇藝術，1927 年 9 月，她再進耶魯大學戲劇學院舞台美術系，在貝克（G. P. Baker）教授的工作室，專攻戲劇舞台布景設計（Stage Design）半年，是中國第一位習舞台美術設計的留學生。她在耶魯大學，以慣有的活力、高超的建築設計與繪圖訓練，成爲同學們臨近交卷期限的應急好幫手。其中一位切尼（Stewart Cheney），淘氣又與眾不合，僅她予以母親般的呵護，後來成爲百老匯（Broadway）的名設計師。〔註262〕因此，林徽因是掛名主修美術，實

〔註258〕王貴祥，〈林徽因先生在賓夕法尼亞大學〉，頁 194、195。
〔註259〕清華大學同學會編，《清華同學錄》，頁 101。
〔註260〕Wilma Fairbank, p. 198；林洙，《大師的困惑──我與梁思成》，頁 26；梁從誡，〈倏忽人間四月天──回憶我的母親林徽因〉，頁 249。
〔註261〕Wilma Fairbank, pp. 24, 27-28, 198，林徽因畢業日期，係根據賓州大學檔案。
〔註262〕梁錫華選註，〈余上沅致胡適〉，《（胡適祕藏書信選）》（上）（台北：風雲時代

際上則專攻建築設計。

（三）航空學

有張瑞芬（原名惠蓮，1904 年生於廣東恩平）於 17 歲（1921）赴美，入康納城多利音樂學院、南加州大學攻讀。1931 年考入美國林肯航空學校，專學飛行。後獲私人飛行執照，畢業後又隨著名飛行專家學習 5 年，1935 年獲得國際飛行執照，同年南加州華僑贈送她一架飛機。曾多次參加飛行大賽和驚險飛行絕技表演。〔註 263〕她是中國女子早期學飛行，在航空科學有所成就的。在她之前，有王秋燦芝於 1928 年赴美，次年以優異成績考入紐約大學航空專科，攻讀飛機駕駛和飛機工程，成為中國第一位女性飛機設計師。〔註 264〕1930 年 5 月畢業，1931 年返國。〔註 265〕因此，張瑞芬在王燦芝之後學航空，可說中華女子在此門科學是後繼有人。1936 年以前，中國女子習航空，還有閩侯林鵬俠。〔註 266〕惟林鵬俠留學英國，在倫敦學航空，1933 年以前畢業，後居倫敦。〔註 267〕她們三人，以女子學航空，都備受矚目。

小　結

綜上所述，清末留美實科女生，可考者有 17 人；除了官費 3 位，其餘為自費或津貼補助（參見本文附表 3-1）。她們以攻讀醫科為最多，至少有 9 位；次為數理（包括數學、物理與化學），有 5 人；再次為生物、護理各有 1 人。可見學醫女生人數佔清末習實科女生總數的三分之一。

中國女子留美攻讀西醫，留待下一章討論。攻讀數理以曹芳芸為最早。清末主修生物的兩位——王季茝與王季玉為姐妹。王季茝於 1907 年官費赴美，自大學預科讀起，接連獲得學士、碩士，再以 3 年攻讀博士，1918 年獲得學位，成為中國留美女生的第一位博士。

值得注意的，是清末留美實科女生有 4 位兼學文理科，他們多由文科入門，再進一步轉攻其他領域的科系，或副修、或雙主修。如前述的王季茝，

出版公司，1990），頁 677-679。Wilma Fairbank, pp. 29-30.
〔註 263〕高魁祥、申建國編，《中華古今女杰譜》，頁 201。
〔註 264〕王玉琳，〈秋瑾後裔今昔〉，《湖南文史》1997 年第 6 期，頁 65。
〔註 265〕王燦芝，〈小俠詩文集：王燦芝小傳〉，《秋瑾女俠遺集》，頁 1-2。
〔註 266〕賈逸君編，《中華民國名人傳》（北平：北平文化學社，1937 年；上海書店影印本），「婦女」頁 3、「附錄二」頁 10。
〔註 267〕留英同學會編纂，《留英同學錄》（上海：編者自印，1934），頁 49。

由文科轉攻生物科系。心理學方面，如吳卓生是主修心理學，輔修教育。文科對女生而言，較接近性向或具有興趣，也符合一般人的角色期待。她們入學攻讀大學預科或高中、學士、碩士，甚至博士，大多在不同學校。就曾就讀的學校做統計，則所就讀的學校，除了不詳的 1 人，在中學方面，有哈特福德學校、胡桃山女校各 1 人；在大學方面，費城女子醫學院有 3 人次；密西根大學、哥倫比亞大學、芝加哥大學、西北大學、堪薩斯大學與衛斯理女子學院，各有 2 人次；韓特學院、哥特學院、樸摩那學院、密蘇里醫學專校、俄亥俄威斯連女子學院、紐約醫院附設女子醫科大學、伊利諾大學、俄亥俄大學、但尼森大學、紐約大學與林園大學，均各有 1 人次。獲得大學畢業佔總數的一半以上，大體上程度較留日女生整體優秀得多。

1912-1919 年間，留美實科女生可考者計有 38 人；其中官費 21 人，自費有 15 人，也就是說官費生大約佔總數的五分之三，較自費生更多，這現象與以往的印象不同。再者，此時期習實科的女生自費人數，超過清末，也較民初公費生更多，顯示留美習實科的女生迭有增加。她們的省籍，以江蘇為最多，其次為廣東，再次是福建、浙江。在學位方面，以醫科最多，計有 15 位，其中清華專科女生佔 7 位、清華特別生 2 位、自費生 6 位；次為化學，有 5 位；攻讀物理、植物學、動物學的，各有 2 位。攻讀護理、飲食治療、數學、生物與農業類，各有 1 位。心理學方面，包括教育心理學，也有 2 位。她們也如同清末的實科女生，大多在不同學校攻讀大學、研究所學位。統計所曾就讀的學校，除了不詳的 6 人，哥倫比亞大學有 13 人次；密西根大學與約翰霍浦金斯大學，各有 6 人次；芝加哥大學與何樂山女子學院，各有 5 人次；伊利諾大學、康乃爾大學、西拉克斯大學、林園大學與衛斯理女子學院，各有 2 人次；歐柏林大學、科羅拉多大學、望城大學、布拉佛學院、史密斯女子學院、瓦沙女子學院、威斯連女子學院，均各有 1 人次。由此可見大多數為名校畢業。

再者，後來科系劃分更細，如數理方面，清末包括數學、物理與化學。後來進一步區分成數學、物理、化學等科系，各自獨立。1920-1927 年間的留美實科女生所修習的科系，（一）在理工方面：數學計有 4 位，其中獲得博士 1 位，未詳 1 位。物理有 4 位，其中顧靜徽於 1931 年獲得密西根大學物理學博士，是最早獲得該校物理學博士學位的中國女生，也是第一位獲得物理學博士的中國女生。化學有 10 位（包括化學 14 位與化學工程 1 位），公費留美女生有 3 位專攻化學，其中博士 2 位，還有 1 位未詳；自費女生共有 7 位，其中碩士有 2 位，

學士 3 位，還有 2 位未詳。（二）在生物學方面：計有 11 位，其中博士 2 位（植物學、生物學各 1 位），5 位碩士（均為清華留美公費女生），1 位學士，2 位未詳。吳貽芳繼清末王季茝之後，為第二位生物學博士。心理學方面有 5 位，包括教育心理學。有的主修教育，副修心理學；有的則主修心理學，輔修教育。此外，主修建築學、園藝學、航空學的，各有 1 位。

　　總計自十九世紀末至 1927 年間的留美實科女生，主修數學的有 10 位（連同 1920 年以前的 4 位）；物理有 6 位（加上 1912-1919 年間的 2 位）；化學有 15 位（加上 1912-1919 年間的 5 位）。在生物學方面，包括動物學植物學與農業，總計有 17 位（清末只有主修生物的 2 位；1912-1919 年間又有主修生物的 1 位）；心理學方面有 8 位（加上 1912 年以前赴美的 1 位、1912-1919 年間赴美的 2 位）。可見在醫科以外，她們以修習化學科的人數最多。

第三章　留美實科女生（二）：醫護衛生科學方面

　　本章探討修近代中國早期習實科的留美女生，即清末至民初五四運動以前的時段赴美留學。留美女生主修實科，首先在醫護與衛生方面，再次是理工與自然，第三節是課外生活方面。意在試圖了解她們人數、出身背景、在國內的教育程度，留美的時段與年限、就讀學校與成績等。

第一節　清末在醫科嶄露頭角（1881-1911）

一、1894 年以前留美學醫的女生

　　1894 年，中日甲午戰爭以前，留學的風氣尚未大開，中國人自費到歐美留學的很少，而女留學生更屬罕見。正如前文所述，最早由教會資助赴美，是 1840 年有歐美傳教士將 6 位盲女，分送至外國受適當教育，其中 2 人至美，雖然後來情形不詳，但仍可算是中國女生留學美國的開端。〔註 1〕1881-1892 年間，有 4 名女生由教會資助，赴美習醫。即 1881 年有金雅妹（韻梅）、1884 年有許金訇（Hü King Eng），〔註 2〕以及 1892 年有康成與石美玉一同留美。她們是中國

〔註 1〕　不著撰人，〈中國婦女青年會紀略〉，中華續行委辦會編《中華基督教會年鑑》第一冊（上海：商務印書館，1914），頁 132-133。

〔註 2〕　Burton, 1911:1, p. 15；Hü King Eng 的原名，應爲許金訇，以往常被誤譯爲胡金英、柯金英。參見〈職員名錄：醫士〉，中華續行委辦會編訂《中華基督教會年鑑》第六冊（1921），頁 341；朱峰，《基督教與近代中國的女子高等教育》，頁 63-64。

早期赴美留學的女子，〔註3〕也是在 1840 年以後中國最早出國的女生。

第一位赴美學醫的女生金雅妹（1864-1934），英文名 May；生於浙江鄞縣梅墟。該地距寧波 25 公里。她父親金定元（鼎禹、麟友）、母親陳氏，因和外國人交往，後來成爲基督教傳教士，尤與在寧波創辦崇信義塾的美國長老會傳教士麥卡迪醫生（Dr. Davie Bethune McCartee）友好。1866 年，她未滿 3 歲，雙親因跟隨美國傳教士麥卡迪在上海、寧波一帶傳教時，不幸感染瘟疫（即流行性傷寒）而相繼喪生。從此，她成爲孤兒，一度與親戚同住，後由麥卡迪夫婦收養。從此隨往各處傳教，並接受教育。3 年後，即 1869 年，才滿 5 歲的金韻梅隨養父母赴美，次年回到寧波、上海。不久，麥卡迪受日本政府聘爲東京開成學校（1877 年併入東京帝國大學）指導員，兼可傳教，她隨往日本，就學 5 年，接受英日文教育。麥卡迪返回美國，又將她帶到紐約繼續上學。〔註4〕

1881 年，金韻梅 17 歲，隨養父母抵美，考入紐約醫院附設的女子醫科大學（Women's Medical College of the New York Infirmary），即紐約州醫科大學的前身。她刻苦攻讀，通曉中日英文，還自學法文和德文。〔註5〕這距離美國分別於 1840 年代開始接受女子進入醫學院就讀，大約晚 30 多年。在前述歐美女子學醫闖出一條生路的廿多年後，金韻梅學醫 4 年，於 1885 年 5 月以第一名畢業，是中國第一位留美學醫畢業的女生。然後，她赴佛羅里達州一所婦嬰醫院實習一年多，再入費城兒比耶婦女醫院工作，後在紐約越嫩山（Mt. Vernon）華人精神病院（或稱中國普濟院）擔任住院醫師。她繼續發奮鑽研，對各科有較深的造詣；尤其對照像術和顯微鏡術的醫藥應用研究尤有興趣，發表多篇論文，且在美京華盛頓的博覽會展覽出名。1887 年有一篇心得報告，題爲 "The Photomicrography of Histological Subjects"（顯微鏡照像技術機能的研究），刊於具有國際影響的紐約《醫學雜誌》（*New York Medical Journal*），頗獲好評，引起醫界矚目。〔註6〕1888 年她拒絕美國諸多醫藥單位的聘請，回到中國。〔註7〕

〔註 3〕 褚季能，〈甲午戰前四位女留學生〉，《東方雜誌》卷 31 號 11，婦女與家庭，頁 10-11。

〔註 4〕 不著撰人，〈女醫士金韻梅紀略〉，《順天時報》1906 年 10 月 27 日（光緒卅二年九月十日），收在李又寧、張玉法主編《近代中國女權運動史料》，頁 1387；傅華，〈天津護士學校創辦概況〉，《天津文史資料選輯》輯 45（1988 年 10 月），頁 60，謂金韻梅有一兄長，待查。

〔註 5〕 不著撰人，〈女醫士金韻梅紀略〉，《順天時報》光緒卅二年九月十日。

〔註 6〕 該篇研究報告，又譯〈論顯微照相技術對有機體組織的作用〉，見陳偉權〈我

　　總之，1881 年的金韻梅，較中國男留學生黃寬始於 1858 年留英，晚了 20 多年。她在 1885 年以第一名的優異成績畢業於紐約醫院附設的女子醫科大學，隨後在美國從事科學研究，尤其在顯微鏡的研究中做出成績，1887 年發表學術論文《顯微鏡照像機能的研究》於紐約《醫學雜誌》，引起同行專家學者的重視。日後，教會傳教士又資助女生許金訇、石美玉及康成等赴美學醫。這在一向少有西醫，尤其女醫的中國，影響很大。從美國大學的醫科畢業後，留在美國繼續研究 3 年，才返國服務。當時醫學新知，如 1885 年紐約羅斯福醫院的外科醫生霍爾斯特德（William Stewart Halsted）首次用傳導麻醉法，給病人注射可卡因，解決長久以來病患在外科手術中的痛苦，沿用至今。1890 年，霍氏又發明一種無菌的薄橡膠手術手套，取代石碳酸的消毒法，防止皮膚過敏，從此讓全球醫護人員蒙受其惠。〔註8〕這些進步的西醫科學資訊，在她實習的 3 年中，應也及時獲悉。

　　第二位赴美學醫的女生許金訇（1865-1929），於 1884 年 18 歲時隨幾位美國傳教士赴美留學。她是福州人，生長在基督教家庭。父親許揚美，〔註9〕為滿州軍人子弟，是華南較早接受基督教的信徒。〔註10〕他原本遵行齋戒、施捨、唸經等禮佛之道，追求心靈平安。他大哥先成為基督徒，挪除祖先與神像崇拜時，他視為大惡，要家人擊鼓，將大哥出族；還將父親書房的一本聖經撕碎。儘管行徑如此激烈，他後來竟也接受基督教，變成虔誠信徒，且受按立為美以美會（Methodist Church；今衛理公會）的傳道人。他起初被差會徵詢為巡迴傳教會傳道師時，得知家庭須經常遷移，有些猶豫；但出身福州富家，有一雙小腳的妻子，卻願意跟從他。數週後，他們離開福州，下鄉佈教。在頭一個教區，就因環境髒亂，妻、女相繼感染瘧疾，發燒病重。當地人種田維生，蒙頭垢面，不識字；民宅前的水溝，被成堆的污穢阻塞，屋裡無椅可坐，且豬、牛、羊與家禽雜處。這種景況讓這對年輕夫婦幾乎失去信心，但終於沒打退堂鼓；他們夫唱婦隨，分別對男女熱心傳福音。1865 年他

　　　　國最早的女留學——金雅妹〉，頁 3。貝德士輯〈中國基督徒名錄〉，頁 470，謂金韻梅獲得醫學碩士。待查。

〔註 7〕　傅華，〈天津護士學校創辦概況〉，頁 60；不著撰人，〈女醫士金韻梅紀略〉。

〔註 8〕　伯恩特・卡爾格－德克爾著，姚燕、周惠譯，《醫藥文化史》，頁 212-220、224-227。

〔註 9〕　不著撰人，〈書拾肆：逝世聖徒〉，中華續行委辦會編訂《中華基督教會年鑑》第六冊（1921），頁 264。

〔註10〕　北京清華學校編，《遊美同學錄》（1918），頁 38-39。

們遭逢長女早夭的悲情後，次女出生，取名「金韜」，意爲珍貴的平安。這就是許金韜的誕生。〔註11〕

許揚美能說能寫，爲美以美會福州第一位牧師，經常在附近的城鄉巡迴佈道，遭遇渡急流、被搶劫等諸多危險。許金韜童年，夜間聽父親在床邊低語某人有意願學習耶穌之道，常被石子與磚塊突擊門窗的破碎聲打斷。但他總是堅定而熱誠，挺直六呎高的身材，致力使人感動。有位年過八旬的中國畫家，聽他講道受感動而寫贈一幅五呎高、三呎寬的彩墨畫。畫中央有十字架如一樹，下坐一老人讀書，低處若干石頭，呈現許多仰望十字架的面容。這畫猶如在表達許揚美的傳道與生活。許揚美在 1877 年福州教會組成時，成爲首席長老，直到 1893 年去世。許金韜的母親也因能講演與閱讀書報，參與福州婦女會的多項計劃，被視爲模範婦女。

許金韜幼時曾從俗纏足，不久因父親接受新思想而放足。她成爲福建第一位不纏足的標記。但當時的社會成見，讓敏感的她甚爲苦惱。她母親一度趁丈夫不在，再給她纏足。她也甘願被纏，還要求纏緊些。父親回家後，與母親嚴肅長談，她又被放足。後來，許金韜去拜訪親戚，因大腳令對方震嚇，又稚氣而激動地自行纏足，且跛行回家。她母親臥病在床，看見這情況，要她將裹腳布解開、燒掉，且回應她的哀求說：告訴人們——小腳女子永不能選入皇宮；以後不要再提到「那雙腳」。許金韜直到獲悉世人大多不纏足時，才感覺安心自在。她在福建省熱烈提倡天足，經常提到自己三度纏放的試驗：「我總聽到說那雙腳、那雙腳……」〔註12〕如此的生長歷程，造就她堅定無私的心志與勇氣。

許金韜長大，就讀美以美會辦的福州一所走讀女校，成績優異。當時該校沒有教音樂，但她很想學，後有傳教士的妻子給她上幾次風琴課。她的學習能力好，加上美以美會外國婦女傳道會（Women's Foreign Mission Society，簡稱 WFMS）總執行委員會所屬的福州傳道建議請求，遂同意對中國女子的音樂和英文教育予以提昇。不久，福州婦孺醫院院長崔斯克女醫生（Dr. Trask）確定地要求該委員會，讓許金韜畢業後，到該醫院學習。於是她得以學醫任事。她的醫療工作能力與對病人的同情心，令崔斯克醫生印象深刻。爲了讓她接受更完整的教育，崔斯克寫信給該委員會，高度評價許金韜的能力與個性，薦請安排她赴美深造，俾將來返回中國更能勝任醫療管理工作，兼可帶領中國女界。

〔註11〕 Burton, 1911:1, pp. 15-20.
〔註12〕 *Ibid.*, pp. 20-22.

儘管該執行委員會無人認識許金訇，仍給予公正答覆，用愛心幫她，遂同意崔斯克的要求，特准撥發基金，由該會費城分會秘書金恩夫人做主要安排。〔註13〕許金訇以聰穎善良，受福州婦孺醫院院長賞識與薦介，獲得教會資送赴美學醫。

　　許金訇當時不知 3 年前已有寧波金韻梅留美，以為自己既是第一，也是唯一赴美留學的中國女子，對這出洋機會有所猶豫。她的父母不反對也不鼓勵，只析述在異國將很寂寞；須承受海上長途旅行的危險與不適；若十年後歸國，將是 28 歲而未婚的狀況。現今一個 18 歲的年輕女子，要離鄉背井，遠赴外國仍非易事，何況當時。她去攻讀大學和醫科教育，要數年功夫，才能具備既定工作計劃的能力。而她既不諳美國的語文與禮俗，衣著也與西洋不合式。父親要她禱告，求神指示。她想若有電報召喚就去，否則願盡己所能服務鄉梓。她想到聖經記著：「不要怕，因為無論你往那裡去，我都與你同在。」憑著堅定的信心與勇氣，終未改變決心而邁向目標。1884 年春，有些傳教士要返美休假，許金訇與另外 4 名女生隨同留美。〔註14〕

　　許金訇在 1884 年至美。旅途既艱苦又遙遠，有一艘鄰近她們的汽船遭到摧毀。陪同的一個傳教士，恐怕她不能在這些新奇可怕的經驗中堅持下去，問她是否想回家。她雖答以不會，但當旅程將盡時，她向朋友坦承暈船與想家，在許多夜裡掉淚，惟始終感到來美是對的，所做決定沒有動搖。她抵達紐約後，立即找到費城金恩夫人；也在費城美以美會的會議上，見到自幼認識在福州工作的薛承恩夫人（Mrs. Sites）。薛承恩（Nathan Sites, 1831-1895）是醫生，1861年偕妻抵華。這年夏天，許金訇住在他們的費城家裡，加強學習英文的讀、說、寫能力。許金訇勤奮敏捷的學習，獲得教導她的馬丁女士肯定。有位來自克立夫蘭的友人，與許一同渡假數週，答應要帶她「繞行廣場」去看水庫。某日，她們相偕前往，許金訇卻對水庫沒多大興趣，原來她想知道的是如何「繞」行（go around）一個廣場而到達那地方。由此事可窺中英語文表達方式的不同，而許金訇儘管在國內教會學校已經學英語數年，但到了美國，要進大學以前，仍然有相當差距，必須加強許多功夫的學習。

　　1884 年秋，許金訇和薛承恩夫人等人同往俄亥俄州德拉瓦城（Delaware, Ohio），入威斯連女子學院（Wesleyan College）。她自定每天學習 10 個單字的

〔註13〕褚季能，〈甲午戰前四位女留學生〉，頁 11-12。

〔註14〕Burton, 1911:1, p. 23，惟這書並未載明這另外 4 名女生的姓名與出身背景、學業、事功等資料。

功課；但有時因同學好以俚語誆弄而被迫中斷，但她堅忍，終能及時領悟而駕馭英語。有位老師送她一顆柳橙，放在一個盤子上。她歸還盤子，放上兩顆橘子，又以盤中原來紙巾的半張寫字，表示感謝該師稍早教她的一課：當你將一件物品還給主人時，務要有所回報。1886 年，婦女外國傳道會議週年會報告許金訇的學業進步很快，漸受該校師生喜愛，讓不少人很欣慰。1884-1887 年間，嬌小的她，穿著中國繡花衣裳女子，在該校模尼堂（Monnett Hall）引人注目。好友們稱呼她「金訇」，覺得她甜美優雅，個性仁慈寬厚；信心與生活單純，在校專心預備行醫生涯的遠大目標，是基督徒的榜樣。〔註 15〕這些記載表達許金訇的大學生活漸入佳境。她不像金韻梅，有傳教士的養父母就近指導幫助，但憑著自己的努力，這個中國女子終於克服諸多文化差異，贏得讚賞。

美國制度，醫學預科設在普通大學。醫學生須在大學預備二年，才可直入醫科。〔註 16〕1888 年，許金訇在威斯連大學 4 年畢業，同年秋才入費城女子醫學院爲正式生。她與金恩夫人同住；在就學 2 年後，罹患重病，發燒數週。當她病情好轉，卻獲悉父親患病，心情很是想家。差會決定讓她休學一年回國。一年屆滿雖然病弱的父親夜晚咳嗽、輾轉難眠，聲聲入耳，讓她不捨離開，但藉著交託上蒼，爲父親祈福，她再度由塞茨夫人陪同赴美。她們經由加拿大蒙特羅入境當時排外的美國，頗費一番奮鬥，讓她感覺難受。許金訇在 1892 年秋復學，1894 年 5 月 8 日畢業。次年繼續在醫院實習，被選爲費城綜合醫院的手術助理，獲得參與全科臨床實習和課程講演討論的機會。1896 年回國。〔註 17〕

1892 年，美以美會傳教士昊格矩（Miss Gertrude Howe）由九江返美休假時，帶著中國青年 3 男 2 女赴美學習；2 女即康成和石美玉。〔註 18〕康成（字愛德，Ida Kahh；1873.12.6-1930.11.9），〔註 19〕江西九江人。據說她的家族原爲孔子的嫡傳後代，康姓爲當地「孔姓」的轉音。〔註 20〕然而，即使貴爲至聖先

〔註 15〕 Burton, 1911:1, pp. 23-37.
〔註 16〕 陶善敏，〈中國女子醫學教育〉，頁 854-855。
〔註 17〕 Burton, 1911:1, pp. 11-12, 23-37.
〔註 18〕 褚季能，〈甲午戰前四位女留學生〉，頁 12-13。
〔註 19〕 不著撰人，〈坤範：康成女醫博士行述〉，《女鐸》卷 20 期 9（1932 年 2 月），頁 37。
〔註 20〕 General Commission on archives and History, the United Methodist Church.其中收有新聞簡報：Fletcher S Brockman, "A Daughter of Confucius." *The Christian Advocate*（1914 年 15 日）以及 J. G. Vaughan 博士（與康成在南昌婦孺醫院共事 4 年）爲康成寫的推薦函。轉引自胡纓〈歷史書寫與新女性形象的初立：從梁啓超〈記江西康女士〉一文談起〉，《近代中國婦女史研究》第九期

師的後裔，康成出生爲第六個「女兒」，父母久盼無子，依習俗請人給她的將來算命，竟被勸告必須殺掉或送走，否則只要留居家中的一天，就不會有子嗣。寒素的父母不忍心，決定爲她與鄰家男孩訂親，且在男方家做童養媳。但算命的老盲人又說她是天狗星降世，對鄰家天貓星降世的男孩不利。她父母對這多餘的女兒不知所措。幸有鄰人教授來自美國的昊格矩和賀女士（Miss Lucy Hoag）兩位女傳教士中文。她們聽說此事的當天下午就坐轎來訪。於是，當時僅兩個月大的康成，由昊格矩領養，才不致被棄養。康成的英文名字「愛德」，就是昊格矩以其姐妹的名字所命名。從此，康成與其生父母在法律上脫離關係，〔註21〕且稱呼昊格矩爲「義母」，受教甚多，還信仰基督教。〔註22〕

　　至於昊格矩的出身，據梁啓超所記，她是美國學士，父爲官員。〔註23〕但根據美國衛理公會檔案所藏資料所載，她生在紐約州，父親做過木匠，後曾經商。他支持解放黑奴，曾暗中幫助黑奴逃亡。母親是清教徒。後來全家遷居美國中部密西根州蘭辛（Lansing）。兩個資料的說法不完全一樣，應該是後者較爲可靠。這樣看來，她只能算是普通中產階級家庭，並無所謂「宦籍」。昊格矩畢業於密西根州立師範大學（Michigan State Normal School），並獲得密西根大學頒發的醫學資格證書，25 歲時加入婦女海外佈道會，擬往印度。後因應差會告知中國需要人手，而於 1872 年 10 月與賀女士同行來華，宣教將近 60 年（先在九江，1902 年以後與康成在南昌工作），終身未婚，直到 1928 年冬在南昌去世，年 82 歲，埋葬在南昌。〔註24〕

　　九江做爲江西省北邊門戶，水路交通方便，來往商旅眾多，來華傳教士視爲佈教重點。1866 年美籍傳教士赫爾利（Dr. HerLea）牧師由美國衛理公會

（2001.8），頁 16。

〔註21〕 Mary Stone, "Miss Gertrude Howe," in the file on Gertrude Howe, General Commission on archives and History, the United Methodist Church. 轉引自胡纓，〈歷史書寫與新女性形象的初立：從梁啓超〈記江西康女士〉一文談起〉，頁 15、18。

〔註22〕 不著撰人，〈坤範：康成女醫博士行述〉，頁 37；石美玉，〈中國女子教育之態度〉，《中華基督教會年鑑》第一冊，頁 91b-92。

〔註23〕 梁啓超，〈記江西康女士〉，《飲冰室文集》第一輯（上海：中華書局，1941），頁 119-120。

〔註24〕 1929 年 4 月，由康成撰寫一篇感人的訃聞以及〈昊女士歷略〉。康成，〈訃〉、〈昊女士歷略〉，見 General Commission on archives and History, the United Methodist Church. 引自胡纓〈歷史書寫與新女性形象的初立：從梁啓超〈記江西康女士〉一文談起〉，頁 21、23。

派遣來華傳教。次年他從福州與陶理（Dr. Totege）牧師同來九江，在江邊租屋數棟傳教。2 年後，又有數名傳教士相繼來幫助。他們逐漸發展，興建教堂和住房。後來還上溯長江至四川，又下行到蘇皖，建立教區數十個，並設立南京教區、鎮江教區、蕪湖教區及牯嶺教區等，總稱華中教區或華中年議會，九江成爲該會在華最高領導機關。1907 年以後，美國衛理公會在華佈道年會內才有中國人參加。當時，該會往江西的南昌及贛江流域、湖北的黃梅、安徽的太湖與宿松等地開拓，總稱江西年會教牧區，轄區跨皖、鄂、贛三省。數十年後，九江教派林立。外國人建立的教堂有 15 所，分屬衛理公會、內地會、安息日會、聖公會、長老會、貴格會、倫敦會、兄弟會、姊妹會、小群家會處等，其中衛理公會最大最富。〔註25〕

　　康成出生那年，昊、賀二女士初到九江開辦一所半日制女校，但多方受阻，只有 2 個學生。後來，昊格矩又陸續收養 3 個小孩，都跟她姓「昊」。1876 年，衛理公會在九江城內買地，昊、賀二女士開辦一所更爲正規的女學──桑林書院（Mulberry Grove），〔註26〕這是九江當地很早的女校。康成到入學年齡，就入讀衛理公會所辦女校。9 歲時隨昊格矩返美。她們居留舊金山，康成進當地專收華人的教會學校。說江西方言的她，不太懂該校多數學生所說的廣東話，因此學得不多，惟英文頗有進步。不久再回中國，昊格矩停留日本數月，康成又在長崎女校上學。〔註27〕昊格矩再度抵華，被衛理公會派往重慶 2 年，開辦傳教新據點。那地距九江數百里，需溯長江上航數天始能抵達。康成再入重慶女校學習，由昊格矩和偉勒夫人（Mrs. Wheeler）兩位傳教士教導。〔註28〕1886 年，傳教站被土匪摧毀，康成與其他中國女孩，被藏在一友善的木匠家中，傳教士則躲在當地的衙門裡。最後都逃離重慶。長江三峽水流湍急，行船危險，而那年值夏季洪汛開始，更是冒險。所幸數天後安抵上海，轉赴日本居留數月後，這一年昊格矩及其同工回到九江，康成入儒勵女校（Rulison-Fish Memorial School）就讀。至此，13 歲的她，在年輕的生

〔註25〕劉淑榮，〈基督教在九江的傳播及其創辦的學校和醫院〉，頁 217。
〔註26〕昊格矩領養的女嬰，英文名分別爲 Fanny Howe, Belle Howe, and Julia Howe, 中文名依序爲蔡凡理、鄭容、黃寶林，她們後來都結婚，生有女兒。見 Mary Stone, "Miss Gertrude Howe," 引自胡纓〈歷史書寫與新女性形象的初立：從梁啓超〈記江西康女士〉一文談起〉，頁 14、22。
〔註27〕Burton, 1911:1, p. 23.
〔註28〕褚季能，〈甲午戰前四位女留學生〉，頁 10-11，將偉勒夫人（Wheeler）誤爲威德（Whed）夫人。

命中，比同年齡的中國女子有更多閱歷。

　　康成聰慧又勤學，漸通曉天文、史地、算學、聲光化電、繪畫、音樂等科，以及英語、拉丁文等數國語文，成績優異，昊女士視如掌珠。〔註29〕昊女士工作繁忙，無暇寫信，又企盼讓關心九江教會女校的美國人能持續知道校務的進展，因此有時由康成幫忙寫信。康成15歲時，有一封英文信已可不須修改，顯示英文程度的熟練。她在信中向美國婦女報告該校共有24個學生和4個幼兒，原只招收基督教家庭的女孩免費入學。但基督徒女孩較少，教外學生來自多處，需自備膳費與服裝；人數雖不多，但願可以證明宣教事工並無白費。她提到童年即與石美玉同學中英文；只在她去重慶，而石去鎮江時分離。最後還對那些促成派遣傳教士來幫助中國的美國朋友表示感激。〔註30〕

　　石美玉（Mary Stone; 1873.5.1-1954）是湖北黃梅貓頭尾村人，〔註31〕與康成同年出生，成長於江西九江。〔註32〕但她倆出生的待遇大相逕庭。相對於康成的不受歡迎，石美玉生為長女，獲得父母悅納。他們感謝上蒼賜此美好禮物，給她命名「美玉」，決定不給她纏小腳。這可是前所未聞。華中與華西一帶，從未有非奴婢的女孩以天足成長。無人敢違反千年來的風尚。在九江，即使婢女、乞丐婆也恥以天足在外行走。石美玉的父母是華中地區很早的基督徒，率先勇敢打破這陋俗。她父親石宅嵋，本是一介書生，遭逢太平軍亂而失去家產，後來給美國美以美會傳教士教授中文維生。藉此機會，傳教士也教他基督教理，不久他任職該會傳道人，主理九江一間名為「歸聖」（Converting to Holiness）的小禮拜堂多年，〔註33〕後來成為美以美會在華中鄂贛皖年議會（教區）的首任牧師。〔註34〕

　　石美玉的母親自幼未受教育，渴望向其他女子傳講福音，卻因不識字而

〔註29〕　梁啓超，〈記江西康女士〉，頁119-120。

〔註30〕　康成15歲所寫的英文信原文，參見Burton, 1911:1, pp. 118-120.

〔註31〕　貝德士輯，〈中國基督徒名錄〉，頁381；不著撰人，〈伯特利教會創辦人——石美玉醫師〉，原載《伯特利神學院第三十五屆畢業特刊》，收在戎玉琴等編《伯特利‧我們的家》，頁58；湖北省地方志編纂委員會編，《湖北省志人物志稿》（北京：光明日報，1989），第二卷「人物傳：教育科技」，頁787。

〔註32〕　褚季能，〈甲午戰前四位女留學生〉，頁13，作石美玉生於1873（道光11年），係推算錯誤，1873年應為同治13年；Boorman, Vol. II, p. 128.

〔註33〕　Burton, 1911:1, pp. 161-162.

〔註34〕　不著撰人，〈伯特利教會創辦人——石美玉醫師〉，以及轟子英，〈我回憶石美玉醫師〉，收在戎玉琴等編《伯特利‧我們的家》，頁58-59、96-97。

困擾。她決定在理家之餘學習認字。每晚家人入睡後，她在床邊點燭學習認字，丈夫偶爾醒起或翻過身來，她就逐字請問他，使他決定用正規方式教她。她勤奮學習後，也和昊格矩同工，在當地主持一所小型的走讀女校（Day Girl School）。昊格矩曾遊說多位婦女放足，都未成功；惟石美玉的母親自幼被纏足，有一雙三寸金蓮，因接受基督教，而對天足有所理解。石美玉 8 歲前，由母親教以中國經典，但排除某些傳統中國價值，如纏足等；並且熟背中文聖經的馬太福音與教義問答，奠定她的信仰。石美玉生長在當時中國少見的基督教家庭，經濟雖不寬裕，所受教育與一般中國女子不盡相同，卻有快活的童年，造就她不凡的人生。她稍懂事後，發現自己的大腳，一直是他人評論的話題。某日上學途中，被一個較大的女孩擋路，笑罵她的大腳，非要她膜拜其小腳。石美玉不願受辱，幸由母親解圍，始得繼續行路。親友以她遭受歧視，怒而咒說她將找不到婆家。她父母致力使女兒的生命有用且快樂，以取代對她婚姻的擔憂。石美玉做為九江第一位大腳姑娘，〔註 35〕如同探險家篳路藍縷，並不容易。但時間很快地證明，在保守的中國，青年男子願意選擇與天足女子結婚。這真是世事多變，人心難測。

石美玉的父母對女傳教士凱特醫生（Dr. Kate Bushnell）給九江婦孺醫治病痛的印象深刻，因此她 8 歲以後，由父親帶領，去見這位女醫，想讓她跟著學醫。凱特建議先接受普通教育，做為學醫的預備。於是，石美玉於 1881 年入學昊格矩主持的九江儒勵女校，寄宿校內。直到 1892 年畢業於鎮江教會女校，學習中英文及人文科學等基礎課程 10 多年，以備將來學醫。〔註 36〕康成曾在前述的那封信中，提到一段與中國傳統生活若即若離的特殊經歷。石美玉的母親來校，和她們同住一周，偕訪傳教士的家；歸途還去石美玉的舅家。時值二月農曆新年過後，中國人家禮數瑣細。婦女在年節不出門，要到正月下旬受邀赴宴才出門，通常持續到二月。當時，舅家正舉辦一場宴會，石美玉的母親與久未謀面的親友歡聚。宴會上有女主人及其小女兒，還有老婦與少女各三位，都化妝，穿戴亮麗的藍、綠和紅色服飾。三少女吃得不多，只顧談論她們的珠寶、服飾等，還不斷打量石美玉和康成。那飯廳悶暖，其中一少女發現另一個的容妝有些弄髒，三少女都離席說要去洗臉。那少女一回座，只問她的臉是否乾淨。

〔註35〕 Burton, 1911:1, pp. 162-165.
〔註36〕 北京清華學校編，《遊美同學錄》（1917），頁 14；查時傑，《中國基督教人物小傳》上卷（台北：中華福音神學院出版社，1983），頁 98-100；Lee, Lily Xiao Hong & Stefanowska, A.D., edit., pp. 101-104.

石美玉的母親覺得這三少女很丟臉，告誡石美玉和康成不要仿效她們化妝。她倆原想趁機學習一些中國社交禮儀，至此感到失望。石母勸康成摘下眼鏡，以免惹人評論。康成答稱自己唯一高興的是沒有人注意她們的天足。〔註37〕石美玉和康成住宿教會學校，所學知識與食衣住等生活內涵，與中國傳統女界不盡相同，卻便於與西方教育進一步接軌。1892 年她倆 18 歲，完成中等課程，隨同返美的昊格矩，到美國攻讀醫科。〔註38〕

　　石美玉赴美學醫，也影響其大妹石安利（Anna；或稱安娜，約 1875-1905）渴望高中畢業後，到美國深造。〔註39〕雖然她企盼如同長姊學醫。石安利初由母親教導，再入九江儒勵女書院寄宿上學。她倆都用功而敏捷，有位來訪察的清廷大吏驚奇地問說：「女子什麼都能學嗎？」他要求老師讓女生與男生同樣的學習進度，甚至更快一些。石安利嚮往留美的心願，只告訴好友譚義廉，因她也很想去美國。兩人決定用功、禱告，希望夢想成真。她倆唸完高中課程後，又學英文和拉丁文。1898 年監理會喬伊斯（Joyce）主教夫婦旅行至東方，訪問各宣教區。在九江聽說她倆的情形，感動之餘，予以資助，攜同赴美。但石安利後因罹患肺病，身體不好，未能學醫，改學音樂、哲學。〔註40〕

　　康成與石美玉於 1892 年 8 月抵美。她倆對美國很感新奇，相對地美國對她倆也感到新鮮有趣。檢查她們護照的美國官員問昊格矩：「怎麼這兩女孩看起來和其他來此的中國女人如此不同？」昊格矩答以「所有的不同，在於一方是異教徒，一方是基督徒。」這對美國人有所啟示，人們很有興趣的觀察她倆的大學生活。昊格矩指望她們獲得更完全的醫學教育，帶去安那堡（Ann Arbor），參加密西根大學的醫學院入學考試。該校創立於 1817 年，是美國第一所大量招收女生的大學，1871 年開始男女同學。〔註41〕當時學生上千人，包括來自十餘國的外國學生。〔註42〕為使學生充分了解各種醫學科學，歐美

〔註37〕 Burton, 1911:1 pp. 115-120.
〔註38〕 梁啟超，〈新大陸遊記節錄〉，《飲冰室文集》第一輯，頁 128-129；Burton, 1911:1, pp. 161-168.
〔註39〕 Burton, 1911:1, pp. 244, 254-265；〈伯特利教會創辦人——胡遵理教士〉，戎玉琴等編《伯特利·我們的家》，頁 60。
〔註40〕 譚義廉是 1880 生於江西九江；父譚選書。她有兄翊卿、翊煌，分別業商與律師。她在儒勵女校就讀 10 年（1888-1898）畢業，後在美主修哲學、教育。參見 Burton, 1911:1, pp. 233-243.
〔註41〕 Burton, 1911:1, pp. 161-168；劉真，《旅美書簡》，頁 73-75。
〔註42〕 梁啟超，〈記江西康女士〉，頁 119-120。

各國制定須先熟習數種基本科學。因此，入學考試科目包括算術、幾何、修辭、美國史、物理與拉丁文。在所有交卷者中，她倆的成績最好。石美玉入學後，發覺教授對她的中文名字難以發音，決定改用自己譯意的姓名 Mary Stone，博得全班報以笑聲採納。她宣稱自己不同於中國非基督徒的未婚女子，置身深閨不出門，卻也被取笑是基督教製造的老媽子。〔註43〕

石美玉和康成在密西根大學 4 年，潛心醫學，冀以救眾生疾苦。學校課業忙碌，仍有優異表現。每學年月考，均名列前矛。她倆在大三時，成績領先全班；大四時爲全班第二。由於成績很好，獲得獎學金的紀錄令人嫉妒，以致常被推斷「不是很聰明，就是非常用功。」當她們在大學快結業時，獲得許多人的激賞。大四時，她倆做爲皮膚科專長的布雷基醫生（Dr. Breakey）的幕僚，以熱忱的投入工作受到肯定。另一位教授在她們的畢業典禮時，說到「她們將成爲密西根大學的榮譽。提供她們課程的社團，將永不致後悔爲她們所做的。」畢業典禮以前，安那堡的美以美會教堂爲她們舉辦茶會，並致贈一頗有價值的外科手術工具盒。其他還有醫務箱、照相機、時鐘、棉被、書籍及雅緻的手帕等許多禮物。

西方醫學界於 1895 年發現 X 光線（Roentgen Rays），〔註44〕康、石與許金訇在美國想必都躬逢其盛。1896 年 6 月康、石畢業典禮時，校方邀請當地政府官員、外校著名學者及來此遊歷的外地官員和社會名流參加。她倆一反平日的美式穿著，換上從中國寄來的中式服裝；康成穿藍色，石美玉穿粉紅的，均以光澤的絲綢做成，非常引人注目。745 位領取畢業證書的學生中，只有她倆以頭等優秀成績而踏上講台，從校長安傑爾（Angell）手中領取證書（M.D.），令在場上千名人士刮目相看，鼓掌稱讚。〔註45〕誠然如梁啓超所形容的「觀者如堵牆，皆拍手讚嘆」。〔註46〕校長致詞，大意認爲美國女子不及這兩位中國女子。據梁啓超記載所聽聞的其中一段話：「莫謂中國人不足言，彼中國人之所能，非我所能也，若兩國之女相較，則吾美之女，愧無地矣。」〔註47〕校長期許她倆未來更有成就。他們的儀態與尊榮，在參加校園遊行時，

〔註43〕 Burton, 1911:1, pp. 161-168；北京清華學校編，《遊美同學錄》（1917），頁 14。
〔註44〕 韓碧秀女士編纂，董碧雲女士譯述，《護士歷史略記》，頁 19。
〔註45〕 〈石美玉（1872-1954）〉，見江西近代鄉賢錄編輯委員會編《江西近代鄉賢錄》（台北：編者自印，1998），頁 17。
〔註46〕 梁啓超，〈記江西康女士〉，頁 119-120。
〔註47〕 同上註。

更贏得觀眾由衷的鼓掌，與有榮焉。這說明石美玉與康成在密西根大學 4 年的努力用功，贏得全校師生的敬愛。

1896 年夏，石美玉和康成轉赴芝加哥醫院，當實習醫生 2 個月。石美玉身材矮小，起初總看不到手術台進行的醫療。主領的但福德醫生（I. N. Danforth）有鑒於此，允許她站在手術台前面。其他醫生隨後也仿效。但福德醫生還安排石美玉實地訪問芝加哥所有優良醫院，介紹認識當地一流名醫。她獲得所需的學習，也用心與人交誼，並與但福德醫生成爲終身好友。但福德在觀察石美玉所作的手術後說：「沒有一個芝加哥的外科醫生能比她做得更好。」〔註48〕她倆學業有成，決定儘快回國。雖然中國積弱不振，民眾體魄瘦弱，貧病交加，她們要用新醫術爲人治病，強健中華民族的體魄。她倆做爲美國衛理公會婦女外國傳道會愛阿華分會派遣的傳教代表，於同年 9 月攜手坐船回到中國。因此她倆不只是醫生，還是被正式指派的醫療傳教士。〔註49〕當時康成已 22 足歲，石美玉 23 足歲，比起金韻梅的 24 足歲、許金訇的 29 足歲拿到醫學博士，可說康成最年輕有爲，而石美玉也不遑多讓。

總之，1894 年中日甲午戰前，教會資助赴美學醫的 4 位女生，開中國女子留美風氣之先，對日後中國女子留美具有示範作用，尤其在學習最頂尖的西方科學——醫科，頗具意義。一般認爲女子不適合學醫，中國女子教育尚未獲得官方承認以前，她們就已經突破這些刻板印象，怎麼不令人刮目相看？

二、1895-1911 年間留美學醫的女生

中日甲午戰爭以後，又有女子自費前往美國留學，如李碧珠、黃子靜偕其夫人、曹麗雲、彭元昭（譯音）、林惠貞等。

李碧珠的出身背景，據金陵大學美籍歷史教授貝德士所蒐集的中國基督徒名單，提到「李××，福建人。衛理會基督徒。一位牧師的女兒。在美國費城學習 8 年，1905 年獲得女子醫學院醫學博士學位返國。」〔註50〕由此可知她是衛理會牧師的女兒，1897 年已赴美。又 Margaret E. Burton 所著的 *The Education of Women In China* 則提到她的英文名字 Li Bi Cu，並與石美玉、康愛德、許金

〔註48〕 Burton, 1911:1, pp. 161-168；江西近代鄉賢錄編輯委員會編，〈石美玉（1872-1954）〉，頁 18-19。

〔註49〕 Burton, 1911:1, pp. 12-14, 121-125, 161-168；北京清華學校編，《遊美同學錄》（1917），頁 14。

〔註50〕 貝德士輯，〈中國基督徒名錄〉，頁 440-441。

匐並列。〔註51〕據衛理會所辦福州毓英女校的史料所記，1859 年該校創立時，由於中國千年來重男輕女的思想，又規定不收纏足女孩，招生困難。該校在提供所有費用的情況下，才招來一個學生黃暉欽，至 1862 年畢業，後與李長水結婚，此即其父母親。他們育有 2 女 3 男，都先後留美。李碧珠是長女，她與其妹想必也是毓英女校畢業。毓英女校在 1895 年以前，學生當中屬於童養媳者不少，高達總數的 1／3，到 1909 年已減為佔全校 1／80。〔註52〕由此可見十九世紀下半葉，入毓英就讀的女生人數不多，又多出身貧賤。她們有機會受到基督教學校栽培，提昇知識與能力，甚或出國深造，這無異於獲得人生關鍵性的起跑點。再者，她們從童養媳到戒纏足而興女學，也給社會發揮移風易俗的作用。

　　1899 年有曾留日的安徽黃子靜（約 1875 年生），1903 年偕其夫人至美學醫。〔註53〕他倆程度不足以入學醫科，而先入高中就讀預備課程。就讀預備科。據 1903 年遊美的梁啓超，憶述這年 50 名留美學生中，有 3 名女生，即黃子靜夫人、康同璧及薛錦琴。黃子靜夫人和康同璧，在美東康乃迪克州哈特福德（Hartford）高等中學校就讀。〔註54〕梁啓超稱譽該校為美國最優良的高等學校。〔註55〕後來，黃氏夫婦同入密蘇里醫學專門學校（Missouri Medical College）學醫。〔註56〕

　　1905 年 10 月抵美的曹麗雲，是曹芳芸之妹，1885 年生於蘇州，1896 年入上海中西女塾，1901 年畢業；次年留學日本長琦活水女校，1904 年以成績優異，獲得獎學金，不久回國。1905 年私費赴美留學，〔註57〕入林園大學醫科，1907 年轉入賓州費城女子醫學院，1911 年獲得醫學士（M.D.即 Medicine Doctor），於馬利同生醫院（Mary Thompson Hospital）任住院實習醫師 1 年，1912 年回國。〔註58〕如前文所述，曹麗雲一家有三姊弟在美求學，並非不容

〔註51〕 Burton, 1911: 2, p. 87.
〔註52〕〈李淑仁記福州毓英女子學校〉，見朱有瓛、高時良主編，《中國近代學制史料》第 4 輯（上海：華東師範大學，1993），頁 273。
〔註53〕〈同瀛錄〉，《美洲留學第二次報告》（舊金山：美洲中國學生會，1906 年 4 月），頁 24，表 5。
〔註54〕 梁啓超，〈新大陸遊記節錄〉，頁 128-129，原文譯為哈佛舊名，是錯誤。
〔註55〕 顏惠慶，《顏惠慶自傳》，頁 33。
〔註56〕〈同瀛錄〉，《美洲留學第二次報告》，頁 24，表 5。
〔註57〕 同上；北京清華學校編，《遊美同學錄》（1917），頁 147。
〔註58〕 "Abroad: Statistics of Chinese Girls in America.", *The Chinese Students' Monthly*, Vol. 3, No. 2（Dec., 1907），p. 65. 又英語的醫士與博士同詞。中國畢業於歐美的醫士，正確說是醫學士，並非醫學博士。

易。其實，他們不是殷實之家的出身背景，而是靠教會資助所致。

彭元昭（譯音）則於 1908 年以官費至美學醫。她先後畢業於三所大學，屢獲榮譽獎，爲中國早期的女醫士，曾在紐約著名的倍而維（Bellevue Hospital）大醫院擔任戰地病院的醫士。1919 年上海《婦女雜誌》刊登一張她穿白色醫袍，站在救護車後方階梯上的玉照。〔註59〕

又據 1940 年 6 月伊利諾大學的《校友消息》（*Alumni News*）記載，有該校女校友林惠貞（Lin, Hei-Ding）接受該刊訪問，提到她自幼生長在福州，父親是當地基督教會牧師，母親在福州的美國婦女傳道會（The American Board Foochow Mission）所辦第一所小學任教。林惠貞住在女子學院（Foochow College，按應即華南女子學院）附近，以地利之便，她與另 2 個姐妹都入學該校，爲走讀生。1909 年，林惠貞從該校獲得文學士（B.A.），次年抵達美國，進入聖路易斯（St. Louise）的林園（Froest Park）大學肄業 1 年，獲得文科碩士（M. A.）。當她轉入伊利諾大學不久，中國爆發辛亥革命，不久成爲亞洲第一個民主共和國。當時支持此事的美國總統詹姆士（James）甫自該校醫學院校友獲贈一份禮物，使她有機會沾光，在就讀的 4 年（1911-1915）間，得以在芝加哥奧古斯塔那醫院（Augustana Hospital）擔任 2 年的非住院醫師（1913-1915），以及湯普孫婦幼醫院（Mary Thompson Hospital for Women and Children）的實習醫師 1 年。1915 年她獲得醫學士（M. D.），〔註60〕1917 年返國。〔註61〕她也曾獲得清華學校的留美學生津貼，〔註62〕對照 1932 年底《女聲》半月刊的報導，福建閩侯籍林惠貞赴美求學，先後獲得樹林囿（或譯林園）大學文學碩士及伊利諾大學醫學士等語，〔註63〕吾人可知林惠貞在清末赴美留學，先主修文科，後改學醫。她應該是從伊利諾大學醫學院畢業的第一位中國女子。

除了上述這五位學醫女子，還有石美玉、康成分別獲得美國差會准予休假，於 1907 年再度赴美進修。〔註64〕至於史載陳擷芬與丈夫楊儁（Mr. S. C.

〔註59〕　〈中國第一之美國女醫士彭元昭〉，《婦女雜誌》卷 5 號 2（1919 年 2 月），照片。

〔註60〕　*Alumni News*, June, 1940, cited from Carol Huang, pp. 116-117.

〔註61〕　*Ibid.*

〔註62〕　清華大學同學會編，《清華同學錄》，「津貼同學錄」頁 3。

〔註63〕　素卿，〈時代裡的女子：林惠貞女醫生的生活〉，《女聲》卷 1 期 5（1933 年 4 月），頁 12。

〔註64〕　Burton, 1911:1, pp. 183-184.

Yang）一起自費留美學醫。〔註65〕據《留美學生月報》所記，他倆在 1910 年 2 月已抵美伊利諾州；同年春季開學，陳擷芬在該州的學校攻讀教育，其夫則在同州學鐵路交通；〔註66〕至 1912 年初春返國。〔註67〕由此可見她倆並非主修醫科，傳聞所述有誤。或許他們起初確想學醫，後來知難而退吧？！

　　由上述可知，清末中國留美學醫的女生，可考者有金雅妹、許金訇、康成、石美玉、曹麗雲、李美珠、黃子靜夫人、彭元昭、林惠貞等 9 位。中國女子留美專攻西洋醫學，始於 1881 年，較男留學生黃寬最早在 1858 年留英學醫，晚了廿多年。上述這些女士，多由傳教士的熱心資助赴美學醫，這在當時西醫甫入的中國社會，實為難得。留美學醫，基本上所學為西方近代醫護知識與技術，並非中國傳統醫學技術。她們學成返國後，成為自立自強的新時代女性，對中國醫學現代化的發展，也都有相當大的貢獻。

第二節　民國以後赴美習醫的女生（1912-1927）

　　此時期的留美女生，在修習醫科方面的人數較清末民初時期增多，有官費、自費兩類，前者又分為延續 1910 年代的清華留美專科及津貼女生，還有各省考選官費生，故擬按官自費生分別敘述。

一、公費生

（一）1912-1919 年間赴美的女生

　　1912-1919 年間，獲得公費的留美女生，共有朱蘭貞、酈翠娥、方連珍、李清廉、陳翠貞、嚴惠卿、王淑貞與章金寶 7 位攻讀醫學類。第二批次的朱蘭貞，1918 年秋入專門學院。〔註68〕她主修醫科，1922 年獲得密西根大學科學士。還有酈翠娥（1897-1968；廣東番禺人）於 1916 年入胡桃山女校，主修醫學預科；後獲得何樂山女子學院文學士，主修醫學及人文科學（Medicine Lib. Arts, B.A.）；再入康乃爾大學進修普通文科，1922 年獲得學士；〔註69〕1926

〔註65〕　馮自由，《革命逸史》第二集，頁 177；羅益群，《中國文化世家・荊楚卷》，頁 611。

〔註66〕　"Personal News", *The Chinese Students' Monthly*, Vol. 5, No. 6, p. 343.

〔註67〕　"Personals", *The Chinese Students' Monthly*, Vol. 7, No. 5, p. 471.

〔註68〕　"Student World" *The Chinese Students' Monthly*, Vol. 14, No. 1（Nov., 1918），p. 56.

〔註69〕　清華大學同學會編，《清華同學錄》，頁 323。

年獲康乃爾大學醫學博士返國。〔註70〕李清廉（廣東清遠人）先於1916年入阿包（Amber）學院；1917年獲得密西根大學理學士（B.S.），主修醫科；1923年獲得同校醫學士（M.D）。〔註71〕

陳翠貞（北京人；1898-1958），1915年考入北京協和女子大學。〔註72〕先於1916年入阿包學院；1920年自俄亥俄威斯連醫預科畢業（H.B., Ohio Wesleyan）；1924年考取約翰·霍浦金斯（John Hopkins）醫學院醫學士（M.D.），並獲該校金鑰匙獎，成為榮譽術團成員，1926年返國。福建閩侯女子嚴惠卿也在1916年先入雷氏學院，主修文科；後獲得歐柏林學院文學士，以及約翰·霍浦金斯學院醫學士。〔註73〕

此外，方連珍於1916年入布拉佛（Bradford）學院文科肄業；1921年獲得密西根大學牙醫學士（D.D.S.即Doctor of Dental Science），主修牙醫。〔註74〕

第三批次的王淑貞（1899-1991），江蘇吳縣人，1918年秋入學衛斯理女子學院。〔註75〕1921年獲芝加哥大學理學士（B.S.），1925年約翰·霍浦金斯學院醫學博士（M.D.）；1926年返國。她出身書香門第，生長北京；1917年入蘇州女醫學堂學醫。〔註76〕但家道不富，全賴祖母王謝長達持守家風不墜。她對子孫勉以大志，先後讓他們負笈留學國內外；〔註77〕後來創辦蘇州振華女校，培養許多人才，王淑貞也曾是該校小學畢業。她父親王季同（1875-1948），又名季鍇，字小徐，清末接受新式教育，北京同文館畢業後，赴英留學，還到德

〔註70〕　國立清華大學校長辦公室編，《清華同學錄》，頁69-70；房兆楹，《清末民初洋學生題名錄初輯》，頁191-192；吳成平主編，《上海名人辭典》（上海：上海辭書出版社，2001），頁78；*Who's Who in China: Biographies of Chinese Leaders,* pp. 13-15, 20.

〔註71〕　清華大學同學會編，《清華同學錄》，頁194。

〔註72〕　《華夏婦女名人詞典》編委會，《華夏婦女名人詞典》，頁634；《上海婦女志》編纂委員會編，《上海婦女志》（上海：上海社會科學院，2000），頁602。

〔註73〕　國立清華大學校長辦公室編，《清華同學錄》，頁69-70；房兆楹，《清末民初洋學生題名錄初輯》，頁191-192；*Who's Who in China: Biographies of Chinese Leaders,* p. 4, 22.陳翠貞的資料，還可參見《華夏婦女名人詞典》，頁634-635；周棉主編，《中國留學生大辭典》，頁251；李盛平主編，《中國近現代人名大辭典》，頁418。

〔註74〕　清華大學同學會編，《清華同學錄》，頁240，布拉佛學院又譯布刺德佛專校。

〔註75〕　"Student World" *The Chinese Students' Monthly,* Vol. 14, No. 1, p. 56.

〔註76〕　國立清華大學校長辦公室編，《清華同學錄》，頁93；周棉主編，《中國留學生大辭典》，頁37；吳成平主編，《上海名人辭典》，頁39。

〔註77〕　周邦道，《近代教育先進撰略》，頁41-42。

國西門子電機廠實習。他回國後，曾任鎮江大照電器公司、吳淞中國鐵工廠主任及顧問工程師；1895 年任北京同文館算學教習，後爲《警鐘日報》首任主編。1910 年發現四元函數求微分法，1916 年發現一種電氣變流方法。1928 年任中央研究院工學研究所專任研究員，次年出席日本東京萬國工業會議、世界動力協會東京萬國工業會議。1930 年以後，他又發現分解電網絡的新方法。他興趣廣泛，爲著名數理學家、崑曲清唱家、佛學家與圍棋高手等。王季同有兄季烈（1873-1952），1904 年進士；弟季點（1880 生）爲清末附生，畢業於東京高等工業學校。季烈、季點在清末民初編著多本理化教科書。〔註78〕

　　王季同與前妻管尙德、繼室管尙孝二位夫人，共生子女 12 人，5 個早夭，其餘 7 個都用心栽培，日後成爲中國著名學者專家；5 個是清華校友，其中 4 個是物理學家。王淑貞排行第三，四弟王守竟爲著名的機電專家；五妹王明貞，燕京大學物理系畢業後留美，獲得密西根大學物理系哲學博士，是清華大學第一位女教授，統計物理隨機過程專家。九弟王守融，清大畢業留美，畢生從事精密機械儀器研究；十弟王守武（上海同濟大學機電系畢業後留美，普渡大學博士）與十二弟王守覺（著名微電子專家）都是中國科學院院士。七妹王守璨，清大中文系畢業，赴英留學，嫁給留英同學陸學善。此外，王淑貞的表妹何澤慧，是留德博士，著名的實驗物理學家。〔註79〕王家以教育傳家，子孫多好學不倦，女子也不例外，儼然一門俊秀。

　　章金寶，爲江蘇江寧人，一作上海人，〔註80〕1918 年入學哥倫比亞大學。〔註81〕她出身富裕的紳商之家。父親章達（文通），爲北京中法實業公司總理。

〔註78〕　王季同著作甚多，數理方面有《積較補解》、《泛倍數衍》、《孟晉堪所著書》（均署名長洲王季鍇 1891 年刻本）、《關於分解電網絡之新方法》（上海工程研究所，1934）；佛學方面有《佛法與科學》、《佛法與科學之比較研究》、《略論佛法要義》、《佛法之科學的說明》、《一樁輪迴確證討論集》、《唯識研究序》等；其他還有《因明入正理論摸象》（又名《東西洋論理學之比較研究》）、《馬克思主義批判及附錄》，均在 1930、1940 年代出版。王家兄弟的著作，分別存藏於上海、蘇州與中國國家圖書館等。見張耘田、陳巍主編《蘇州民國藝文志》（揚州：廣陵書社，2005），頁 58-62。

〔註79〕　何澤慧與丈夫錢三強，都是物理學家、中國科學院院士，見劉一達《老根兒人家》（北京：北京出版社，2004），頁 93-101，誤謂王淑貞爲清華大學畢業。

〔註80〕　清華大學同學會編，《清華同學錄》，頁 218，作章金寶爲江寧人；國立清華大學校長辦公室編，《清華同學錄》，頁 93-94 將章金寶誤爲上海人；Who's Who in China: Biographies of Chinese Leaders, p. 10.

〔註81〕　"Student World" The Chinese Students' Monthly, Vol. 14, No. 1, p. 55.

祖母張氏，清末被賜封為一品夫人。章金寶排行長女，是上海聖馬利亞女書院畢業。

　　章金寶考取清華專科留美，也是從眾多競爭者當中脫穎而出。她不但英文與理化等科目程度好，國文造詣也屬佼佼者。試觀她在 1917 年 1 月上海《婦女雜誌》「國文範作」專欄，發表〈擬賀馮華甫督軍當選副總司令書〉、〈擬遙祭蔡公松坡文〉兩文。前一篇百餘字，表達她對馮國璋於民初當選副總統的祝賀與期待。其中提到：「金寶籍隸金陵，先祖塋墓得免樵蘇，數世園林未遭兵燹。公於吾，寧可稱德被群生，恩同再造矣。今公膺此大任，含氣之類莫不引領。況某之心能無踴躍，故特奉文以賀。」〔註82〕〈擬遙祭蔡公松坡文〉全文 230 多字，起頭提到。

> 維年月日，上海馬利亞學院學生章金寶僅以清酌庶羞之奠，遙祭蔡公松坡之靈曰：嗚呼！我公一代之熊，深習軍學，超超凡庸。前清外官坐鎮軍中，閑姦興良，昭昭可風……嗚呼我公，一世之良，二豎為害，求醫扶桑，年不三紀，遽登先鄉。哀公壯猷，宏著旂常，讀公遺言，可紹官方。憶公音容，憎我感傷，弔公英靈，涕泗旁皇。魂兮歸來，無留他邦。嗚呼哀哉尚饗。

最後敬述蔡松坡討袁帝制、維護民國的功勳，感傷他的英才早逝。前一篇被評為「文經鎔煉而成，準情合理，非同浪使詞華。」後一篇押韻，且被評為「仿做韶體辭氣蒼茂音韻悲涼，讀之令我擊節不置。」該刊編者在文後介紹她的家世。〔註83〕她的國文造詣超凡，文字淬煉，這是兼受家教與教會學校栽培所致。

　　清華特別費女生學醫，有丁懋英。丁懋英，字美英，江蘇上海人，1892年出生於上海；父親丁甘仁，是著名中醫。〔註84〕祖父深諳歧黃之術，顯名當世。因此她出身中醫世家，為代出名醫的孟河派丁氏。她與楊步偉同學，1911 年上海中西女校畢業，〔註85〕後留校任教 2 年。〔註86〕於 1914 年入麻州

〔註82〕　章金寶，〈擬賀馮華甫督軍當選副總司令書〉，《婦女雜誌》卷 3 號 1（1917 年 1 月），國文範作，頁 5-6。

〔註83〕　章金寶，〈擬賀馮華甫督軍當選副總司令書〉，頁 5。文中標點符號為筆者所加。

〔註84〕　于學蘊、劉琳編著，《天津老教堂》，頁 106；*Who's Who in China: Biographies of Chinese Leaders,* p. 20.

〔註85〕　貝德士輯，〈中國基督徒名錄〉，頁 455；Cavanaugh, ed., 1931, p. 299.

何樂山女子學院就讀預科 2 年，1916 年入密西根大學醫科，1920 年畢業。在底特律女子醫院擔任實習醫師（Interne at Detroit Women's Hospital）1 年；1921-1922 年先後在西費城女子醫院（West Philadelphia Hospital for Women）、費城醫學院的附屬醫院及紐約韋拉派克（Willard Parker）醫院的住院醫師（resident physician），1922 年返國。〔註 87〕

1921 年自美返國的鄒邦元，字淑慧（淑蕙），江西高安（後改屬南昌）人。她先後獲得西北大學文學士（B.A.），密西根大學理學碩士（B.S.），芝加哥大學醫學士（M.D.），〔註 88〕因此應該是 1910 年代赴美。其弟鄒邦梁，也在 1920 年末留美。〔註 89〕

（二）1920-1927 年間赴美的女生

此期間公費留美學醫的女生，有葛成慧、倪徵琼、桂質良、王志宜、胡漢納、凌淑浩等。

江蘇省官費女生赴美習理科的，有葛成慧。她是江蘇嘉定人，北京協和女醫校畢業；〔註 90〕1920 年以平均成績 75.00 分，考取江蘇省歐美官費缺額的派補生 7 名之一，且是榜首，也是唯一的女生。〔註 91〕可見她相當優秀。同年 8 月 14 日已經獲得發給川資、治裝等各費，與方光圻、潘淑、孫本文、施嘉幹等 5 名男生赴美。

倪徵琼與桂質良爲第四批次清華留美女生。桂質良（良質），湖北武昌人；約 1901 年生，上海聖瑪利亞女學畢業。〔註 92〕於衛斯理女子大學教育系肄業，1925 年獲得同校文學士（A.B.）；1929 年獲得約翰·霍浦金斯學院醫學士（M.D.）。〔註 93〕桂質良有兄桂質廷，1895 生；1913 年清華留美預備學堂畢

〔註 86〕　陳霆銳，〈石如玉、丁懋英兩女士合傳〉，《藝文誌》期 74（1971 年 11 月），頁 23。

〔註 87〕　同上註；Cavanaugh, ed., 1931, p. 299.

〔註 88〕　清華大學同學會編，《清華同學錄》，「特別生同學錄」頁 1。

〔註 89〕　鄒邦梁於 1929 年自清華學校畢業，1931 年獲得史丹佛大學文學士，主修政治，至 1933 年仍在美國加州深造，見清華大學同學會編，《清華同學錄》，頁 262。

〔註 90〕　寰球中國學生會編，《寰球中國學生會民國十五年特刊》，頁 25、69、71。

〔註 91〕　王煥琛編著，《留學教育》第三冊，頁 1562-1563。

〔註 92〕　國立清華大學校長辦公室編，《清華同學錄》，頁 137；《教育雜誌》第 13 卷 9 期，記事，頁 8；寰球中國學生會編，《寰球中國學生會民國十五年特刊》，頁 2、6、69-70。

〔註 93〕　清華大學同學會編，《清華同學錄》，頁 153-154；國立清華大學校長辦公室編，《清華同學錄》，頁 136；《教育雜誌》卷 13 期 9，記事，頁 8。

業留美，1917 年獲得耶魯大學物理學學士，1920 年取得康乃爾大學物理學碩士，1925 年獲得普林斯頓大學物理學博士，返國擔任武昌華中大學理學院院長兼物理系主任。〔註94〕弟桂質柏，1900 年生；1931 年獲得芝加哥大學哲學博士（Ph.D.）。〔註95〕

倪徵琮，江蘇吳江人，先後自上海聖瑪利亞女學及滬江大學女子學院畢業，1924 年獲史密斯女子學院文學士（B.A.），1928 年獲得康乃爾大學醫學士（M.D.）。〔註96〕她還有弟弟倪徵燠（1906-2003），也是清華學生，1920 年代末期留美，後獲得史丹福法學博士（Ph.D.）。〔註97〕

王志宜與胡漢納爲第五批次清華留美女生。王志宜爲河北天津人，1927 年獲得康乃爾大學文學士（B.A.）；1931 年獲得密西根大學醫學士（M.D.）。〔註98〕

胡漢納爲江西九江人，上海中西女校畢業；原擬入星星納（辛辛那提）大學醫科，後在西拉克斯（Syracuse）大學醫科肄業、俄亥俄牙醫學院（Ohio College of Dental Surgery）畢業；〔註99〕惟畢業時間不詳，從相關資料推斷她是在 1928 年左右畢業。

凌淑浩考取第六批次清華留美女生，1925 年至美。此批次清華留美女生共錄取 5 位，其中她與張緯文 2 位主修實科。〔註100〕凌淑浩爲廣東番禺人，知名女作家凌淑華（叔華）之妹。她在 1928 年獲得西保（Western Reserve）學院醫學士（M.D.）。後來服務於美國印地安納州印地安納波利斯城埃麗研究實驗室（Elli Lilly Research Lab., Indianapolis, Ind., U.S.A.），與獲得博士的清華同學陳克恢結婚後，一同在印地安納波利斯城埃麗公司（Elli Lilly and Co.,

---

〔註94〕 清華大學同學會編，《清華同學錄》，頁 153。
〔註95〕 Tung-li Yuan, compiled, 1961, pp. 136, 32.
〔註96〕 清華大學同學會編，《清華同學錄》，頁 156；國立清華大學校長辦公室編，《清華同學錄》，頁 136。
〔註97〕 清華大學同學會編，《清華同學錄》，頁 211；羅久蓉，〈張蓉珍女士訪問紀錄〉，《烽火歲月下的中國婦女訪問紀錄》（台北：中央研究院近代研究所，2004），頁 7。
〔註98〕 清華大學同學會編，《清華同學錄》，頁 7；國立清華大學校長辦公室編，《清華同學錄》，頁 174-175；寰球中國學生會編，《寰球中國學生會民國十五年特刊》，頁 24。
〔註99〕 清華大學同學會編，《清華同學錄》，頁 115；國立清華大學校長辦公室編，《清華同學錄》，頁 174-175；寰球中國學生會編，《寰球中國學生會民國十五年特刊》，頁 24、26，作胡漢納擬入星星納（今作辛辛那提）大學醫科。
〔註100〕 清華大學同學會編，《清華同學錄》，頁 199；國立清華大學校長辦公室編，《清華同學錄》，頁 202-203；《學府紀聞——國立清華大學》，頁 445。

Indianapolis, Ind., U. S. A.）任職。〔註101〕

二、私費生

（一）1912-1919 年間赴美的女生

此期間私費留美的女生中，有王安福、王恩梅、石胇比、石梅成志、伍智梅、戴女士、楊秀芳等 7 位學醫。

王安福（Wang, Ngan Fu）於 1912 年 9 月抵美，入西拉克斯（Syracuse）大學進修醫科 8 個多月，1913 年 5 月返國。她大約是 1910-1912 年之間出生，祖籍浙江寧波府奉化縣。祖父王際唐爲奉化基督教聖公會牧師，祖母施愛麗，17 歲嫁給王際唐，生 5 子 6 女。父親王正廷（儒堂；1882-1961）有正庸、正康、弟正黼。王正廷於 1902 年與表妹施美利結婚，後參與創辦天津青年會，繼入天津北洋大學就讀，1906 年赴日本組織國際青年會中國協會東京分會。次年自費留美，入密西根大學攻讀普通文科 1 年，轉學耶魯大學（1908-1911）。他育有 5 子 3 女。王安福爲次女，上有姊安慶（1904 年生）與安靜（1906 年生）、兄恭琛（1907 年生）、恭端；下有妹安秀，弟恭瑋、恭珏。她 8 歲入貴谿內地會 Wu-cheng 女中，就讀 5 年。再入九江儒勵女校，畢業後任教九江但福德醫院 2 年，才自費抵美，進修醫科。她直到 1933 年仍以景德鎮朱衕耶穌堂爲聯絡地址。〔註102〕由此可知她 18 歲在國內女校讀書時，父親赴美深造 4 年。這樣的家世背景，使得她後來受到父親的鼓勵與資助赴美。再者，她的學經歷，必定受到九江但福德醫院院長石美玉的賞識，認爲是可栽培的優秀人才，因而可能由家庭或但福德醫院予以支持、資助而赴美進修醫學理論與

〔註101〕清華大學同學會編，《清華同學錄》，頁 199；陳克恢，字子振，是江蘇青浦人，1918 年清華學校畢業，1920 年威斯康辛大學製藥學士，1923 年同校醫藥生理博士，1927 年約翰霍浦金斯大學醫學博士，參見清華大學同學會編，《清華同學錄》，頁 193。

〔註102〕王正廷 10 歲（1892）即赴父命，離家到上海中英學校求學。於 1896 年考取北洋大學預科，1900 年因奉亂輟學返滬，次年考入上海海關，待遇雖優，卻不感興趣。見劉歡曾，〈王正廷博士百齡冥誕誌感〉，《傳記文學》第 42 卷 2 期，頁 10-20；張騰蛟，《壇坫健者——王正廷傳》（台北：近代中國出版社，1983），頁 146-152。北京清華學校編，《遊美同學錄》（1918），頁 4-5，謂王安福生於 1889 年，對照劉文與張文內容，很可能均爲誤植，其實應該在 1910-1912 年之間出生。蓋劉歡曾爲王安福夫婿，要不然，便是同名同姓的另一個人。

實務，雖然時間不長，卻能直接受到西洋醫學的浸淫，並且親身體驗美國生活與文化，擴展眼界、增長見聞。

　　至於王恩梅，據《中華基督教會年鑑》所記，她是遊美女醫師，屬於公理會基督徒，1915年已返國行醫。〔註103〕王正廷有一妹，名王恩信，上海中西女塾畢業，1924年獲得教育部核准自費赴美學經濟，時27歲。〔註104〕推算起來，她大約在1898年出生。筆者懷疑王恩梅可能也是他的妹妹之一。

　　石美玉的三妹石非比（腓比；1895-1930），〔註105〕1914年獲得卻爾學院（Gourcher College）獎學金赴美留學，該獎學金從未給予非攻讀博士的學生，可說是很難得的榮譽。她進入約翰霍浦金斯大學醫學院專攻醫科，〔註106〕1918年獲得醫學士。〔註107〕1915年，石美玉也三度赴美，入約翰‧霍浦金斯大學醫科研究1年，1916年返國。〔註108〕

　　石梅成志，原名春枝，湖北黃梅人，1881年生；18歲（1899）嫁給石美玉的弟弟；惟婚後2個月，丈夫即病逝，留下1名遺腹子石道生。她由石家悉心栽培，特別是石美玉鼓勵指導，考進北平協和醫科大學學醫，畢業獲得醫學博士，後又去日本進修婦產科，接著赴美深造，1920年代初期已歸國，在上海伯特利醫院（1920年成立）行醫。〔註109〕而教育部在1921年2月要求留美監督彙報江西女生石藹誠的最近成績，以憑核辦。〔註110〕據此推測石藹誠很可能就是石腓比或石成志。

　　伍智梅（1898.12.26-1956.11.12）赴芝加大學醫學院研究，是旁聽見習外科麻醉，未得文憑；但後來獲得該校醫學院研究考選委員會醫師檢覈及格，

〔註103〕不著撰人，〈書拾陸：職員名錄〉，中華續行委辦會編訂《中華基督教會年鑑》第二冊（1915），頁406。

〔註104〕王煥琛，《留學教育》第四冊，頁1624；劉歡曾，〈王正廷博士百齡冥誕誌感〉，頁12-14。

〔註105〕蔡寄雲，〈和石非比醫師在一起的日子裏〉，戎玉琴等編《伯特利‧我們的家》，頁100-101。

〔註106〕Gourcher College前身爲巴的摩爾女子學院（Baltimore women's College），"Personal notes", *The Chinese Students' Monthly,* Vol. 10, No. 2（Nov., 1914），p. 108.

〔註107〕湖北省地方志編纂委員會編，《湖北省志人物志稿》第二卷，頁787-788。

〔註108〕北京清華學校編，《遊美同學錄》（1917），頁14。

〔註109〕〈石氏之三醫師〉，《婦女雜誌》卷14號10（1928年10月），照片；石道生後來在美國去世，其妻張安怡及女兒仍在美。見程彼得〈婦產科專家石成志醫師〉，收在戎玉琴等編《伯特利‧我們的家》，頁64。

〔註110〕《教育公報》第八年四期（1921年4月），紀載，頁1。

1919 年已返國。〔註 111〕她是廣東台山縣沖婁村人。當地近海，十九世紀末因人口續增而生活不易，居民紛向海外發展，是北美僑鄉的主要來源。她父親伍漢持（1872-1913）青少年時，曾為科舉仕途而求學、教書。23 歲在家鄉接受福音，成為浸信會基督徒。次年入佛山鎮英國循道會所辦的西醫院就讀，至 27 歲畢業。1900 年，28 歲的伍漢持在開平單水口行醫，受義和團到處劫殺洋務派之累，被劫一空，因而遷居香港，當時他已成家，有子女；年輕的妻子李佩芝也是台山人，纏足、身材小。伍智梅排行老二，上有一兄，下有兩弟，是唯一的女兒。伍漢持在行醫與傳教之餘，開始與反清革命派往來，包括孫中山、史堅如及其兄古愚、妹憬然。〔註 112〕這是他生命的轉捩點。

　　1906 年伍家又遷廣州城內，住舊倉巷一簡陋的木板小屋，底層 3 房，上有矮閣樓。李佩芝勤儉、靈巧，曾在基督教柔濟醫院工作，雖不識字，卻能以鼻辨味，認知藥名，甚至成為西式助產士。她有親和力，善於經營，為支持丈夫的事業和醫院，置房地產不少；時廣州人尊稱她「伍師奶」。伍漢持創立的圖強醫院和醫學堂，就在住家對面城隍廟旁的洋房。住家後面的天井，是他和革命同志秘製炸藥處。他們曾計劃暗殺兩廣總督李廣，卻因缺乏經驗，製炸藥曾爆炸，幸未引起治安單位注意。1911 年廣州三二九之役，他是少數生還者之一。事後，舉家避難香港。武昌起義成功後，伍漢持成為廣東都督府醫務部長，兼任北伐軍醫官；1913 年當選第一屆眾議員後，多次公開指責袁世凱政權，以致同年 8 月被袁派人暗殺，年僅 42 歲；而當時伍智梅才 14 歲。〔註 113〕她與父親相處時光不多，但性格與為人像他，如正直敢言，輕財慷慨，執著理想，熱心公益，責任感重。伍智梅也受母教影響，在待人接物上，執守傳統的三從四德觀念。她生長於基督教家庭，自幼信教，又受父母、兄長學醫影響。長兄為德國柏林大學醫學博士，〔註 114〕因此她在廣州的教會

〔註 111〕　李又寧，〈伍智梅與國民黨〉，《中華民國建國八十年學術討論集・政治軍事史》第一冊（台北：近代中國出版社，1991），頁 413；〈伍智梅代表傳略〉，國民大會秘書處編《制憲國民大會逝世代表傳略》（台北：國民大會秘書處，出版年不詳），頁 45-46。

〔註 112〕　伍漢持去世後，圖強醫院改名伍漢持紀念醫院，見李又寧〈伍智梅與國民黨〉，頁 419；林泉，〈伍漢持〉，秦孝儀主編，《中國現代史辭典・人物部分》（台北：近代中國出版社，1985），頁 84。

〔註 113〕　林泉，〈伍漢持〉，頁 84；李又寧，〈伍智梅與國民黨〉，頁 419。

〔註 114〕　同上；潘樹人〈伍智梅女士與科學醫〉，以及李曼瑰〈盡瘁留芳〉，均收於氏

名校眞光中學畢業後，也決定學醫，入夏葛女子醫科專門學校，再赴美習外科麻醉，1919 年已返國。〔註 115〕據此，她可能在 1910 年末期留美。

1920 年以前，還有戴女士（譯音：Mary F. Tai），來自蘇州的女醫生，被指定得到洛克斐勒醫藥獎學金，1919 年秋正在紐約市進修。她是在醫學榜上第一位獲得此榮譽者。〔註 116〕

楊秀芳於 1927 在鎮江行醫，她留美期間，與朱韻珩成為好友，而朱是 1917-1925 年留美；楊秀芳學醫，很可能 1920 年以前留美。〔註 117〕

總之，1919 年為止，留美女生主修醫科的可考者，計有 15 位。

（二）1920-1927 年間赴美的女生

此期間私費學醫的女生，有周德芳、姜愛梅、黃韻松、王逸慧、馬素貞、楊雲英、林廉卿、陶漱石、范承傑（承杰）、劉劍秋與王女士等。

周德芳為湖北蘄水人，約 1899 年生，南京金女大三年級肄業。赴美時 22 歲，自備學費 5 千美元，於 1920 年 6 月核准赴美。〔註 118〕

姜愛梅（阿梅）為山東即墨人，協和女醫校畢業。1921 年與其妹姜愛蘭（阿蘭）同時留美。〔註 119〕同年，姜愛梅入密西根大學醫科，後獲醫學士，1925 年返國。〔註 120〕

1923 年有黃韻松入太利尼大學醫科。她是江蘇人，與其妹黃韻苕，均上海中西女校畢業，相偕赴美。〔註 121〕

王逸慧（1899-1958）是福建閩侯人；1923 年自上海聖約翰大學醫學院畢業，1926 年赴美，先後入辛辛那提大學醫學院、約翰霍浦金斯大學醫學院進修，1928 年返國。〔註 122〕

馬素貞與楊雲英於 1927 年 7-8 月間獲核准赴美習醫，當時馬 24 歲，楊

　　　著《盡瘁留芳》（台北：伍智梅女士獎學基金委員會，1961），頁 9、143。

〔註 115〕李又寧，〈伍智梅與國民黨〉，頁 413；〈伍智梅代表傳略〉，國民大會秘書處編，《制憲國民大會逝世代表傳略》，頁 45-46。

〔註 116〕 "Club News" *The Chinese Students' Monthly*, Vol. 15, No. 1,（Nov., 1919）, p. 57.

〔註 117〕范長琛，〈衛立煌朱韵珩結縭佳話〉，《紫金歲月》1994 年第 1 期，頁 13。

〔註 118〕王煥琛編著，《留學教育》第三冊，頁 1589。

〔註 119〕寰球中國學生會編，《寰球中國學生會民國十五年特刊》，頁 2、4；陳炳權，《大學教育五十年（陳炳權回憶錄）》，頁 56。

〔註 120〕寰球中國學生會編，《寰球中國學生會民國十五年特刊》，頁 2、4、69、70。

〔註 121〕同上書，頁 24、28。

〔註 122〕廖蓋隆主編，《中國人名大詞典——當代人物卷》，頁 182-183。

29 歲。馬素貞為江蘇鎮江人，上海中西女校畢業，保證人為親戚丁懋英。丁懋英女士當時已經留美學醫（1914-1922）返國，故對馬素貞的赴美學醫，在言談的指導與經驗傳授之外，以擔任保證人的具體行動，表示支持鼓勵。

　　楊雲英為安徽當塗人，華北協和女醫校畢業，自備 1 萬美元留美。〔註 123〕

　　劉劍秋為 1919 年南京金女大畢業 5 位女生之一。〔註 124〕

　　范承傑於 1918 年入學金女大，1922 年畢業。〔註 125〕

　　學醫女生中，有王素貞、任倬、方雪瓊、何守瓊等 4 位獲得清華津貼。王素貞於 1921 年已在美就學。〔註 126〕她是江蘇江寧人，可能是王素意的妹妹。〔註 127〕

　　任倬於 1923 年入密西根大學習醫科；〔註 128〕她是浙江杭縣人，1919 年南京金女大畢業。1923 年自費赴美。〔註 129〕

　　方雪瓊先取得美國科羅拉多大學文學士，再獲得波士頓大學醫學士。1931年以前返國。〔註 130〕

　　何守瓊於 1925 年獲得波士頓大學醫學士（M.D.）返國。〔註 131〕她是福建閩侯人，字露茜，1900 年出生。〔註 132〕

　　此外，還有些女生留美學醫，不能知道其時間始末，只能略作推敲。如王女士（Roses W. Wong）；〔註 133〕林廉卿（字慕夷，廣東南海人，約 1901 年生），齊魯大學醫學院畢業後，赴美國肺病研究所進修。〔註 134〕陶漱石入費城女子醫

〔註 123〕《教育部公報》第 1 期（南京，1927 年 7-8 月），紀載，頁 6，謂楊雲英、馬素貞於 1927 年 7-8 月核准留美；王煥琛編著，《留學教育》第三冊，頁 1657，謂同年 9-10 月核准留美。此處從前者。

〔註 124〕〈金陵女子大學畢業生〉，《婦女雜誌》卷 6 號 1（1920 年 1 月），照片。

〔註 125〕范承杰，〈我的「大姊姊」吳貽芳——1980 年上海校友會上發言摘要〉，見金女大校友會編，《永久的思念》（南京：金女大校友會，1993），頁 45。

〔註 126〕《教育公報》第八年十一期（1921 年 11 月），公牘，頁 21。

〔註 127〕王素意(1881-1949)，留美學教育，1924 年獲得博士。見 Tung-li Yuan, compiled, 1961, p. 61.

〔註 128〕寰球中國學生會編，《寰球中國學生會民國十五年特刊》，頁 24、25。

〔註 129〕金陵女子文理學院辦公室編，《金女大大事記》，頁 54；〈津貼生同學錄〉，清華大學同學會編，《清華同學錄》，頁 2。

〔註 130〕福建省檔案館藏號 39-1-5，〈私立華南女子學院呈請立案用表之（一）〉。

〔註 131〕清華大學同學會編，《清華同學錄》，頁 316。

〔註 132〕同上，頁 316。

〔註 133〕貝德士輯，〈中國基督徒名錄〉，頁 467。

〔註 134〕教育部編，《教育部專科以上學校教員名冊》第二冊，頁 474。

科大學研究所研究。〔註135〕她是江蘇嘉定人，江蘇女醫學校畢業；曾任美國紅十字會西伯利亞戰地救護隊醫士、蘇州上津橋婦孺醫院及杭州濟生助產學校附屬醫院醫務主任，浙江省第一女中及杭州弘道女中校醫；〔註136〕1921 年已在蘇州婦孺醫院行醫。〔註137〕若按她們生年與任教等經歷，至遲應在 1920 年代中期抵美留學。由以上所述，可知此時期官私費學醫共 18 位，私費多於官費。

　　上述修習醫科的女生，在美國的學習過程，雖然未能詳知，但從前文曾提到的余寶笙於 1924 年抵美，在克亞大學習醫；後轉讀晨邊大學化學系。〔註138〕她原想學醫，應該是受家裡的影響，後來棄醫改學習化學，原因可能是志趣不合，或者醫科課業壓力太重。由此也可見女生學醫的不易。

　　再者，從下文可略知她們對自己將成為女醫的一些期許，以及對中西醫的見解。1923 年初，劉劍秋（Miss Gien Tsiu Liu）在《留美學生月報》以英文發表〈中國學醫女子〉（"Chinese Women in Medicine"）一文。她提到自 1896年石美玉、康成留美學醫返國，起先在內地行醫，普遍受到人們質疑。到 1920年代初期，那種懷疑不再，反而代以熱情歡迎。女醫生平易近人，更多人要求給她們看病。再者，女人比男人更多受病痛之苦。日常生活久坐少動，足不出戶；懷孕生子，加上家人與社會接觸頻繁，都造成婦女比男人更易罹病且危及生命。女子常籠罩在不舒服與患病中，因而比較多愁善感。生育尤其是冒最大的生命危險。近代醫藥成功地減輕許多人類的苦痛。因此對女醫的需求大於男醫。

　　劉劍秋提到有些年輕學生以為醫生大多富有。她不諱言行醫的酬勞高，但在美國沒有一個好醫生是有錢人，這現象與中國雷同。因為醫學教育需支付較高的費用，又比其他科系唸得更久，等到開始工作，所得的實質報酬很小。醫生不能設定 8 小時的工作計畫，很可能在熟睡中或愉快的宴會中，被召喚去看診。當醫生需有自知之明，不一定獲得病人感激；只要想幫助更多人，使他們健康快樂，就大有可為。病人對醫生的對待態度很敏感。醫生保

〔註135〕　不著撰人，〈女青年會全國協會的幾位委員〉，《女青年》卷 13 期 8，插圖頁
　　　　　10。
〔註136〕　上海檔案館：檔案號 U121-230，〈中華女青年會人事〉（1934 年 7 月至 1947
　　　　　年 4 月），頁 49。
〔註137〕　不著撰人，〈職員名錄：醫士〉，中華續行委辦會編訂，《中華基督教會年鑑》
　　　　　第六冊（1921），頁 322。
〔註138〕　李晴，〈余寶笙年譜簡編〉，福建華南女子學院編，《余寶笙院長紀念集》（未
　　　　　正式出版，1997），頁 34。

持愉悅，關心病人，就會獲得病人的信賴與愉快的情緒回應。〔註139〕

　　劉劍秋認爲產科醫生需花最多的時間與力氣，換取最小的金錢報酬。每位開業的產科醫生，都希望盡力保全母語子。現代產科要求每位孕婦接受徹底的檢查，俾使醫生遇到不尋常情況，可參考既有的檢查成果，確定孕婦的情況，給予正確而需要的勸導。但在中國，這領域幾乎無女醫生；社會的成規與傳統排斥男醫生，而古老的產婆又缺乏效率。因此，要讓中國的母親們得到產檢機會，必須有更多訓練有素的醫生與助產士，惟供不應求。西方國家用人口死亡率來衡量他們的文明。中國出生嬰兒總數中，有6%未滿1歲即夭折。中國曾具有悠久而高度文明，又以擁有四億人口爲傲，近代卻被歸列爲落後民族。女醫的責任，在致力減少生命與人力的虛耗。中國的嬰兒死亡率高於其他先進國家。主要原因是母親與產婆缺乏照顧嬰兒的知識。女醫必須指導母親：疾病的預防勝於治療。可透過社會管道與家庭訪問，引進許多有用的知識給她們。母親在生產時與生產後，需要許多照護；也需要外科技巧，還有無菌法以對抗感染。

　　當時女醫生要進入產科、婦科與小兒科比較容易，因不須與男醫生競爭。她們從事醫學實習，也大多數較男醫生佔上風。有些中國留學生認爲女子天職是爲人妻。然而，正如並非每個男子都是農夫、裁縫或修鞋匠，女子也不僅只能做妻子，還可有其他特質。女性的最高功用，莫如爲人母，故母愛備受人們推崇。女醫生的專業，即使不比其他人高尚，但是爲了給需要的女性服務，理應有部分人接受醫療治病的訓練，以幫助中國母親，使國民的身體健康情況更好。母親總願意把最好的給孩子；女醫引進現代衛生，可對她們的現況做更多改善。經由預防疾病的感染，女醫可切斷疾病的併發症所造成的死亡與無法救治。總之，中國的醫生不足，尤其缺少女醫生。只要願意服務，必可找到夠多的工作，而且受到群眾展臂歡迎。得天獨厚的學醫女子，需以精力與智慧自我裝備，提供中國人民更好更大的服務。〔註140〕

　　再者，桂質良在美國學醫，將畢業時，她的老師朗扣普（Longcope）也叮嚀：「現在世界上有不少醫生精通醫理，而缺少醫德，你們不要學他們。永遠不要爲貪財，或討病人的歡心而欺騙病人。」〔註141〕這些話顯示醫學專業

〔註139〕Miss Gien Tsiu Liu, "Chinese Women in Medicine" *The Chinese Students' Monthly*, Vol. 18, No. 3（Jan., 1923）, pp. 38-39.
〔註140〕Miss Gien Tsiu Liu, "Chinese Women in Medicine" pp. 38-39.
〔註141〕桂質良，〈中年的性生活〉，氏著《女人的一生》（南京：正中書局，1937），

的最大旨趣，在於服務社會，而非獲利致富。醫術重要，醫德更是基本修養。

此外，桂質良在美國學醫時，有一位提倡節制生育的人士問她，根據他們門診的紀錄——普通美國人夫妻一周只行兩三次房事，而到他們那邊的華僑婦女，供稱每日都有。「那不是中國人完全不懂禁慾嗎？」這番話是從醫學方面而論，〔註142〕也可看到留美女醫對中國節制生育的問題，負有引進相關醫學科技知識的新使命。

第三節　護理衛生方面學習多元化

一、護理學

（一）1911 年以前赴美的女生

清末留美學護理的女生，可考者有蔡珍治 1 位。她是福建仙遊人，留美期間獲得清華津貼，於 1914 年獲得俄亥俄州西北大學哲學士（Ph.B），主修醫學相關科系；後轉學教育。1917 年獲得伊匹斯波（Epispal）大學教育學士（Ped.B）。她返國後，擔任北京協和醫院護士長或監督（Matron of P.U.M.C.）。〔註143〕因此蔡珍治可能是清末就攻讀護理，為最早赴美學護理的女生。

（二）1912-1919 年間赴美的女生

1915 年還有伍哲英（Lillian Wu; 1884.9.1-1960）赴美主修護理。她是福建閩侯長樂人，出身農村家庭，兄弟姐妹共 10 人。她自幼由教會栽培，後被送入福州文山女中肄業，畢業後留校任教，〔註144〕再由教會資助，1910-1915 年於九江但福德醫院護士學校學習；同年赴美，1918 年約翰·霍浦金斯護士學校畢業；1919 年到紐約萊因（Lying-In）醫院進修研究產科，同年回國。〔註145〕

繼伍哲英之後，尉遲瑞蘭（1898-1981）也赴美學護理。她是江蘇江寧人；1918 年九江儒勵女中畢業，先後入密西根大學醫院護校、芝加哥醫院護校、

頁 96-101。

〔註142〕 桂質良，〈節育〉，氏著《女人的一生》，頁 88-95。

〔註143〕 蔡珍治的丈夫姓黃，見清華大學同學會編《清華同學錄》，頁 168。

〔註144〕 吳梅蘭，〈護理教育家伍哲英校長〉，戎玉琴等編《伯特利·我們的家》，頁 68。

〔註145〕 *Who's Who in China: Biographies of Chinese Leaders,* pp. 229-230.

印地安納若利兒童醫院、芝加哥歐那拿依護校學習，1928 年返國。〔註146〕

當時護理學在美國，仍屬新興學科。在中國醫藥史上，護理事業原無獨立與專業的地位，一方面由於醫護不分，再方面也因照顧病人的工作，多半由家庭中的女性成員擔負。1808 年第一位具有醫師資格的傳教士 Dr. J. Livingstone 來華開設診所後，直到 1884 年才有前章所述的麥基奇尼女士，率先在上海倡導南丁格爾式的新護理制度，引進新護理觀念。西方護士的相關法律與組織，在十九世紀末才建立。如 1891 年最早的護士註冊法律在非洲通過。1899 年在倫敦組織國際護士會，有英、美、德與加拿大四國的護士會加入；同年，哥倫比亞大學師範科最早開設護士高級課程。1900 年西方醫學界的預防醫學特別進步，醫院與護士學校迅速增加；美國也自同年出版護士報。〔註147〕1900 年，漢口普愛醫院正式創辦護士學校，訓練護理人員。該校招考初中畢業以上程度，經 3 年修業期滿且考試及格後，發給證書。1908 年「中華護士會」由信寶珠女士（Mrs. Cora Simpson）等 9 位外籍護士發起，成立於江西牯嶺。她們對發展中國護理事業的最大貢獻，在於指引重視實習與會考制度。民初第一位公費留英學護士的鍾茂芳返國後，於 1914 年參加「中華護士會」在上海舉行的第一屆全國護士大會，並提議以「護士」二字代替「看護」名稱獲得通過。〔註148〕同年，該會舉辦全國第一屆護士會考，往後每年固定於 12 月 8 日舉行；直到 1936 年爲止，後改由教育部接辦。唯民初風氣保守，到 1922 年該會雖有 132 名會員，但中國籍僅 8 名。〔註149〕

（三）1920-1927 年間赴美的女生

1920-1927 年間，自費留美的女生中，有邱貞愛、王桂苓、潘景之、花多秀、吳瑞蘭與高振貞等人學護理。邱貞愛爲廣東人，上海中西女校畢業。〔註150〕於 1922 年赴美學看護；新英格蘭音樂專校習音樂科，1925 年返國；〔註151〕學位未詳。

王桂苓、尉遲瑞蘭、潘景之等均於 1923 年赴美學護理。王桂苓爲直隸灤縣人，北京慕貞女校畢業；自備留美費用 4 千元，由基督教牧師劉芳以友誼關係

〔註146〕華夏婦女名人詞典編委會編，《華夏婦女名人詞典》，頁 990。
〔註147〕韓碧秀女士編纂，董碧雲女士譯述，《護士歷史略記》，頁 20。
〔註148〕張朋園訪問，羅久蓉紀錄，《周美玉女士訪問紀錄》，頁 24、30。
〔註149〕韓碧秀女士編纂，董碧雲女士譯述，《護士歷史略記》，頁 20-21、24-25、29-30。
〔註150〕同上書，頁 10、11；王煥琛編著，《留學教育》第三冊，頁 1609。
〔註151〕寰球中國學生會編，《寰球中國學生會民國十五年特刊》，頁 10-11。

做保證人，﹝註152﹞於 1923 年 5-6 月核准赴美。﹝註153﹞唯後來入學情形不詳。

　　潘景之（1901-1968）爲江蘇吳縣人，1920 年畢業於天津婦嬰醫院護校。於 1923 年入密西根大學護士師資班進修，再入哥倫比亞大學師範學院教育系和醫院管理系學習；1925 年返國前，曾由美赴英，入倫敦大學教育系進修。﹝註154﹞

　　花多秀於 1924 年入加州護士科，時年 22 歲，安徽潁上人，上海三育中學畢業；自行籌定學費國幣 5 千元，由上海京滬時報主筆以養父關係爲保證人。﹝註155﹞高振貞是福建莆田人，一作仙遊人；﹝註156﹞約 1905 年生，福州華南女中出身，曾任福州福職中學教員，1924 年自費留美。﹝註157﹞吳瑞蘭爲福建宣化人，於 1925 年入柏省醫院護士學校看護科。﹝註158﹞

二、衛生學

　　留美女生修習衛生科學或公共衛生科學，在清末民初未見，而在 1920-1927 年間，有陶善敏、楊崇瑞 2 位。

　　陶善敏，1896 年生於浙江嘉興，﹝註159﹞祖父陶謨，曾任清末新疆巡撫、陝甘總督多年，在新疆任內與俄人交涉，能以國家利益爲重，後死於兩廣總督任內。父陶保霖，與創辦商務印書館的張元濟、高夢旦等人熟識，1920 年接辦《東方雜誌》。姊陶善敦，1919 年下嫁許壽裳爲繼室。﹝註160﹞由此看來陶善敏是當地名門出身。1922 年她自金女大畢業，獲得文學士，同年獲得巴勃獎學金赴美。﹝註161﹞這個獎學金的設立者，是前述的該校校友 Levi L.

﹝註152﹞《教育公報》第十年五期，紀載，頁 13。
﹝註153﹞《教育公報》第八年十一期，紀載，頁 15；王煥琛編著，《留學教育》第三冊，頁 1614。
﹝註154﹞留英同學會編纂，《留英同學錄》，頁 118；華夏婦女名人詞典編委會編，《華夏婦女名人詞典》，頁 201、1102；廖蓋隆主編，《中國人名大詞典——當代人物卷》，頁 2165-2166。
﹝註155﹞王煥琛編著，《留學教育》第三冊，頁 1629。
﹝註156﹞清華大學同學會編，《清華同學錄》，「津貼生同學錄」頁 4。
﹝註157﹞寰球中國學生會編，《寰球中國學生會民國十五年特刊》，頁 35、40；〈私立華南女子學院呈請立案用表之（一）〉，見華南女子文理學院編《華南女子文理學院一覽》，頁 253。
﹝註158﹞寰球中國學生會編，《寰球中國學生會民國十五年特刊》，頁 49、51。
﹝註159﹞Cavanaugh, ed., 1932, p. 225,謂陶善敏生於 1896 年；Tung-li Yuan, compiled, 1961, p. 149 謂陶氏生於 1898 年。此處從前者說法。
﹝註160﹞許世瑋，〈許壽裳〉，《文史資料選輯》輯 21（北京，1990 年 9 月），頁 42。
﹝註161﹞金陵女子文理學院辦公室編，《金女大大事記》，頁 54。

Barbour，於 1912 年偕夫人周遊世界時，發現有 3 個自該校學醫畢業女生的顯著成就，包括石美玉、康成，希望對中、日、韓地區的女子教育落後，醫學情形更差的情形有所挹助，回國後撥一筆 5 萬美元款項給母校密西根大學，專作遠東國家學醫女生的獎學金，〔註162〕後來放寬爲只要大學畢業女青年，成績 80 分以上，有兩位教授推介信，即可申請。較早留美的女生王世靜和吳貽芳，也曾獲此獎學金；〔註163〕1941 年留美的王承書，亦然。〔註164〕

　　陶善敏於 1922-1924 年就讀密西根大學，完成臨床學預科的課程。1926 年獲得洛克菲勒研究生獎學金，再入約翰霍浦金斯大學，1927 年取得科學博士（Sc.D.），論文題目爲"A Comparative Study of the Early Larval Stages of Some Common Files."，是關於一些常見檔案中的早期幼蟲比較研究，同年刊在《美國衛生學刊》（Am. J. of Hygiene）第七卷，頁 735-761。〔註165〕1927-1928 年於密西根州立醫院實習，還在該州政府衛生署服務，擔任高級細菌學家，1928 年返國。〔註166〕

　　楊崇瑞（Marian Yang；1891-1983）1925 年赴美進修婦產科暨公共衛生。她是河北通縣人，當地靠近北京，故在 1910 年入北京華北協和女子醫學堂預科，1912 年畢業。1917 年獲得同校預防專業醫學士。她因就讀教會學校，立志以「醫藥救國」。1917 年在山東德州一所教會所辦婦女醫院（Porter Hospital for Women of North China）工作期間，自願前往黃河氾濫區的農村，爲農民醫療。她在河北遵化一帶農村調查時，有感於新生嬰兒和產婦大量死亡的慘狀，同時投身婦幼衛生保健工作，開展婦幼衛生知識的普及宣傳。因此，她成爲最早把現代衛生知識送往農村的人。1921 年，她轉赴天津一家婦女醫院（Isabella Fisher Hospital）工作。1922 年到北京協和醫學院婦產科系行醫。同年，她在北京奇化門（今朝陽門）外的農村，創設孕婦檢查所，自任負責人，

〔註162〕 Levi L. Barbour 先後於 1863、1865 年畢業於密西根大學及其法學院，1892-1898、1902-1908 年間爲該校董事，參見 Yung-Szi Liu, "The Academic Achievement of Chinese Graduate Students at the University of Michigan（1907-1950）"（Ph. D. Dissertation of Michigan University of 1955）, pp. 27-28, 85-86.

〔註163〕 楚源，〈智慧女神吳貽芳——中國婦女的驕傲〉，頁 60；曾芳苗，〈民國教會女子教育〉，頁 196。

〔註164〕 王承書是物理博士。見張建瑋、鄧琮琮《中國院士》（杭州：浙江文藝出版社，1997），頁 222。

〔註165〕 Tung-li Yuan, compiled, 1961, p. 149.

〔註166〕 Cavanaugh, ed., 1931, p. 101; Cavanaugh, ed., 1936, p. 225.

從事婦嬰保健工作。這中國第一個孕婦檢查所，是中國婦嬰衛生工作的發軔。
〔註167〕1924年，她參加協和醫學院組織的一次針對新生兒破傷風（俗稱四六
風）的下鄉調查。先是有河北三河縣鄉民來信，說到該院外科醫術好，又問
要生產安全，使孩子不死，可吃什麼藥？這信轉給公共衛生科主任蘭安生。
蘭安生便與婦產科協商，組織調查團，深入三河縣和遵化縣，考察其助產狀
況。楊崇瑞和蘭安生在幾十年後的回憶錄中，都提起當時的沿途見聞。蘭安
生憶述他與楊崇瑞同到平郊某村，發現全村產婦均依賴同一名不具清潔習慣
的舊式產婆收生，新生兒死亡率計達 80%。〔註168〕楊崇瑞則憶述：「不論在
協和婦產科，或在第一衛生事務所，我遇到的問題，總是嬰兒四六風和產褥
熱，就是這兩種情況構成中國人口高度死亡率，特別是嬰兒四六風。」〔註169〕
可見這次考察的觸目驚心。隨後，她赴美深造。〔註170〕

　　1925年楊崇瑞出國前，京師警察廳試辦的公共衛生事務所（即後來的第一
衛生事務所）成立，這是中國城市政府自辦有組織的最早公共衛生機構。工作
範圍包括生命統計、傳染病管理、婦嬰衛生、學校衛生、衛生教育、工廠衛生、
疾病醫療、環境衛生稽查等項目，所長為方石珊，楊崇瑞與協和醫學院教師胡
鴻基、黃子芳等兼任科長。該所工作幾乎完全引用美國模式，〔註171〕總算在中
國有推行公共衛生的基地，「婦嬰衛生工作亦遂因之而略具規模。依據當時工作
之經驗，婦嬰衛生之推行，實屬急需，而推行工作之專門人才，更屬必須先為
儲備，故訓練專門產科人才，遂更為工作實施之前提。」〔註172〕同時，她和衛
生事務所負責人及一些熱心醫務的人士，共同研究出兩項辦法，一是組織人力，
先將北平市掛牌開業的 360 多名舊式接生婆分期分批加以輪訓，使她們懂得婦
女生理衛生知識，做到完全消毒接生，消滅「四六風」；對月子裡的產婦注意進
行消毒和護理，防止產褥熱。這種訓練是一種比較短期的應急措施。二是組織
北京市助產教育委員會。次年（1926），中華醫學會第六次年會通過這項議案，

〔註167〕嚴鏡清，〈我國赴嬰衛生工作的創始人〉，見嚴仁英主編《楊崇瑞博士誕辰百
　　　　　年紀念》，頁 11-14。
〔註168〕J. B. Grant, "Grant reminiscences", Columbia University Oral History Project. In
　　　　　M. B. Bullock, An American Transplant, p. 174, 轉引自張大慶《中國近代疾病
　　　　　社會史》，頁 167。
〔註169〕楊崇瑞，〈我的自傳〉，頁 143-153。四六風即破傷風。
〔註170〕華夏婦女名人詞典編委會編，《華夏婦女名人詞典》，頁 440。
〔註171〕鄧鐵濤、程之範主編，《中國醫學通史：近代篇》，頁 338。
〔註172〕楊崇瑞，〈婦嬰衛生之過去與現在〉，頁 11-17。

卻因故被擱置，〔註173〕直等到她返國才再開議。

　　1925 年楊崇瑞赴美進修婦產科暨公共衛生，入約翰‧霍浦金斯大學醫學院研究醫學與衛生學，1927 年學成，被吸收為美國公共衛生學會永久會員，赴歐洲考察，還擔任國際聯盟婦嬰衛生組專家，同年返國。〔註174〕楊崇瑞從進修開始到結束後，到北美和歐洲各地參觀醫學教育和公共衛生的設施，所見所聞使她「恍然了解到公共衛生實是一條保障民族健康的捷徑，比醫療機關更具建設性和積極性。」她想到在樣樣落後的中國，這是一個最節約而最易生效的預防疾病、保障健康的方法。〔註175〕由此感想，促使她從美返國後，毅然離開受人羨慕的臨床工作，轉而從事當時不受重視的公共衛生婦幼保健工作。

小　結

　　綜觀本文第二、三章所述，可知自清末至 1927 年間，留美女生學習實科的人數，扣除重複者，如數度赴美進修的石美玉，總計有 125 位。再者，此時期，較前兩時期的科系增加。至於所習各科目，可表列如下。

表 3-1：1881-1927 年間留美實科女生修習的科系與人數統計

科別 赴美時段　人數	醫 科						理 科			生 物 科					心理	工 程			合計
	醫學	牙醫	兒科	護理	衛生	營養	數理	物理	化學	生物	動物	植物	農業	園藝	心理	化工	建築	航空	
1881-1911	9			1			4			2					1				17
1912-1919	13	1	1	2	1	1	2	2	5	2	2	2	1		2				38
1920-1927	18			6	3	6	5	4	10	6	1	2	1	1	5	1	1	1	71
人　數	39	1	1	9	4	7	11	6	15	10	3	4	2	1	8	1	1	1	124
合　計	41			20			32			20					8	3			124
名　次	1			3			2			3					4	5			

註：醫科主要指婦產科；衛生包括公共衛生；營養包括飲食治療。又石美玉在清末民初重複出現。

　　在醫學方面，可考者共有41位（參見附表3-2、3-3、3-4、3-5、3-6）。1920-1927年間有 17 位，其中公費生 8 位。值得注意的是，早期留美女生大多攻讀婦產科，1920 年代以後則新增兒科、牙科。這些女生自立自強，在美國深造，成為新時代女性。於是，中國女子學習西醫的人數漸增，醫學遂在女子職業教

〔註173〕傅惠，〈國立第一助產學校與楊崇瑞校長〉，頁 205。

〔註174〕Cavanaugh, ed., 1931, pp. 135-136; *Who's who in China: Biographies of Chinese Leaders,* p. 269.

〔註175〕楊崇瑞，〈我的自傳〉，見嚴仁英主編《楊崇瑞博士誕辰百年紀念》（北京：北京醫科大學／中國協和醫科大學聯合出版社，1990），頁 143-153。

育中首屈一指，發展出獨當一面的新氣象。〔註176〕石美玉及康成做爲中國現代很早期的女西醫。許多旁觀者，總是到處探查她們。到 1920 年代初期，以往受到的懷疑不再，反而代以熱情歡迎。中國的人口眾多，而交通與通訊緩慢，在不到 30 年的時間，這種改變可視爲奇蹟。其中原因，或可歸功於傳教事工、教會學校與醫院，以及被治癒的病患和報刊新聞等多方面的大力宣導。〔註177〕

　　至於與醫學密不可分的護理、衛生，也有留美女生攻讀。截至目前的考證，計有 9 位學習護理，包括清末 1 位、民初（1912-1919）2 位，1920-1927 年間增加爲 7 位。還有 5 位主修衛生學，包括 1912-1919 年間 1 位，獲得學士；1920-1927 年間有 4 位主修公共衛生。營養學，包括飲食治療，計有 7 人。

　　大體看來，留美實科女生所修習的科目，在清末只有醫科、護理、生物、數理、教育心理學 6 種科系。1912-1919 年間，除了醫學、生物以外，數理又被區分成數學、物理、化學，還新增有主修衛生學、飲食治療（附屬於家政學）、心理學等科系，擴展 9 種科系。1920-1927 年新增公共衛生、建築學、園藝學、航空，形成 13 種。如同前兩期的實科女生，她們攻取各階段的學位，大多不在同一所學校，而且傾向往更優秀的名校如約翰・霍浦金斯大學醫學院、紐約哥倫比亞大學等等學習的趨勢。

　　1920-1927 年間，留美實科女生可考者有 70 人，其中官費生 17 人，其餘均爲自費生。這表示 1920 年以後，一些開明官僚、有錢商人、著名學者以及早先留美回國的人士等，也對自家的姊妹、女兒等給予資助，送到美國學習。因此有不少是富家千金，如嚴彩韵、林徽因、沈驪英、伍智梅等，家族接觸洋務或留學經驗，且從小倍受父母師長疼愛。他們甚至形成「留學世家」，如1907 年考取公費留美的王季茝，其妹王季昭爲備取，後被轉派送留日，返國後再偕另一妹王季玉留美。而且她們的兄弟所生下一代女兒王淑貞、王明貞等，也分別在 1920、1930 年代考取公費赴美留學。〔註178〕沈驪英的祖父爲江南製造局數學教授；父親爲巴黎大學理學士及法學博士，都以精通數理而名世。由家庭支持資送者，如高君珊。她父親高夢旦早年留日，且思想前進，

〔註176〕陶善敏，〈中國女子醫學教育〉，頁 850。
〔註177〕Miss Gien Tsiu Liu, pp. 38-39.
〔註178〕國立清華大學校長辦公室編，《清華同學錄》，頁 93；燕京研究院編，《燕京大學人物志》第 1 輯，頁 331-332。

反對纏足，鼓勵她和男子一樣上學讀書，還資助她赴美留學。林徽因先後留學英美，是因祖父林孝恂重視教育，父親林長民也曾留學日本。〔註179〕再者，由外國宣教團體以及教士個人支助者，不在少數。她們大多數爲基督教家庭出身，如石美玉、石腓比、石梅成志等，都是美國教會在九江的最早信徒石家女眷。伍哲英是教會培育早期留美的護士人才；美國教會華人牧師之子王正廷先留美，後其妹王恩信、王安福等，都受幫助而先後留美。〔註180〕

清末時期，由於社會地位和傳統觀念的影響，女留學生人數不多，但廿世紀初，留美女生中就有官費生。如1907年江蘇的胡彬夏、宋慶林、王季茝。1912年，學部限制女子游學，但讓女生與男生同樣有補給官費的權利。此後，官費女生有所增加。以各省官費與教育部選派教師進修而言，1912-1919年間共有6位；1920-1927年間共有4位。她們必須與男子公平競爭，若非成績更加優異，無法從激烈的競爭中脫穎而出。因此，她們普遍比自費生的程度更加傑出，但經濟條件則因家境並非富有，而差強人意。如鄧雲鶴即爲代表例子。她出身工人家庭，經濟狀況貧寒，曾做丫頭，卻「人窮，志不窮」，把握遲來的上學機會，迎頭趕上。1922年考進北京女高師理化科，1926年畢業。她爲求深造，決心出國留學，同年考取官費赴美。

1914-1927年間，大抵隔年招考5-10名專科女生赴美留學。在總數53人當中，主修實科的有28人，超過半數。顯示這些女生擺脫傳統印象，並不偏愛文科。蘇雲峰認爲清華學生多數出身小資產階級以上的家庭；而且公費生泰半是富家子弟。留美學生當中，女生佔10-15%的比例，在所謂公平競爭的筆試和甄選中，顯然仍存有性別歧視。〔註181〕但從前文所述看來，截至1927年，中國官費留美習實科的女生，有些家境並不富裕，如王季茝、吳貽芳、鄧雲鶴等。她們不但必須比自費赴美習理科的女生，在學業上更加用功，靠自己而非家庭，取得留美深造的機會；甚至還要不讓鬚眉地，以更優異的成績與男生一較高低，才能脫穎而出，考取公費。

值得注意的是，從清末至北洋政府末期，更多留美習實科的女生在國內大學肄業或畢業，再赴美深造，因此她們的程度也隨而提高。1912-1927年間，比起清末時期，不但人數更多，程度更高，尤其博碩士更多。顯示此時期赴

〔註179〕陳鍾英、陳宇，〈建築學家、詩人林徽因〉、〈林徽因年表〉，頁301-341。
〔註180〕北京清華學校編，《遊美同學錄》（1918），頁4-5。
〔註181〕蘇雲峰，《從清華學堂到清華大學，1911-1929》，頁217-239。

美留學的女生人數日益增加，活動範圍擴大。她們多自名校畢業，如約翰・霍浦金斯學院、密西根大學等。留美女生既學習各種專業知識與技藝，又見識西方先進國家的文化；學成歸國後，也多有所貢獻於國家社會，成爲新時代的新女性。

　　至於 1920-1927 年間，留美實科女生所曾就讀的學校，除了不詳的 12 人以外，密西根大學有 15 人次；哥倫比亞大學有 8 人次；約翰・霍浦金斯大學有 5 人次；芝加哥大學（包括護校）、耶魯大學、伊利諾大學、波士頓大學、康乃爾大學與衛斯理女子學院有 3 人次；西拉克斯大學、俄亥俄大學（包括牙醫學院）、雷克利夫女子學院與麻省理工學院，各有 2 人次；西北大學、明尼蘇達大學、辛辛那提大學、德州大學、白洛司大學、科羅拉多大學、西里亞大學、西羅印大學、望城大學、威斯康辛大學、衛脫華斯大學、賓州大學、愛荷華大學、泰利尼大學、泰勒大學、史密斯女子學院、費城女子醫學院、麥克那斯特學院、阿士貝理學院、西方學院、威斯連女子學院、康納利音樂學院、柏省醫院護士學校、加州護士學校、賓州園藝學校、林肯航空學校，均各有 1 人次。

　　總計 1892-1927 年間，留美習實科女生所曾就讀學校，以哥倫比亞大學和密西根大學爲最多，各有 23 人次；前者在 1912-1920 年間最多，有 13 人次；後者在 1920-1927 年間最多，有 15 人次。其次，是約翰・霍浦金斯大學，有 11 人次；第三，是芝加哥大學，有 10 人次；第四，衛斯理女子學院有 7 人次；伊利諾大學有 6 人次；康乃爾大學與何樂山女子學院，各有 5 人次。這些都是辦學優秀的名校。

　　此時期，密西根大學的中國女生人數也呈增加的趨勢。在 1912-1913 年間只有 4 人，至 1926-1927 年間已增爲 22 人。這 15 年間，有 141 位研究生進入該校就讀。第一位留美女生進入該校就讀研究所，是在 1917 年，這一年也是巴勃爾獎學金開始頒發給東亞女子，而且那位中國女生就獲得了該項獎學金。自 1917 年至 1949 年爲止，共核發給該校 172 位來自中、日、韓等東亞國家的女子研究生；而中國女生在 23 年間共有 76 人，佔總數的 44.2%，也就是將近一半的比例。而其中截至 1927 年，中國有 17 位女生獲得這項獎學金。〔註182〕也就是說每年至少有 1 位獲得，其中的人名與所屬科系，雖不能全然獲知，但已知留美實科女生中，有前述的王世靜和吳貽芳、陶善敏。可見留美實科女生在密西根大學較多，很可能與巴勃獎學金的補助優厚有關。再者，

〔註182〕Yung-Szi Liu, pp. 26, 85-86.

該校男女生學術成就不相上下，但男生的學業成績多較女生遜色，比女生容易失敗。〔註 183〕

　　這三階段的留美實科女生的學業成就，在獲得學位方面，博士有 15 位；碩士 10 位；學士有 37 位；還有 3 位爲進修，不取學位；其餘未詳。1912 年以前赴美留學女生，獲得博士，只有 1 位；1912-1919 年間有 3 位；1920-1927 年間有 11 位。獲得碩士者，1912 年以前只有 2 位；1912-1919 年間有 11 位；1920-1927 年間有 16 位。由此可見獲得博士、碩士學位者，在第一、二階段之間，增長 4、5 倍，第二、三階段之間持續增長，但漸趨緩和。這足以說明她們學識程度的提升。

　　總之，此時期的留美實科女生，不但較前兩時期的人數更多，學習領域更多元化，而且程度更高，博碩士更多，大多數爲名校畢業。

第四節　留美期間的生活與文化體驗

　　留美主修理科女生在留美期間也積極參與課外活動，表現多采多姿。並受到重視。以下擬分成加入班級幹事或社團活動、參與基督教會事工、關懷時勢，利用假期休憩、打工或旅行省親或和他人聯誼，擔任報刊編輯或撰文論著、交友與戀愛、考察女子教育輔助國內同學來美就學等項，略加說明。

一、赴美的行前調適與見聞旅途

　　第一批清華專科留美女生，與其他清華選派赴美留學男生，於 1914 年 8 月 1 日先齊集上海，置備行裝，以爲出國準備。接著又有一連串的歡迎、歡送會等活動，以示對各所有學生的惜別，並指導他們在國外的學習生活。據 1914 年清華畢業的留美學生李紹昌所撰的《半生雜憶》所記，首先是 3 日下午 4 時，寰球中國學生會於徐家花園（甌廬）開歡迎會。當天酷熱，下午大雨如注，但出席者踴躍；屆時有軍樂演奏，以及唐紹儀、王寵惠、范源濂與鄺富灼等名人蒞臨，演講勉勵。5 日，基督教青年會於其大禮堂開歡迎會，由西籍幹事饒伯森（C. H. Robertson）演講，介紹美國大學生的生活，並插以影畫（幻燈片）。8 月 6 日下午，清華學校校長周詒春召集各生，訓示有關拍照與領取護照等事宜，要在 2 天內辦妥。當天夜晚，風雨大作，且有數條電線

〔註 183〕 *Ibid.*, pp. 18-19.

被風吹斷，以致部份學生住處停電，令人擔心擔怕。7 日，由唐紹儀等留美前輩，在巴黎士大旅店 6 樓，舉開茶會歡送各生。9 日晚間 8 時，基督教青年會特別舉行宗教大會，邀請各生參加，由鄺富灼擔任主席，西籍幹事巴樂滿（Brockman）為各生禱告，朱友漁博士演講「宗教與人生之關係」；散會前由王正廷祝福。10 日，中華書局董事職員於徐園開歡營會，由陸費逵任主席，王寵惠演講。散會時，並分贈雜誌等物，給各生作紀念。

8 月 11 日上午，各生前往寰球中國學生會，領取護照；再往商務印書館購書。下午到廣昌泰領取西式衣服。次日下午，清華周校長於嶺南樓與所有選派留美學生聚餐，並教導使用刀叉方法與餐桌禮儀等。下午 4 時，赴戈登路伍廷芳公館「觀渡廬」，參加伍和唐紹儀為學生舉開的歡迎大會。各生除了品嚐美食佳餚，也受勉勵要努力自愛，以學成歸國，救國救民。晚上 8 時，由 1913 年清華畢業生主辦，於青年會體育場設宴款待清華第一批女生與中學畢業生，以及 1914 年高等科畢業生。席間有范源濂、周詒春與余日章等來賓演說，又有青年會職員多名，分贈書報、日記等禮物，至 12 時賓主盡歡而散。14 日，各生赴寰球中國學生會最後一次會議，類似現今的出國旅行「行前會議」；並領取此次出國留學生的合照。次日上午 11 時 30 分，留美學生共 120 人（清華男女生 41 人），齊集碼頭，乘小輪到吳淞口，轉搭太平洋郵船公司「差拿號」（中國號）赴美。〔註184〕惟小輪到吳淞口，風浪大作，以致多人暈船。下午 4 時半終於啟行，經長崎航行廿多天，抵達美國西岸舊金山。〔註185〕這樣看來，當時她們出國留美，既是大事一樁；又以開風氣之先，備受各界矚目。雖然今日看來，好像「大費周章」，但是畢竟「凡事豫則立」，有備無患。以後各批次學生出國留學的女生，大體上也循例比照辦理。

例如第三批清華專科女生與津貼生計 16 名，於 1918 年 8 月 7 日由上海寰球中國學生會、江蘇省教育會、中國青年會、婦女青年會、美國大學同學會與留美學生會六大團體，假上海霞飛路安立德的住宅，聯合為她們與其他出洋學生特開歡送會餞別。她們一行人，還有北京清華 1918 級畢業生與清華選派留美

〔註184〕姚崧齡，〈對程著敬懷莎菲女士的兩點補充〉，《傳記文學》卷 35 期 5（1979年 1 月），頁 3-29。
〔註185〕李紹昌，《半生雜憶》，頁 41-51，謂第一屆清華女生是搭「中國號」赴美；胡伯亮，〈中國近代聲樂事業的先驅——女聲樂教育家周淑安〉，中國藝術研究院音樂研究所編，《中國近現代音樂家傳》第一卷（瀋陽：春風文藝出版社，1994），頁 271。

專科男生共 66 名（後者有 7 人），合計 82 名。加上教育部所派公費生 12 名（男生 4 人與女生沈葆德、楊蔭榆 2 人；各大學 5 人），河南資送 30 人；自費生 70 人，於 11 日均參加歡送會。蒞會者數百人，頗極一時之盛。〔註 186〕1918 年 8 月中，搭乘「南京號」郵船赴美。〔註 187〕同年 11 月，均在美參加接風歡迎會。〔註 188〕

這些留美學生初次踏出國門，坐船經太平洋赴美，沿途遇到波浪起伏，體驗大不同於陸地或內河。女生如王立明初次坐海船，一路上身體異常不適，幸船上的人很友愛，尤其西人王醫師夫婦，視病如親；將近三週終於抵美。〔註 189〕

赴美旅程中，沿途也有機會順道參觀遊覽各港埠，增廣見聞。如 1927 年，第七批清華留美女生與清華學校學生共 70 人、自費生 63 人（包括女生 10 人），總計 133 人，於 9 月 2 日清晨船抵美檀香山。他們因蔣介石夫人陳潔如同船而沾光，船抵碼頭，就有夏威夷樂隊奏樂及國民黨員列隊恭候歡迎。各生也受招待，先乘汽車進舊王城參觀，再往巴籬山峽、懷奇基海濱遊覽，並參觀鳳梨廠。下午赴太平洋會宴會，席間有檀島民政長與夏威夷大學校長高魯福（D. L. Crawford）等貴賓致詞歡迎，並勸勉各生一番。到午後 5 時，船再啓椗往舊金山。〔註 190〕

二、加入班級幹事或社團活動

許金訇在威斯連大學時，該校有 10 個社團，每個社團有 10 個女孩，都由學生組成。許金訇組成社團「國王女兒社」，她做爲一個社團的領導人，建議該社每個女孩都賺足夠的錢，去買國王女兒的一個徽章，寄給福州女校的一些女孩，這樣她們也可以組成一個社團。她企盼這些女孩不僅給予徽章，還能靠自己的努力去賺取徽章。如此，不但可向中國女子展示美國學生不歧視任何工作，還認爲能以各種方式盡力服侍她們的主，是一種榮譽。

至於石美玉和康成在密西根大學 4 年，儘管學校課業忙碌，仍在全校學生與教職員中贏得許多朋友。康成在她大學三年級時，被班上選爲書記。

〔註 186〕不著撰人，〈總論：國事日誌〉，中華續行委辦會編訂《中華基督教會年鑑》第五冊（1918），頁 32。
〔註 187〕李紹昌，《半生雜憶》，頁 126。
〔註 188〕"Student World" *The Chinese Students' Monthly*, Vol. 14, No. 1, p. 55.
〔註 189〕劉光華，〈我的母親劉王立明〉，頁 143-149。
〔註 190〕李紹昌，《半生雜憶》，頁 205-206。

〔註 191〕又如曹麗雲在費城女子醫學院期間，擔任所就讀 1911 級的會計及副會長（1910-1911）；王季昭於 1914 年爲大學畢業生會（Association）職員之一。〔註 192〕

當時美國政府在紐約設立一個「國際學社」，爲各國留學生提供觀光和活動的場所。在美國留學的各國學生還組織「世界學生會」（Cosmopolitan Club）。該會有個不成文的規定，各國留學生分別負責舉辦各民族獨特風格的民族晚會，邀請在美的各國留學生參加。這對了解各種民族不同的習俗和增進留學生的國際友誼，頗爲有益。清末中國留美學生也有同學會的組織，作爲中美學生間社會與文化的聯誼中心。他們組織的團體，可分三類：（一）生活、學習類，如美東或美西留學生會，東西美留學生聯合會；（二）勤工儉學類，如留美學生勤學會、公義社；（三）學術研究類，如中國科學社等。〔註 193〕第一類如 1903 年於麻州安姆斯特（Amherst）大學舉開東美中國留學生會，有 30 多人參加，彼此歡聚敘舊，兼關懷祖國時事。〔註 194〕1905 年夏天，在美國的中國留學生已組成 5 個留學生團體，除了安姆斯特的「美東中國留學生聯合會」，還有舊金山、芝加哥、博客來（今稱柏克萊）、綺色佳。後來訂定每年暑假的 8 月下旬，各分會舉行夏令會，其中多有女生參加。如 1908 年在麻州舉行的中國學生夏令會，有 10 餘名留美女生參加。〔註 195〕1910 年春，中國留紐同學會也成立，次年 8 月出版該會年報，會員共計 51 人，女會員有許金蕊、許金梨、許金蕊、李美步（美實）等。〔註 196〕

隨著中國留美人數的增加，有更多的留學生團體成立在各校園或城區等。如 1911 年美東、中美、西美分別成立同學會。〔註 197〕各種團體規模越大，活動內容越發豐富多元，進一步形成留美學生的同盟組織，甚至是全國性的組織。後來訂定每年暑假，各分會舉行年會，來自各地區的代表，濟濟一堂，討論當時的各種問題，並藉此歡聚一番。每隔 4 年，同盟組織安排舉開一次

〔註 191〕Burton, 1911: 1, p. 123.
〔註 192〕北京清華學校編，《遊美同學錄》（1917），頁 147-148、112。
〔註 193〕Yi-chi Mei & Chi-pao Cheng, pp. 22-23.
〔註 194〕不著撰人，〈東美中國學生會十齡紀念記事〉，《東方雜誌》卷 12 號 3（1914），內外時報，頁 26。
〔註 195〕不著撰人，〈教育，各省遊學彙誌──直隸〉，《東方雜誌》第一年十一期，頁 294。
〔註 196〕《中國留紐學生會年報》創刊號（1911 年 8 月），頁 3-4。
〔註 197〕北京清華學校編，《遊美同學錄》（1917），頁 119。

全國性的會議。參加人數踴躍，舉辦多種動靜態項目，如演講比賽、球類等運動競賽，並且聽取會務報告、討論提案、選舉下一屆幹部。中國學生與美國友人彼此交流經驗與意見。所有的留學生團體，不論全國性或地方性，基本的結構相仿。他們從現成的美國中學與大專院校的同學會組織，學習美國的民主政治結構，逐步擺脫中國傳統的帝制文化。大致都有固定的集會地點，如借用校舍、國際學社的場地，或租用民房等，然後先制定憲章，據以選舉正副會長、書記和會計。這些幹部的任期，在美東為一年一任，中西部和西部是每半年一任。他們每月集會1、2次，討論會務之餘，還有茶點、歌唱、器樂、演講或學術報告等餘興節目，以為聯誼。

　　1914年在哥倫比亞大學就讀的李美步，於8月28日至9月4日一連7日，參加在麻州安姆斯特大學舉開的東美中國留學生會十週年慶祝會，其中有多項聯誼活動，包括開幕式、來賓演講、網球比賽、國內各校校友聯合會、演戲競賽、專門學術討論會、運動會、中英文演講比賽、議事會等等。該會於29日晚間主辦的演講比賽，共有5人參賽，她以「支那之愛國」為題，文辭優美，中節感人，榮獲冠軍。她是該會從有英文演說比賽比賽以來第一位得獎的女子。接著，該會在8月31日晚間邀請各分會演戲，免費入大學廳觀賞，結果「女子分會」以「求婚」一劇，獲得次獎，僅次於康乃爾大學。9月3日選舉幹部，會長由獲得英文演講比賽第二名的男留學生倪兆春當選，李美步則當選英文書記。會後，該會的女性成員，也以冰乳品招待到會人士。〔註198〕可見她的才思橫溢，英文造詣深厚，能超越群雄，脫穎而出。女子分會也通力作，排演戲劇，而有傑出的表現，並且協助準備食物，使會眾盡興而歸，大會圓滿畫上句點。

　　1914年11月6日哥倫比亞大學的中國留學生，在大都會俱樂部聯誼聚會。女學生必須提供晚會餘興節目。晚會的第一個節目，是由李美步表演鋼琴獨奏。接著在哥倫比亞大學巴納德學院的女生康安娜（Miss Kong；即康同璧）表演獨唱。然後開始唱起哥倫比亞大學的歌曲，由許小姐（Miss Hui）做鋼琴伴奏。還有中國京劇表演。演出都精采、成功。〔註199〕這些課外活動一

〔註198〕不著撰人，〈東美中國學生會十齡紀念記事〉，《東方雜誌》卷12號3，內外時報，頁26-27。
〔註199〕"Columbia Club", *The Chinese Students' Monthly,* Vol. 10, No. 3（Dec., 1914），p. 186.

方面可展露她們的才藝，一方面也自娛娛人，宣揚中國藝術文化於國外，促進中國同學之間的聯誼交流。1915 年初，胡適的美國女友韋蓮司（Williams）的母親，要在綺色佳爲中國留學生舉辦一個聯誼會，她致信胡適，請他介紹一位主講人。胡適深知李美步可以英語演講的才能，以時間倉促，遂立即拍電報徵求她的同意，擔任學生聯誼會的主講人。〔註 200〕

1918 年留美女生在美東，仍以何樂山女子學院的人數最多。新生有 3 位最活躍均爲女生。即鄺翠娥（T. N. Kwong）、梁逸群（Y. K. Liang）與劉姓小姐（Laura Liu）。另外有兩位也參加她們的同學會，即黃桂寶（Kwe Pau Huang）、鐘偉貞（譯音：Wai Tsung Zung）。這一年的幹部，由韓美英當選會長，楊毓英當選書記和會計。12 月 1 日該同學會在楊毓英住處舉辦晚餐，宴請該校校長 Woolly 與一位 Margaret Burton 小姐。大家分擔做菜、洗碗盤和上菜等工作，雖然辛苦，卻很值得，且感到是從未有過的欣慰。〔註 201〕可見她們在課餘之暇，願意爲促進中美關係與友誼，盡些心力。

1918 年夏，王立明參加中國學生同盟會在以利邦壹省城的集會，有 200 多位代表出席，閉會前一天，她不因其他女同學的勸阻認輸，毅然報名參加演說競賽會。結果通過預賽，到決賽那夜，面對評審與滿堂觀眾，勇敢不怯場，以講題"The Spirit of China"獲得第二名。次年又以"A Message from Wuchong"爲獲得第一名。〔註 202〕1919 年 2 月留美學生組織愛國委員會，致函中國參加巴黎和會的代表和美國參議院，請其否認和約中關於將山東主權交與日本條文。同年 5 月，留美學生聲援五四愛國運動。1920 年暑假，王立明曾偕留美男同學劉湛恩，往美京華盛頓一游，聽聞滿頭白髮的議員 Lodge 辯駁日本擴張問題，比中國人還更起勁；又往俄亥俄州哥倫巴斯，巧逢美總統威爾遜在那裡演講，題目是「爲國際聯盟及十四條原則」，但未提及山東問題，王與劉均不滿意，劉起而問道「President Wilson, how about Shantung？」博得報紙與美國有人同情。〔註 203〕

1919 年暮秋，威斯康辛中國同學會，爲 7 個畢業同學舉開餞別會。是年夏天，他們的辯論隊伍更強化，由郭先生（Dr. P. W. Kuo）榮獲一個大銀盃。

〔註 200〕 朱毓祺，〈胡適眼中的聖女——李美步博士〉，頁 94-96。
〔註 201〕 "Club News", *The Chinese Students' Monthly,* Vol. 13, No. 3（Jan., 1918），p. 179.
〔註 202〕 王立明，〈由家庭到社會〉，頁 17、30。
〔註 203〕 同上文，頁 30；劉紹唐主編，〈民國人物小傳：劉湛恩〉，頁 142。

由密西根的方姓女同學（Miss Fong，應即方連珍）協助，排演一齣四幕劇，名稱爲"The Man-Hater"，由周先生（M.H. Chou）編劇。〔註204〕

1912-1919 年間，中國留美學生在組織能力方面，已有充分的表現。不但有同學會，還成立留美中國學生同盟。每年暑假，美西、美東及中部等各分會，舉行年會，來自各地區的代表齊集一堂，討論時事等各種問題，藉此歡聚一番。每隔 4 年，由同盟安排召集一次全國性的會議，參加人數通常很踴躍，會中，中國學生與美國友人，還可互相交換經驗與意見。〔註205〕

1920 年留美學生界，大體以留美中國學生總會、留美學生基督教青年會爲兩個最重要機關。理論上，前者是全體留學生的總機關，每年做不少事情，但實際上，該會的成員在全體學生中不及三分之一，是鬆懈不合法理的機關。〔註206〕該會職員一年一任。〔註207〕丁懋英於 1914-1922 年在美，曾參加 1921年華盛頓的中國留美學生年會。〔註208〕

1921 年度，中國留美學生聯合會共有職員 44 位，編輯員、經理員各半；包括總編輯、總經理、廣告經理、銷售經理各 1 位，女生共有 3 位——編輯員李昂與陳克明、經理員梅和順。〔註209〕李昂作爲留美中國學生會東部分會中文書記，1922 年曾將一篇英文的〈留美中國學生東部會長凌其峻爲普林斯頓年會事件致會員全體公函〉，翻譯成中文。內容要點提到 1920 年 9 月，東美中國學生集會於普林斯頓的結果，凌其峻深感錯愕。因爲普林斯頓年會會長羅景崇在年會閉會後，拖延應給普林斯頓大學及神學院的債款 1170.51 美元，雖付給894.47 美元，但未完全清償，終於導致被訴諸法律，將年會在銀行所存款項634.67 美元收押。經過一番調查，羅君不但延宕應備妥的詳細報告，且其中帳目部分不清，確有侵吞公款的罪證。後由楊承訓協助處理，還給普林斯頓大學與神學院 275.84 美元。因此，凌其峻以東部會長身分，建議一則革除羅君的會員資格，二則假若羅君至終不能具清楚的帳目，本部當訴之法律，要求羅君賠

〔註204〕 "Club News" *The Chinese Students' Monthly*, Vol. 15, No. 1, p. 55.

〔註205〕 不著撰人，〈東美中國學生會十齡紀念記事〉，頁 26-27。

〔註206〕 高寶壽，〈留美學生與太平洋會議〉，《留美學生季報》民國十一年春夏季合刊號（上海，1922 年 3 月），紀載，頁 25。

〔註207〕 司徒月愛主修科系未詳。見〈中國留美學生總會職員〉，留美中國學生會編印，《留美學生季報》第十年秋季號（1921 年 9 月），照片頁。

〔註208〕 陳霆銳，〈石如玉、丁懋英兩女士合傳〉，《藝文誌》期 74，頁 23-24。

〔註209〕 記者，〈留美學生季報的責任〉，留美中國學生會編印，《留美學生季報》民國十一年春夏季合刊號，言論，頁 1-3。

償。〔註210〕由此事看到留美女生也有優秀而熱心公益的人才，她們把握機會接受會員的尊重與推選，與男子公平競爭，學習實際演練「民主」會議程序，行使權責。這是她們在美國的新風氣。相對地，在中國國內雖也有選舉學生幹部，實行自治，但實質上尚未進步到同樣的程度。

黃孝貞於 1923、1925 年 10 月 10 日，波士頓中國學生會慶祝雙十節，都出席參加；1923 年那一次，由薛祖康任主席，她與浦薛鳳且曾登演說。〔註211〕

1925 年，吳貽芳被推舉為留美學生會副會長。她還參加勤工儉學活動，以及一些社會活動。〔註212〕1926 年某天，澳大利亞總理蒞臨密西根大學參觀、演講，竟說到：「中國不能算一個獨立的近代國家，鄰近的亞洲國家應當移民到中國去。」聽講的師生有 4,000 多人，在場的中國留學生群情嘩然。吳貽芳連夜振筆急書，寫成一篇反駁的文章，不久登在該校的校刊，為自己的國家伸張正義，也受到同學的肯定。〔註213〕

此外，曹簡禹曾加入美國化學會（American Chemical Society）。〔註214〕林徽因則在賓州大學讀書時，參加 1927 年初新創的教育會，並幫忙找中國的演講者。她寫信邀請剛到美國的胡適在母校哥倫比亞大學演講之餘，於同年 2 月底來費城演講。〔註215〕

林徽因熱愛戲劇藝術，難忘出國前在北京的演戲經驗。1925 年 1 月 18 日，她與梁思成在美加入「中華戲劇改進社」；會員還有梁實秋、聞一多等十餘人。該社旨在配合國內積極組織劇團、訓練舞台上各種專才、籌募股本建築「北京藝術劇院」等，以改良國劇。1927 年，他倆與陳植，曾赴紐約與中國留美學生歡聚，並合影留念。〔註216〕

留學美國的各國學生組織「世界學生會」，且有個不成文的規定，各國留學

〔註210〕 李昂譯，〈留美中國學生東部會長凌其峻為普林斯頓年會事件致會員全體公函〉，留美中國學生會編印《留美學生季報》第十年秋季號，紀事，頁 1-7。
〔註211〕 顧毓秀，〈顧毓秀自述〉，《傳記文學》卷 68 期 2，頁 19、20。
〔註212〕 楚源，〈智慧女神吳貽芳——中國婦女的驕傲〉，頁 62；孫石月，《近代中國女子留學史》，頁 168。
〔註213〕 楚源，〈智慧女神吳貽芳——中國婦女的驕傲〉，頁 62。
〔註214〕 不著撰人，〈編後餘談：本期作者履歷現狀介紹〉，《教育雜誌》卷 26 號 12，頁 141。
〔註215〕 陳學勇編，《林徽因文存——散文　書信　評論　翻譯》（成都：四川文藝出版社，2005），頁 63。
〔註216〕 林洙，《困惑的大匠梁思成》，圖版頁 8。

生分別負責舉辦各民族獨特風格的民族晚會，邀請在美的各國留學生參加。這對了解各種民族不同的習俗和增進留學生的國際友誼，是頗為有益。

此時期中國留美學生在組織能力方面，已有充分的表現。不但有同學會，還成立留美中國學生同盟。每年暑假，美西、美東及中部等各分會，舉行年會，來自各地區的代表齊集一堂，討論時事等各種問題，藉此歡聚一番。每隔 4 年，由同盟安排召集一次全國性的會議，參加人數通常很踴躍，會中，中國學生與美國友人，還可互相交換經驗與意見。〔註217〕總之，男女生一起定期聚會，彼此砥礪學習，互相照顧生活，顯示中國人可貴的團結力。留美女生與清末留日女生相比，男女交往和共同活動漸增，她們不再組織單獨的女性團體，而是和男生組織共同的團體。留美女生參與這些團體活動，顯示她們也逐漸學習發展組織活動能力、各項成績和生活情趣。

二、參與基督教會事工

許金訇就讀威斯連大學第一年（1884）的 4 月份某禱告日，在校內一間大禮拜堂舉辦特別聚會，校長及詩班領唱人馬丁女士先後致詞。聚會報告顯示許金訇已開始積極帶領他人過基督徒生活。當馬丁女士演講完，身穿中國服的許金訇，就優雅地站上詩班領唱者的講台，面對 600 位男女青年，見證耶穌的救贖。第二天晚上，在女生宿舍交誼廳的教堂聚會中，她跪在一個美國姊妹旁邊，希望幫助她找到救主。聚會結束時，許說到自己的心因友人信主而喜樂。許多人的信心因聽見許金訇的見證而增強。許的一個同學敘述許對女孩頗有影響力，比校內其他女孩更常帶領同學靠近基督。有個女孩在聚會期間受許的引導而信主，她母親到該校訪問，宣稱她為中國事工所奉獻的金錢太少，卻有中國女子到美國來帶領她的女兒歸向基督。〔註218〕

馬丁女士還說有某女生申請赴國外傳教，一直未被接受。後來只聽許金訇的話，且受許引導，奉獻終生為傳教士，赴日本服事。許金訇在放假期間，常到宣教會議演講，且頗有成就。如 1886 年夏許出席國際聯合宣教士會議，遇到自幼在福州認識的包德溫夫人（Mrs. Baldwin），就來跟她握手，以高興而熱切的低嗓音，用福州話稱呼「老師，我好像看到自家人一樣。」彼此都感到榮幸。也有參與大型宣教會議會者，見證他們在會議聽到許所講的情形，到禮拜三晚

〔註217〕不著撰人，〈東美中國學生會十齡紀念記事〉，頁 26-27。
〔註218〕Burton, 1911: 1, p. 239.

上的禱告會，感覺心情更好。還有位男士說到許的光臨，是他們在第三大道所開過最好的宣教會議。她做這些工作，似已明白童年爲放足的困擾，反而得到祝福。她自述在美國追火車時，一想到往昔別人口中說著「那雙腳」、「那雙腳」，就感到有「那雙腳」眞高興。因此，如同包德溫夫人的印象，許金訇一如往常，以甜蜜、溫和、值得信任的基督徒個性，贏得與會者的心。

石美玉和康成在安那堡時，由於太忙於學校課業和家務職責，以致無法參加教堂的禮拜。佛蘿絲特夫人（Mrs. Frost）稱讚她們有可愛的基督徒性格，願意協助受邀的基督教事工。如周日下午在佈道樂隊，協助教會的小孩，教他們唱歌或帶領禱告，或給幼童講有趣的故事。有時，她倆和昊格矩女士及同時留美的三個中國男生一起來，協助佛蘿絲特夫人在公開表演娛樂節目後，募集佈道樂隊與照顧孤兒寡婦的基金。她們的努力，使接觸到的人表示尊敬，更讓佛蘿絲特夫感到窩心。〔註219〕

石美玉在學醫課程中，對纏足的罪惡認識更深，認爲她母親應進一步對抗這惡俗。她母親雖未給她纏足，自己也未放足。她恐怕被旁人嘲諷是化外野人，不知纏足。石美玉寫信勸告她，這種想法不對，反倒要藉由解放自己的小腳，做爲倡導。她母親終於同意，也獲得丈夫的支持。在1894年華中宣教的年度會議上，同時舉開一個大型的纏足研討會。她母親上台宣稱自己決定放足，並說明原因。她清晰的聲音，使大禮拜堂內各角落的人們，聽到所講的每個字。她父親在後來的會議，也補充說明他們所學到的功課。她母親最後一雙小腳鞋，以及放足後的第一雙新鞋，都寄到安娜堡給女兒，做爲解釋天足的長期活教材。〔註220〕

1911年，許金荔與其姊妹金梨、金蕊，還有李美步在紐約，參加這一年成立的中國留紐學生會。至同年夏，該會成員共51人。〔註221〕王季昭於1913-1914年任堪薩斯州（Kansas）學生佈道團大會（Delegate to Students Voluteer Convention）會員；1914年爲女青年會及佈道團會（Association of Collegiate Alumnae）員。〔註222〕

王立明留美期間，也進一步與基督教團體「婦女節制會」發展密切關係。這使她日後的人生更開闊。1916年，不及20歲的她，作爲中華「婦節會」代

〔註219〕 *Ibid.*, pp. 121-124.
〔註220〕 *Ibid.*, pp. 166-167.
〔註221〕 《中國留紐學生會年報》創刊號，頁3。
〔註222〕 北京清華學校編，《遊美同學錄》（1918），頁2。

表，參加世界女節制會會議（The Women's Christian Temperance Union）。甫入美國境內，即有婦節會的代表招待；到芝加哥，當地婦節會會長戈登女士前來車站擁吻歡迎，她初出茅廬，嚇得往後一退，還好沒被發覺，不致失禮。〔註223〕

1920 年美國將歐戰時頒布的戰時禁酒法律，改入憲法；美國酒商同業會議想把此商業移往地大人眾的中國，王立明想到祖國菸酒未除，此事將使國計民生不堪設想，於是寫一封懇切的信，登在《中國留美學生月刊》，籲請大眾一致抗議，結果廣獲支持，組成一個禁酒會，抗議美國酒商來華等工作；當時熱心分子有陳鶴琴、劉湛恩與林風岐夫人等。他們返國後，也繼續與菸酒對戰。王立明在大學畢業後，曾受聘在該會宣傳部門工作，並住在當時該校女子學院院長法蘭西絲·衛拉的家中。〔註224〕她返國道經日本，二度逗留月餘，訪見數位婦女運動的領袖，考察婦女工作，並演說中日親善的重要。〔註225〕

丁懋英與李清廉就讀密西根大學期間，不但在該校中國同學會相當活躍，也熱心於更大的學生活動。1919 年，她倆為中國基督徒學生聯合會財政委員會（The Finance Committee of the Students' Christian association）熱心勸募，得款超過 120 美元。密西根大學中國同學會曾對外開放，讓會員邀請安那堡城市內外的人，並做演講。講演人有該會男女生；丁懋英、姜愛蘭曾發表演講，據稱相當成功。〔註226〕

基督教學生也有全國性的組織，即中國學生基督教協會。會員一度達 1,000 多人，每年也召開年會，經常出版刊物，但規模比不上中國學生同盟。至於伍哲英留美期間（1918-1919），是中華基督教留美青年會會員。〔註227〕吳貽芳留美期間，曾於 1924 年被推選為北美中國基督教學生會會長。〔註228〕

三、假期打工、旅行考察、探親或訪友

1891 年許金訇因掛慮父親的病情，休學返家。她等到領取再度入境美國的護照，就與好友露絲（傳教醫生薛承恩的女兒）同行，回到福州。她倆在橫濱旅次，共度聖誕節，又到東京作短暫探訪。船在神戶（Kobe）停留 1 天，

〔註223〕《上海婦女志》編纂委員會編，《上海婦女志》，頁 600。
〔註224〕《節制月刊》卷 5 期 4（1926 年 4 月），轉引自 Pui-lan Kowk, p. 190.
〔註225〕王立明，〈由家庭到社會〉，頁 30。
〔註226〕 "Club News", *The Chinese Students' Monthly,* Vol. 14, No. 8（June, 1919），p. 503.
〔註227〕貝德士輯，〈中國基督徒名錄〉，頁 428。
〔註228〕趙志邦，〈前金陵女子大學校長吳貽芳病逝〉，頁 65。

許金訇高興地往訪當時由美南監理會差派行醫的金韻梅。她們也在長崎停留 1 天，探望在那裡工作的幾個威斯連校友。又在上海停留 2 天，許金訇去拜訪雷夫斯奈德醫生（Dr. Reifsnyder）的大醫院。她們最後一段旅程——從上海到福州，很快進入閩江寫信回美國，提到她難忘許金訇喊著「最後的波浪已過，現在我們將要到家。」的神情。她的一個兄弟與一個姐夫沿江下游走數里路來接，轎子已在岸上等著抬她回家，與父母見面。數日後，父母爲她與露絲小姐舉行接風歡迎，這可說是他們一生最驕傲的時刻。

許金訇在睽違家國 8 年後，返鄉探望父親，帶給他難以形容的欣慰與幫助，使他病痛減輕。這是無人可以取代的。不久，他父親又感染嚴重流行性感冒，病體虛弱，幾近無望，連外籍傳教士醫生也束手無策。但許金訇以其費城所學的醫術與照顧病人的智識，用心照料父親，且不住禱告，終於化險爲夷。多年來，許永密一直計劃要蓋新屋，以便退休後，和家人同住。當時存款已足，卻因他的體力衰弱而難以進行。幸虧許金訇活力充沛，幫忙建屋的計劃，催促動工。在許父和監工的照料下，數月後終能搬入新屋。這個漂亮落成的中國式建築不大，裝有玻璃窗和木地板，可俯瞰河流，夏季且有涼爽的南風吹來，是更舒適的新家。

許金訇在家鄉除了陪伴父親，大部分時間忙於福州醫院的工作。每天有外科臨床實習，還要給病人診療。當時這個經驗，讓她更清楚認知將來工作上所需的特殊裝備。她看見且學到許多自己正在進行了解的婦女疾病，也傳授一個班的女子醫學生。這些工作經驗，對她是無法衡量的價值。有傳教士寫到許留在福州期間的印象：「她在醫院和家庭兩頭忙，但總是帶著喜悅和盼望。她以基督徒愛心和天生的仁心，對當地數百位婦女的病痛感同身受，爲她們看病觸診。她無偏私的態度、謙馴與安靜的心思，與我們一同工作、禱告數月，連合起來使福州傳教的成果更有進展。」〔註229〕

至於石美玉和康成在安那堡 4 年間，住在前述的佛蘿絲特夫人家的一間小套房，自理家務。佛蘿絲特夫人描述她倆比許多美國女孩更嫻熟於料理家務。有固定的日子清理房間，經常保持她們的客廳井然有序，招待許多女性朋友。偶爾她們在中國節慶時，給朋友表演娛興節目。女友們經常從學校回家的路上，順便來訪。而康成在處理家務上的小毛病，是當她揀起一本書或雜誌，隨後就

〔註229〕Burton, 1911: 1, pp. 23-37.

專注於文章內容當中，忘記她原來要做的內務工作。〔註230〕

　　黃振華留美的第二年，即 1914 年 7 月 15 日，其父偕同志抵美國舊金山，推行討袁運動，〔註231〕為反對袁世凱政府向美國借款。她也由紐約趕來接應。黃興在美，不勝各方款待及演講的煩勞，不久遷居近郊避暑勝利——太平洋叢林，租居一矮屋，稍得恢復往昔鄉居生活，大部分時間用以研究英文與美國政治、地方自治。暇時，督導女公子溫習功課，有時也帶她去海邊散佈，搜拾鮑魚蚌蛤，回來自己烹調，招待鄰人共食談笑。至 10 月，黃興再遷往紐約居住。不久他與僑胞同志組織拒債團，使袁代表陳錦濤的借款計劃失敗。1915 年 7 月 8 日返國，至 10 月 10 日黃興因胃出血，延至 31 日病逝，年僅 43 歲；黃振華與長兄一歐隨侍在側。〔註232〕她覺得父親的早逝太突然且奇怪，曾立志要學醫。她從 1930 年開始寫日記，還蒐集了 4 大桶黃興的資料，可惜後來留在中國大陸，未帶出來。〔註233〕

　　王立明做為新生，雖照美國大學往例而常遭戲弄，被稱為"Green"（青澀之意）；但與同班的女生則甚親熱，每天一起上課溫書，且課外活動多采多姿，如常獲邀前往她們家渡假遊玩；寒暑假也常收到許多安慰信，聊解遙思故鄉之別情。1918 年，她曾在芝加哥留影。〔註234〕

　　楊蔭榆和外甥女（長兄之女）楊保康曾同在美國留學，合照過許多照片。〔註235〕想來他們經常利用假期互相探望。

　　沈驪英每逢假期，常被美國女同學家庭邀約同住，視同家人。其中有某女士，對她關切尤深；她懷疑就是資助她的學費、旅費的人。她深深欣賞美國高等婦女治家與服務的精神，還有隱名為善的道德，這對她日後一生影響很大。〔註236〕

　　林徽因有時偕梁思成逛市集，採買新鮮蔬果；有時還邀陳植，同去校外郊遊，或是走訪附近的黑人貧民窟、栗樹山的富人區；也曾搭車前往蒙哥馬利等外縣，觀瞻古戰場等。三人也常就近參觀賓大博物館。該館收藏中國古代的銅、陶、瓷等文物；在偶然的機會，她還發現唐太宗墓「昭陵」內的坐

〔註230〕 *Ibid.*, p. 122.
〔註231〕 中華民國當代名人錄編輯委員會，《當代中國名人錄》，民意代表，頁 417。
〔註232〕 沈剛伯，〈黃興〉，《民族英雄及革命先烈傳記》，頁 151-156。
〔註233〕 李又寧，〈記三位不平凡的女性〉，頁 220。
〔註234〕 王立明，〈由家庭到社會〉，頁 30。
〔註235〕 楊絳，〈回憶我的姑母〉，頁 71-72。
〔註236〕 沈宗瀚，〈亡妻沈君驪英行述〉，頁 264。

騎六駿，已失竊的「颯露紫」、「拳毛騧」兩駿，竟然陳列於其中。據日後陳植回憶，他（她）們「每往必對這一渾厚雄壯的浮雕凝視默賞。」〔註237〕

　　1928 年，林徽因與梁思成結婚後，遵循梁啓超安排，相偕赴歐洲蜜月旅行，並參觀考察古建築半年。當時徐志摩已先與陸小曼在北京結婚（1926.10.3）。〔註238〕她倆首途赴英國，參觀由 18 世紀名建築師克里斯托弗‧侖（Christopher Long）的文藝復興形式作品——倫敦聖保羅大教堂。它建有碟形的高大穹窿與兩層的楹廊。再赴布蘭賴皇家別墅、國會大廈、海德公園的水晶宮、波斯坦的愛因斯坦天文台塔樓與紀念碑的流線造形、德紹（Dasius）市包豪斯學院（Bauhaus College）等。包豪斯學院是名建築師孟德爾松（Mondelson）表現主義的代表作，用來培養建築學家；當時剛落成的校舍，包括學樓、實習工廠和學生宿舍，是由名建築師華爾特‧格羅皮烏斯（Walter Gropius）設計。林徽因將這整座建築素描成圖，且在回國任教東北大學建築系時，掛在黑板上，作專題講解教材。〔註239〕

　　其次，她倆前往歐洲大陸旅遊考察。先至德國，拍攝許多巴洛克和洛可可時期的古建築，包括德累斯頓萃瑩閣宮、柏林宮廷劇院、烏爾姆（Worms）大教堂與希臘雅典風格的慕尼黑城門，以及歷時 632 年才竣工的西歐最大的哥德式科隆大教堂。接著，赴世界公園瑞士，欣賞茵夢湖等湖光山色；緬懷世界名著《茵夢湖》的愛情故事，還有人與自然、建築三者問的關係。然後，她倆到了意大利，在羅馬結識當地一位就讀大學建築系 3 年級的女生塔西諾，帶領前往龐貝古城遺址、羅馬古競技場和文藝復興時期代表建築，如卡必多山上的建築群、馬西米府邸、維晉察的圓廳別墅、聖彼得大教堂與聖保羅大教堂等。又去瞻仰費時 600 年建成的米蘭大教堂，觀賞水城威尼斯聖馬可大教堂、鐘樓與廣場，搭乘「貢多拉」搖櫓小船遊運河，瀏覽沿岸的羅馬時期建築。再經水路抵達法國巴黎，參觀文藝復興風格的楓丹白露宮、羅浮宮國家美術館的雕塑和畫作珍藏、凡爾賽宮與太陽王路易十四收藏的中國藝品等。在西班牙乘馬車到格拉那達郊外阿罕布拉宮的建築風格，聯想及李後主

〔註237〕林洙，《大師的困惑——我與梁思成》，頁 28；陳鍾英、陳宇，〈建築學家、詩人林徽因〉、〈林徽因年表〉，頁 67-68。

〔註238〕林洙，《大將的困惑——我與梁思成》，頁 25-26、30；劉紹唐主編，〈民國人物小傳：陸小曼〉，《傳記文學》卷 41 期 6，頁 147；Wilma Fairbank, pp. 30, 33.

〔註239〕Wilma Fairbank, p. 26.

亡國恨的詞〈破陣子〉。〔註240〕這是她倆第一次，也是唯有一次的聯袂遊歐；走訪英、德、瑞、意、法與西班牙等國 2 個多月，把書本所學的古建築都看到，且拍照、速寫又畫水彩。林徽因對夫婿拍照以建築物爲主體，將她當成比例尺般作陪襯，不甚滿意；而今也僅存一張水彩畫。〔註241〕這趟實地考察歐洲古建築見習之旅，對日後她倆的建築科學生涯助益良多。

余寶笙在 1924-1928 年留美期間，也曾半工半讀。〔註242〕1926-1928 年間，吳貽芳與妹妹吳貽荃（1934 年在國內失蹤）和表妹陳慧合住一個房間，自己買菜做飯。她倆是受陳叔通鼓勵，以及吳貽芳的榜樣，同時赴美留學。有時，還去一家公寓開一個小時的電梯，或是到飯館洗碗碟，掙錢貼補零用，可以說她們的留學生活相當儉僕。〔註243〕李又寧以自己留美的經驗，寫一首詩〈留學生歌〉：「我們有三寶，膽識、雙手與大腦。米飯麵包都愛吃，華文英文都熟悉。打工求學不爲奇，英傑那分高與低。歡歡喜喜，天天努力。自力更生新生地，創業成功在努力，努力努力齊努力。」〔註244〕這個寫照，讀來既有趣又貼切。

1927 年北伐期間，國內興起收回教育主權的運動。次年春，國民政府決定所有外國教會在中國所辦學校，要建立中國人爲多數的校董會，並由中國人當校長。據此，金陵女大改組校董會，使中國人在校董中佔三分之二，並改選徐亦蓁爲校董會主席，改校名金陵女子文理學院。該校校董會，選舉並聘定吳貽芳爲校長，電請她回國任職。當時，她正在準備博士論文，收到聘書後，終於在 1928 年以優異成績畢業，同年夏到美國各女子大學參加數月，始行回國。〔註245〕這樣看來，吳貽芳在實科專業知識的學習，取得最高學位後，對於將要回國接任女子大學校長，把握機會在美國做作進一步的考察觀摩，希望開闊自己的眼界，充實領導女子高等教育的行政能力。

〔註240〕 林洙，《大將的困惑——我與梁思成》，頁 23-26。
〔註241〕 Wilma Fairbank, p. 34.
〔註242〕 李晴，〈余寶笙年譜簡編〉，頁 49。
〔註243〕 趙志邦，〈前金陵女子大學校長吳貽芳病逝〉，頁 65。陳慧是陳叔通的女兒，與吳貽荃分別在 1926、1925 年金女大畢業。參見金陵女子文理學院辦公室編《金女大大事記》，頁 55。
〔註244〕 李敏慧，〈一個老留學生的自述〉，收在李又寧主編《留美八十年》（二）（紐約：天外出版社，1999），頁 230。
〔註245〕 金陵女子文理學院辦公室編，《金女大大事記》，頁 7。

四、報刊編輯或撰文論著

也有留美女生在認眞求學之餘，參與中國留美學生團體及所辦刊物，並撰文、著書出版。如曹麗雲在費城女子醫學院期間，擔任所就讀 1911 級的級刊編輯（1910-1911）。〔註246〕

中國留美學生會總會出版英文月報，創刊於 1907 年，顧維鈞擔任主筆，自後按期出版，至今未有間斷。〔註247〕1914 年出版中文季報。1921 年，李昂爲該會中文書記，曾譯述一篇〈留美中國學生會東部會長凌其峻爲普林斯頓年會事件致會員全體公函〉，針對普林斯頓年會會長羅景崇辦事失宜，公款帳目不清，該會受巨大損失，且被普林斯頓大學及神學院控告，使全體中國留學生蒙羞。此事緣於 1920 年 9 月東美中國學生集會於普林斯頓大學。將結束時，凌其峻請他按往例出具明細報告給本部，包括年會帳目。羅在 11 月 2 日給凌回函諾一週內完成報告。約一週後，凌在賓州旅行途中，聽聞年會虧欠普林斯頓大學及神學院債務尚未清償。旅行歸來就著手調查，發現羅已付給 894.47 元，尙欠 275.84 元，屢次被函請清償所欠 1170.51 元，未獲答覆，普林斯頓大學及神學院就訴諸法律，將年會存在普林斯頓國家銀行的款項 634.67 元收押。後由楊承訓自願代爲清償餘款。證據顯示羅君記錄帳目不清，經 1921 年 3 月 14 日特別會議，決議將他開除留美中國學生會東部會會員資格，且需賠償損失。原文以英文撰述，李昂譯成中文，讓所有留美同學公斷，作爲警惕。〔註248〕

此外，也有女生透過《留美學生月報》，以文會友，呼朋引伴。如黃桂寶在 1917 年入史密斯女子學院，12 月 4 日曾寫一函，藉該報呼籲更多中國女子留學生到該校就讀。由於該校設址所在的 Northampton，是個小鄉鎮，故有人描述校園與建築均小，學術水準也低。在她之前，只有一個中國女生就讀該校，不像當時其他女子學院都有 6-10 位中國女生入學，因此顯得很冷清。她認爲不能以史密斯學院看起來小，就說中國女生不會有好成績而走避。畢竟越過太平洋而來的學生，並非爲了尋求莊園或排除寂寞。何況史密斯是美國最大的女子學院，課程爲其他女子學院所不能超越。校方已致力修改舊課程，

〔註246〕 北京清華學校編，《遊美同學錄》（1917），頁 147-148。
〔註247〕 中文書記李昂譯，〈留美中國學生會東部會長凌其峻爲普林斯頓年會事件致會員全體公函〉，留美中國學生會編印《留美學生季報》民國十一年春夏季合刊號，紀事，頁 1-8。
〔註248〕 記者，〈留美中國學生聯合出版物之進步〉，頁 25。

實施的新課程令人相當滿意。她強調繁忙的城市生活不能促進誠實聰明敏銳的學生功課更好；反之，鄉村地方也不會使得好逸惡勞的學生功課更差。中國學生總傾向進入有許多同胞去的學校。第一位就讀史密斯的中國留美女生，正巧才畢業一年，所以未能有追隨者。她希望準備入女子學院的中國女生，不要囿於傳統或成見，能仔細考慮，並選擇史密斯學院。〔註249〕

五、輔助國內來美同學

丁懋英曾幫助後輩青年陳霆銳留美。陳與她的好友石如玉女士友善，在陳留美以前，來信稱密大課程以醫法兩科爲最強，力勸他入該校肄業，爲他襄贊留學計畫甚詳，所有報名登記計算並承認學分等手續，都由丁懋英爲他一手辦理。陳畢業於東吳大學法科，當時爲新興學校，不甚出名，所有學生所得學分，想要美國著名大學承認，是十分困難的事。但因丁懋英計畫周詳，交涉得體，使他在國內（東吳大學）所修學分全部被承認，成爲第一位獲得這種待遇的中國留學生，入密西根大學研究院肄業。以後卅年中，踵繼而來的留學生，有吳經熊、查良鑑等不下數十餘人。在陳抵密大那天，恰爲丁懋英動身返國前夕，只能與他匆匆談話數小時，還爲他代尋宿舍、膳堂及介紹素與中國學生親善的教授十餘人，立時部署完畢。陳霆銳初次出國，人地生疏，驟得一臨時助手的大力幫忙，陳因而對丁懋英的先驅功勞，既感激又難忘，故撰文紀念。〔註250〕

六、交友與戀愛、結婚

留美女生的交友，包括男、女朋友。有些男性朋友談得來，進一步變成男朋友，甚至論及婚嫁。以下分別探討。

（一）交友方面

1913年，中國留美女生胡彬夏、王季茝、陳英梅與廖奉獻（F. H. Liu）一起在衛斯理女子學院合照，照片還刊登在《留美學生月報》上。〔註251〕同是

〔註249〕 "Student World", *The Chinese Students' Monthly,* Vol. 13, No. 3（Jan., 1918）, p. 171.

〔註250〕 陳霆銳，〈石如玉、丁懋英兩女士合傳〉，頁23-24。

〔註251〕 陳英梅主修人文科目、廖奉獻主修教育。原文將 F. H. Li u 誤植爲 F. H. Lin "Wellesley Chinese Students' Club"（picture）, *The Chinese Students' Monthly,*

中國女子，在美國同一所學校留學，「人不親，土親」的感覺，讓她們彼此相依，格外親切。

　　林惠貞留美，在芝加哥醫院實習與服務期間，是與穆迪聖經會（The Moody Bible Institute）的克洛威夫人（Mrs. H. P. Crowell）同住。可見她在美求學，受到基督教會團體的幫助與照顧。1911-1915 年間，她加入伊利諾大學主要校區——爾本納校區（Urbana-Champaign）的中國同學會（The Chinese Student's Club），頻頻出現在該會伊利諾校園的照片中。她在芝加哥工作時，還在當地創立「中國婦女會」（The Women's Club）。〔註 252〕當王立明未婚以前，還在美國芝加哥留學深造期間，就與林惠貞成為好友。〔註 253〕這可歸因於地利之便，以及林惠貞在當地組織的留美女同學會加強聯絡情誼所致。

　　葛成慧於 1929 年得到獎學金（Fellowship），同時得到這項獎學金的中國女生，還有丁懋英、高君珊。她們與毛彥文同時在密西根大學就讀，彼此過從甚密，成為好友。〔註 254〕

（二）戀愛方面

　　當時由於中國男生人數逾百，女生不過十數人，因此男女生的人數比例懸殊，她們相當受到歡迎與矚目。主修理科的安徽女生吳克婉，在留美期間，結識大她四歲的江蘇同鄉凌普，後來成為她的丈夫。凌普在留美期間也獲得清華津貼，1928 年取得同校文科碩士，同年相偕返國後。〔註 255〕黃孝貞在劍橋初識清華 1920 級留美同學李幹，1926 年 2 月在康乃狄克州結婚，同年秋相偕返國。李幹於 1927 年獲哈佛大學博士。〔註 256〕至於 1932 年在美獲得博士學位的龔蘭珍，1933 年以前已經結婚，丈夫姓許。〔註 257〕

　　林徽因出國，即為梁思成未婚妻，且經雙方家長認定同意。1924 年 7-9 月間，林徽因在康大學習期間校園中凱約嘉湖等優美的山光水色。加上她參與校友會所辦的歌唱、化妝舞會等活動，認識不少新朋友，不久，她因接連

　　　　Vol. 8, No. 8, p. 517.
〔註 252〕*Alumni News*, June, 1940, cited from Carol Huang, pp. 116-117.
〔註 253〕素卿，〈時代裡的女子：林惠貞女醫生的生活〉，頁 12。
〔註 254〕毛彥文，《往事》，頁 26-27。
〔註 255〕清華大學同學會編，《清華同學錄》，頁 138。
〔註 256〕李幹〈李黃孝貞夫人行述〉，以及潘秀玲〈訪黃孝貞女士談六十年前投考清華往事〉，頁 114-116。
〔註 257〕Tung-li Yuan, compiled, 1961, p. 123.

獲梁思順一連來信指責，傷心之餘，生病高燒住院，一度決定與梁思成各奔前程，自行留在康大就讀，並致函求助徐志摩，以致徐又燃起希望。〔註258〕林、梁兩人除了學習建築是志趣相投，個性、脾氣則有所不同。如林愛吃酸味食物與油炸燕麥包，梁喜辣味、乾酪與香腸等。林活潑美麗，比林斯的文中，還稱讚她頭梳女大學生樣式的雲鬢，面頰常淺現一對美妙的酒窩，細眉揚起，回答時總是輕輕一笑，幽默又謙遜。她既擺脫了原來的家庭與文化的束縛，又感受到美國女子較英國女子容易做朋友，亟思以流利的英語與人廣結善緣，充分享受自由與民主。當個性較嚴肅的梁思成，以愛情和責任為由，企圖控制她時，難免引起強烈反彈，衝突迭起。但經過一段「修行」時間後，「刀子嘴，豆腐心」的她和梁，能學會彼此容忍，以和好收場。〔註259〕她與梁的婚約「好事多磨」，內心頗感無奈與煩惱，或曾轉思「情變」。

　　1925 年 12 月 24 日，林徽因的父親因助駐京奉軍郭松齡在溪州倒戈反奉，在白旗堡遇伏而被流彈擊中，以 50 歲死於瀋陽西南新民屯。林徽因接到親叔林天民與梁啟超所寄信件與《京報》等相關報導，獲悉父親的噩耗細節；哀慟昏倒而臥床數日，以致未能返國奔喪。此後，她成了生母唯一的依靠，需盡孝奉養；二娘則帶著孩子回福建老家。這一連串的打擊，並未使她因而退縮喪志，卻使她甚思念故鄉與親友。1927 年 2 月，她曾寫信給老友胡適，提到自己在美留學的生活情況：「我這兩年多的渴想和最近慘酷的遭遇給我許多煩惱和苦痛。我想你一定能夠原諒我對於你到美的踴躍。我願意見著你，我願意聽到我所狂念的北京的聲音和消息……」〔註260〕她對來自故鄉的胡適，表達聚會晤談的期待。

　　林徽因又在 1927 年 3 月寫信給胡適，感謝他應邀到費城的教育會演講，且停留 3 天，還提到自己打算繼續在美國用功 1 年，希望他在回中國後，代向徐志摩轉告希望原諒她從前種種的不了解。她在寫此信的前一天，把徐的舊信逐一翻閱，真正透徹地明白舊的志摩，但只永遠紀念，也不想再提起。這些文字似乎暗示她知道徐對自己的愛意仍存，她也思念徐，卻不想重敘舊情。徐志摩是留美的過來人，恐怕美國把她寵壞了，事實上倒不盡然。林徽

〔註258〕陳鍾英、陳宇，〈建築學家、詩人林徽因〉、〈林徽因年表〉，頁 76-77；Wilma Fairbank, pp. 21-23.，梁錫華，《徐志摩新傳》，頁 49。

〔註259〕吳荔明，《梁啟超和他的兒女們》（上海：上海人民出版社，1999），頁 144。

〔註260〕林徽因，〈一九二七年二月六日致胡適〉，見陳學勇編《林徽因文存——散文 書信 評論 翻譯》，頁 63。

因認爲她在北京一年被寵壞的生活，用 3 年的功夫才一點一點改過來，總結自己留美期間的感想，同意胡適所說經驗是可寶貴的，「我在這三年中眞是得了不少的閱歷，但就也夠苦了。經過了好些的變動，以環境和心理我是如你所說的老成了好些。」〔註261〕林徽因在這封信中的文字，表明她的感情與理性逐漸平衡下來，1927 年 12 月 18 日由梁啓超在北京，爲她與梁思成舉行正式文定禮。次年元旦，梁思成親手做成一面仿古銅鏡，被認爲是「幾可亂眞」的仿古董，送給她做爲禮物。次年 2 月，林、梁分別自耶魯與哈佛大學完成研究，擇定於 3 月 21 日在加拿大溫哥華的一所教堂舉行結婚典禮；兼以紀念宋朝建築師李誠所立碑刻上的唯一日期。所有的婚禮事宜，均由梁父託付梁思順與女婿周希哲（時任溫哥華總領事），代爲主持安排。婚後，她倆赴歐旅行。〔註262〕

相對於許多留美女生的交友戀愛，生活多采多姿，尚有遭逢傷害而無助的受難者，甚至比林徽因的痛苦更深的，也不乏其人。以陳潔如爲例，她承受的婚變打擊，情何以堪。她與張氏姊妹在紐約同住 3 年（1927-1930），受其指導英文，生活上互相照顧。當她獲悉 1927 年 12 月 1 日蔣介石與宋美齡結婚的消息，深受打擊，身分由眾星拱月的蔣介石夫人，忽然變爲乏人理睬的異鄉棄婦。她本來就不多話，好一陣子心情惡劣而無奈，把自己關在家中，很少出門，張家姐妹出門時邀她散心，她也常拒絕。對僅 21 歲的少婦而言，她所受的感情打擊，終生難以彌補。她每日等待上海的家書，盼有轉機，能速回中國，卻都落空。1928 年蔣介石才派代表與她談離婚條件，結束 7 年的婚姻。她幾度想自殺，包括在赴美的太平洋途中，以及到紐約市郊的赫德遜河（Hudson River），幸都被勸阻。〔註263〕陳潔如被離休後，蔣介石每年通過陳果夫支付她生活費 175 元，但她抱怨這個金額在美國不夠用，1928 年 3 月起，多次請朱逸民轉告張靜江代她向蔣介石索取，希望月給 300 美元。由她給朱逸民的信件內容，可知她生活入不敷出。〔註264〕她伸手要錢，還要輾轉透過張靜江、陳果夫等人，日子過得沒有尊嚴，身心備受煎熬。陳因蔣的無

〔註261〕林徽因，〈一九二七年三月十五日致胡適〉，見陳學勇編《林徽因文存──散文 書信 評論 翻譯》，頁 64。
〔註262〕沈雲龍輯註，〈胡適與徐志摩來往書信〉，《傳記文學》卷 43 期 6，頁 34-35。
〔註263〕董更安，〈陪陳潔如赴美：張靜江幼女林可勝夫人張蒨英話當年〉，頁 52-54；陳潔如，《陳潔如回憶錄全譯本》下冊，頁 384-385、457-458。
〔註264〕王曉華，〈陳潔如在海外生活錄〉，頁 37-38。

情，受傷痛至深。這個婚變使只有 20 多歲的她傷透了心。所以決意不再嫁人。
這是民初留美女生中，感情生活最悲劇的人物。

在男女社交方面，當時中國男生人數逾百，女生不過十數人，因此她們
相當受到歡迎與矚目。他們既處於適婚年齡，看到美國男女交際的自由與健
全，無形中也受到影響，甚至起而效尤。未婚女生除非懷抱獨身主義或其他
特殊原因，否則真如「奇貨可居」，備受矚目與追求。尤其才貌兼備的，更加
吃香。如漂亮的韓美英曾受清華留美同學趙元任欣賞、追求；可惜她似另有
所屬，未與趙元任有進一步的感情發展。〔註265〕

有些女生在留美期間，經由同學會等聯誼活動，認識中國留美的男同學，
彼此有好感，進而交往，甚至發生感情，結為夫妻，一起返國。如學數理的
許女士（Louise）在 1915 年 9 月與中國留美同學張福良結婚。張是湖南人，
1889 生於上海，1909 年 11 月以官費生抵美留學。次年入耶魯大學攻讀森林科
學（Forestry），1913 年獲得學士，1915 年獲得碩士。他倆婚後，相偕返國。
〔註266〕兩人有不少共同經驗，能談得來，遂發展出感情而步入婚姻。許家三
姊妹，都嫁給留美同學。〔註267〕

吳卓生與劉廷芳（浙江永嘉人；18911.8.-1947）。兩人是 1915 年照美國方
式在美國結成連理。〔註268〕1911 年，劉初抵美留學，與她相識、訂交。當時
劉肄業於喬治亞州亞特蘭大的喬治亞中學二年級，後以全 A+ 的優異成績進入
哥倫比亞大學。吳比劉大三歲。因此這椿婚姻不同於一般的男大女小模式，
反而接近中國傳統習俗的妻大夫小。劉廷芳曾撰寫一首詩〈重遊美南卓支亞

〔註265〕 丁曉禾主編，《中國百年留學全紀錄》（二），頁 515-516。

〔註266〕 北京清華學校編，《遊美同學錄》（1917），頁 117。

〔註267〕 另一位許雅麗，也與晏陽初由友好而戀愛，使其他同學欣羨。因晏的父母開
明，未在年少時為他包辦婚姻，使他無所拘束，不像其他中國男留學生要為
家鄉的婚姻感到困擾。許雅麗是基督教女青年會會員，晏陽初是基督教男青
年會會員，又對體育素有興趣，尤其喜拍網球。因此他倆在一些集會或活動
時常見面，而交往密切。參見吳相湘，《晏陽初傳：為全球鄉村改造奮鬥六
十年》，頁 24、830。還有一位許淑文（1901-1985），大約 1918 年考入俄亥
俄烏斯特學院（Ohio Wooster College）體育系，曾代表學校參加全美游泳比
賽，獲得數項冠軍。她在大學讀書時，結識河北官費留美生周學章
（1893-1945.1.25），成為一對戀人。畢業後，與甫獲得哥倫比亞大學博士的
周學章結婚，1923 年相偕回到中國。見〈周學章〉、〈周許淑文〉，燕京大學
研究院編《燕京大學人物志》第一輯，頁 193。

〔註268〕 John Leighton Stuart, *Fifty Years in China*（New York: random House, 1954）, p.
77; Sumiko Yamamoto, p. 50.

省寄內子卓生〉，詩中說：「此十六年前留學地，與內子相識訂交訂約處也，1927，冬」詩的內容：

> 雖然落日西山，黃昏不遠了，
> 篇幅不多，小小的卷冊將完。
> 但無數浪漫裡，幾許歡娛，
> 這當年故事，能嫌太熟麼？〔註269〕

短短幾行文字，含蓄地表達他們那一代留學生的愛情故事。她們當年是在留學生時代自由戀愛而結婚的一對。

劉廷芳的祖父經營瑞士顏料致富，後因吸鴉片煙而早逝。書香門第出身的祖母葉氏，守寡撫子，備受族人欺侮，憂傷度日。1878 年以前，她接觸到基督教福音，遂棄佛為基督徒。父親劉世奎，曾留學英國愛丁堡醫校。母親李璽也是基督徒，後承繼婆婆，成為內地會所辦甌江育德女書院校長；育有 4 子 2 女。但因不拜祖先而被「出族」，財產全被族人沒收。1900 年義和團亂，其父維護送老母回鄉，坐轎抵碼頭時，被士兵無故碰撞而險些掉入河裡，他與士兵理論，竟被槍托擊胸而傷逝。〔註270〕身為長子的劉廷芳，時年僅 9 歲，必須負起照顧寡母與弟妹的責任。他接受教會教育，在上海聖約翰大學預科肄業時，曾獲得中文總督獎，受到當時任教金陵大學的司徒雷登賞識，〔註271〕安排他負笈美國。劉在美國的生活清苦。〔註272〕1920 年獲得哥大教育心理學博士。〔註273〕他以活躍風趣，擅長演說，曾被推為中國留美學生協會主席，在中國基督徒學生中為重要人物。〔註274〕而吳卓生婚後，先返國教書謀生，

〔註269〕 劉廷芳，《山雨》（上海：北新書局，1930），頁 122-123。

〔註270〕 查時傑，〈劉廷芳——多才多藝的教會傑出領袖〉，收錄氏著《中國基督教人物小傳》上卷，頁 240；莫法，《溫州基督教史》（香港：建道神學院，1998），頁 55-56。

〔註271〕 李立明，〈劉廷芳〉，氏編《中國現代六百作家小傳》（香港：波文書局，1977），頁 495-496；司徒雷登著，閻人俊譯，《在中國五十年》（香港：求精出版社，1955）。

〔註272〕 羅學濂，〈昆蟲博士劉廷蔚〉、劉廷蔚，〈燕京大學宗教學院〉，收入董霖編《學府紀聞——私立燕京大學》（台北：南京出版有限公司，1982），頁 48-49、183-185。

〔註273〕 劉廷芳於 1914-1916 年分別獲得喬治亞大學學士、哥大教育學士和碩士。再入協和神學院，1918 年獲得耶魯大學神學士，授牧師職。吳昶興，《基督教教育在中國：劉廷芳宗教教育理念在中國之實踐》，頁 53。

〔註274〕 1917 年洪業自俄亥俄州衛斯連大學畢業，接受劉廷芳勸說，在哥大攻讀歷

可想見她的獨立堅強。

　　1916 年，中國科學社第一屆年會在康乃狄克州中間城舉行。趙志道自此與志同道合但比她小 3 歲的楊銓（杏佛，1893 生）相戀。楊係於 1912 年 11 月與任鴻雋等，由稽勳局公費選派留美，先後入康乃爾大學與哈佛大學。1914 年楊與任鴻雋等，有感於「科學救國」的重要，創辦《科學》月刊。但他詩詞文章俱佳，幾乎是一天寫一首詩，寄給趙，使趙應接不暇。1918 年 3 月，她也成爲中國科學社永久社員，同年 8 月，楊銓獲哈佛大學工商碩士。她倆參加該社第三屆年會後，辦理結婚登記，成爲夫妻。同年 10 月 4 日，她倆與任鴻雋同乘「諏訪號」海輪啓程返國。〔註 275〕

　　1918 年新秋某周六下午，王立明先已寫信聯絡的劉湛恩，前來芝加哥會面，故友重逢分外驚喜，從此經常利用假日相聚。但因上有老母，下有兩弟，1920 年她拿到學士後，不久即返國。〔註 276〕劉湛恩於九江同文書院以成績優異，獲保送入蘇州東吳大學醫預科。1915 年考取獎學金，留學美國；後因接受「教育救國」理念而棄醫，入芝加大學教育系，獲碩士學位。他與王立明進一步交往，即是 1918 年在芝加哥。後來，劉再入哥倫比亞大學教育學院深造，與胡適、陶知行等同爲實驗主義大師杜威的學生。劉在留美期間，也積極參加社會活動，關心國事的行爲，在華僑與留學界中，頗具聲譽。1922 年 2 月 6 日的華盛頓會議，中國的北洋政府與英、日、美、法等國簽訂《九國公約》。他以此約侵害中國的主權，在美國總統威爾遜演說時，當場提出異議，發表義正詞嚴的責詞，結果遭到拘禁，幸因華僑與留學界的強烈抗議，獲得釋放。同年 8 月，他考獲哥倫比亞大學教育博士返國。〔註 277〕

　　清末留美女生對美國婦女耳濡目染，看到她們的長處，多少受到薰陶，起而效尤。據觀察，十九、廿世紀之交的美國婦女，長處有四：（1）教育程度提高，具備智識技能，言行率眞有信，而職業愈發達，更具獨立精神。（2）富於常識與趣味。美國女子，不遜於男子，對世界時事與社會問題多有考察研究；發爲言論，既富趣味，也能解決諸多問題。這是當時大多數中國婦女

　　　　史，同時在該校附設協和神學院準備做牧師。見陳毓賢《洪業傳——季世儒者洪煨蓮》（台北：聯經出版公司，1992），頁 71-74；沉膺，〈閒話燕大老師〉，董霈編《學府紀聞——私立燕京大學》，頁 295-296。

〔註 275〕姚公騫主編，《中國百年留學精英傳》，頁 63-67。

〔註 276〕王立明，〈由家庭到社會〉，頁 30。

〔註 277〕劉紹唐主編，〈民國人物小傳：劉湛恩〉，頁 142。

所不及的。（3）活潑有爲，富於活動性。多數婦女能騎馬、騎自行車等運動。她們英姿煥發，步履邁闊，往來通都大衢；遇險阻處，也能坦然與男子共相跋涉，而無中國婦女柔弱的態度。（4）長於交際。美國婦女以伶俐的姿態、親愛的表情，常帶優美快活的精神。言行不做作，關心家庭與學校教育，尤能善視兒童，給人優良的感化力。〔註278〕廿世紀的留美學生，大多數有濃郁的親美情懷，女生亦然。由於她們在中國所接受的中等教育，基本上已經是美國式內涵。在留美熱潮高漲時，心更嚮往之。是故，她們對美國的女男平等、女子教育發達，追求獨立自主，更因留美數年而受到強化。

　　相對地，美國婦女的短處，清末留美女生也難免受影響。美國盛行個人主義，婦女生育率降低，漸不樂爲家庭雜事，清掃、烹飪、育兒、購物等，委由傭僕，且日趨重視享樂，動輒揮霍浪費。〔註279〕據此，有些美籍傳教士與中國鄉親懷疑許金訇在美國居留多年，會有所改變，以爲她享用一些奢侈品，已變成必需品。基於這種想法，她的房間就被擺放一些中國家庭少見的小件舒適用品。然而許金訇不需要。她並未改變，在美國雖受矚目，卻未被寵壞。這要歸因於她留美的目標純正。數年後，她在歡送一些將初次赴美留學的女子時，曾提到有些人不願意女孩赴美留學，以爲她們受教育後會驕傲。但她覺得沒什麼可驕傲，中國女子有機會到外國學習，非因得天獨厚，而是上天的厚愛，讓她們先去學一些好事。「我們得恩越多，虧欠中國女界就越多。所以無論到哪裡，必須想到如何造福國人，而非按自己所愛的去做，哪有什麼驕傲可言？」〔註280〕美國女性比中國女性，多有優點。但中國女性也有她們所不及的地方。若能截長補短，中國女性的進步，指日可待。

　　清末留美主修實科的女生，並非書呆子，她們把握機會，學習在教室裡學不到的生活經驗，擴展對美國文化的見識，在異國思鄉之餘，仍有多采多姿的表現。她們培養自己的社會責任感，關懷他人，更不忘自覺使命，常想到將來可以幫助祖國的需要，尤其是提倡女學。總之，她們見識西方先進國

〔註278〕馮自由，《革命逸史》第二冊，頁177；羅益群，《中國文化世家·荊楚卷》，頁611。

〔註279〕據統計，1910年代以來，日英德各國的人口增加率，恆爲11‰以上；美國白人不增反減，如新英格蘭州減退率爲1.5‰，麻州的人口增加率爲3.8‰，新罕布蘭夏州人口減退率爲10.5‰。僅黑人與外國移民尚有增加。參見熊崇煦譯，〈美國之婦人與其教育〉，譯述，頁23-24。

〔註280〕Burton, 1911: 1, pp. 11-12, 23-37.

家的文化，學習各種專業知識與技藝，學成歸國後，也多有所貢獻於國家社會，成為新時代的新女性。

　　綜上所述，這些留美實科女生從本土到海外的調適，並不容易。俗話說：「在家千日好，出外一時難」。就如林徽因所說「世界上沒有比中國更容易 spoilt 人了。」〔註281〕她們負笈國外深造的日子，少則1、2年，多則5、6年不等，生活有別於中國傳統，總是寂寞而思鄉情深。但為了追求學業上有一番成就，必須擺脫被寵愛的嬌氣，克服諸多壓力，勇敢地獨立前進，致力學好專業知識，還要在生活方面，維持自己的身心健康，並盡力調適文化差異的問題，有良好的人際互動，不致被歧視，甚至受美國人尊重，為中華民族爭光。當這些「精神充軍」的歲月，終於「能在寂寞和失望中得著自慰和滿足。」就可映證「有價值的經驗全是痛苦換來的」。〔註282〕而當時她們所見大多數美國女子舉動活潑，言語明快，做事切實的表現，頗具示範作用，讓她們學習樂意參與活動，在德智體群各方面多有好表現。許多女生在美國念書時，以適婚年齡的窈窕淑女，受到西方開放的社交觀念影響，因此與異性自由交往，進而談戀愛，感情也有了著落。惟當時似未開放到以洋人為婚嫁對象，因此也未見有她們嫁給洋人的記載。以上所述留美女生的種種課外活動，顯示她們把握機會，追求各方面的充實進步，指望以美好的形象滿載歸國。

表3-2：清末留美實科女生名單

姓 名字 號	籍貫	生 年 與 出 身	留學時間、學校、學科與學位
王季茞	江蘇吳縣	1894 生；王季玉之妹。上海中西女塾畢業（？）	1907 以江蘇官費至美，先入胡桃山女塾。衛斯理女子學院文學士；芝加哥（Chicago）大學理學碩士及食物化學博士，成績甚優。1918 畢業，1919 返國。
王季照季昭	江蘇蘇州	1888 年生，王季茞之姊；生長北京。1902 入上海中西女塾，1907 畢業。1907 秋以江寧官費留日，入神戶（Kobe）女子學院理科，1911 畢業。	1911 夏自費赴美，入樸摩那（Pomona）學院攻讀生物學，1913 入選生物學會。1914 入選科學會，為畢業生會、女青年會及佈道團會員；1913-1914 為堪薩斯州學生佈道團大會會員。著有〈鳥之血輪量法〉，刊於該校動物學季刊，1915 獲得文學士。旋入芝加哥大學師範科，1916 芝加哥社會經濟學校畢業，同年入太平洋神道學校攻讀聖經。1917 返國。曾獲得清華津貼。

〔註281〕林徽因，〈一九二七年三月十五日致胡適〉，頁 64、65。
〔註282〕同上，頁 64。

姓　名 字號	籍貫	生　年　與　出　身	留學時間、學校、學科與學位
石美玉 Mary Stone	同上	1873-1954；生於九江。侄石道生。7歲入九江儒勵女校，中小學畢業後，又就讀鎮江教會女校畢業。	教會贊助。1892入密西根大學醫科，4年畢業，芝加哥醫院實習後，1896返國。1907二度赴美進修。
李美珠 Bi-cu Li	福建閩侯	衛理會基督徒。牧師的女兒。	1897赴美，在美國費城學習8年，1905年獲得費城女子醫學院醫學士返國。
李瑪利 馬利	山東萊陽		教會資助赴美，攻讀化學與數學。伊利諾大學教育碩士，1915已經返國。
吳卓生	江蘇吳縣	生於上海，中西女校畢業；清末留日，廣島（Hiroshina）師範學校畢業，返國任教蘇州戴維孫紀念學校。	1910留美，就讀喬治亞州La Grange學院，獲得該校音樂文憑，以及亞特蘭大幼稚師範學校畢業；後在紐約大學主修音樂教育，獲得哥倫比亞大學師範學院教育學士（B.S.），1915獲得同校碩士返國。其夫劉廷芳也大約同時留美。
金雅妹 韻梅	浙江寧波	1864-1934；基督徒。父母早逝，由麥考迪夫婦收養，曾赴日學習。	教會資助。1881-1888紐約大醫院附設女子醫科大學醫學士第1名，畢業回國。
林惠貞	福建閩侯		自幼在美就學，攻讀醫科，留美期間獲得清華津貼。1920年初返國。
許女士 Louise Hui	廣東	父許芹，紐約華人教會牧師；母爲美國人。家中有姊妹六人，其一爲許雅麗（日後爲晏陽初夫人）。	紐約韓特學院習數理，後與張福良訂婚。
許金訇	福建福州	1865-1929；基督徒。福州教會女塾肄，福州婦女醫院學醫。	教會資助。1884俄亥俄中央威斯連女子學院肄業，時18歲。1896自費城女子醫科大學畢業返國。
曹芳芸 芳雲	江蘇蘇州	1871生於蘇州；弟錫庚。1883入上海教會女校肄業2年；1885蘇州教會女校肄業1年；1892入上海中西女塾，1897畢業。	1897.9自費抵美，入哥特（Cottey）學院，1902返國，任教上海中西女塾。1907獲兩江官費再留美，入衛斯理女子大學習理科。1909再入哥倫比亞大學師範科，1911獲學士返國。
曹麗雲	江蘇蘇州	1885生於蘇州；曹芳芸妹。1896入上海中西女塾，1901畢業；1902-1904曾留學日本長崎活水女校，成績優異，獲獎學金。	1905.10自費抵美，入林園大學醫科，1907入費城女子醫學院，爲該校級會會計及副會長、級刊編輯，1911獲學士，於馬利同生醫院實習，1912回國。
康成 愛德	江西九江	1873-1931；基督徒。九江桑林、儒勵女校畢業。幼曾留日長崎女校、赴美舊金山就讀。	教會資助。1882-1892密西根大學醫科學士；與石美玉同學。西北大學文學士。1896秋，實習後回國。1908-1910再度赴美，1911.3回國。

姓 名 字號	籍貫	生 年 與 出 身	留學時間、學校、學科與學位
彭元昭 （譯音）			1908 官費至美學醫，先後畢業於三所大學，屢次獲得榮譽獎。
黃子靜 夫人	安徽 ？	夫黃子靜，安徽籍，曾留日。	1899 偕夫自費至美，入康乃迪克州哈特福德（哈佛）高等中學校就讀；後同入密蘇里醫學專校。
舒彩玉			於 1907 年抵美，先入預備學校，1908-1912 入但尼森大學，學習理科。
蔡珍治	福建 仙遊		1914 年獲得俄亥俄州西北大學哲學士，主修醫學相關科系；後轉學教育。1917 年返國擔任醫院護理長。留美期間獲得清華津貼。丈夫姓黃。

表 3-3：清華特別費的實科女生名單

姓　名 字號	籍貫	生　年　與　出　身	留學時間、校系與學位
丁懋英 美英	江蘇 上海	1892 生，與楊步偉同學。1911 上海中西女校畢業。	清華特別生。1914 至美，入密西根大學，後獲得醫學博士。參加 1921 華盛頓的中國留美學生年會。1922 返國。
許端珪 世照 擂君 光宇	福建 福州	1887 生。祖父許揚美、父許則翰，均爲牧師。姑母許金訇。1901-1906 入福州英華女書院；1906-1908 歷任天津北洋女子公學、北洋女師、北洋高等女校等教員。1912-1913 任天津紅十字會長。	1913.9 官費抵美，入哥倫比亞大學習教育，1916 畢業；1917 獲得碩士返國。就讀哥大期間，爲中國學生會副會長、留美中國學生婦女青年會員。
鄒邦元 淑蕙	江西 高安	鄒邦玨（男，清華津貼生）的姊妹。	1910 年代留美，獲得醫學博士。
趙志道	江蘇 武進	1890 生。	留美期間獲得清華津貼。1916 布拉福大學生物系肄業。1918 年 3 月入中國科學社永久社員，8 月該社第三屆年會後，與楊銓（1893-1933）結婚。10 月 4 日返國。

表 3-4：1914-1927 年清華專科留美實科女生名單

姓 名字 號	籍貫	生 年 與 出 身	批別	留學時間、校系與學位
方連珍	江蘇上海	1896 生。	2	1916.9 至美；1921 密西根大學牙醫學士。
李清廉	廣東清遠		2	1916.9 至美；1917 密西根大學醫學士，1921 同校醫學博士。
陳翠貞貞翠	直隸北京	1898-1958。	2	1916.9 至美；1920 俄亥俄威斯連醫預科畢業；1924 爲約翰・霍浦金斯醫學院醫學博士，獲金鑰匙獎，爲榮譽學術團成員。1926 返國。
黃桂寶	江西九江	1897 生。	2	1916.9 至美，1917 在史密斯女子學院肄業，1921 獲芝加哥大學學士，專修家政學的飲食治療。1931 獲哥倫比亞大學理學碩士。
蔡秀珠	江蘇吳縣	1898 生。	2	1916.9 至美，1920 獲瓦撒女子學院化學學士，1921 哥倫比亞大學碩士。
鄺翠娥	廣東番禺	約 1901 生。	2	1916.9 至美；何樂山女子學院文理學士（Lib.Art）；再入康乃爾大學進修醫學。
嚴惠卿	福建閩侯	約 1897 生。	2	1916.9 至美；獲奧伯林學院文學士、約翰・霍浦金斯學院醫學博士（M.D.）。
丁素筠	山東披縣	1898 生。	3	1918 至美；1922 獲何樂山女子學院動物學士，1923 哥倫比亞大學音樂學碩士。
王淑貞	江蘇吳縣	1899-1991；生長北京。1917 入蘇州女醫校。	3	1918 至美；1921 獲芝加哥大學理學士，1925 約翰・霍浦金斯學院醫學博士（M.D.）。1926 返國。
朱蘭貞	江蘇嘉定		3	1918 至美；獲密西根大學醫學士、哥倫比亞大學動物學碩士。1923 返國。
章金寶	江蘇上海		3	1918 至美；1921 獲密西根大學醫學士。
楊保康葆康	江蘇無錫	1895 生；上海啓明女校畢業。楊絳的堂姊。	3	1918 至美；1922 獲衛斯理女子學院教育及植物學士，1923 哥倫比亞大學幼稚教育及教育碩士。
楊佩金	浙江鎮海		3	1918 至美；1922 獲得何樂山女子學院數學學士。
林同曜同耀	福建閩侯	上海培華女學畢業。	4	1921.8.12 赴美；伊利諾大學教育系肄業，1925 獲得雷克利夫女子學院生物及教育學士返國。
桂質良良質	湖北武昌	上海聖瑪利亞女學畢業。兄桂質廷，1895 生；1925 普林斯頓大學物理學博士。弟桂質柏，1900 生；1931 芝加哥大學博士。	4	1921.8.12 赴美；衛斯理女子學院教育系肄業，1926 獲得同校化學士；1929 獲得約翰・霍浦金斯學院醫學博士返國。
倪徵琮	江蘇吳江	先後畢業於上海聖瑪利亞女學、滬江大學女子學院。	4	1921.8.12 赴美；1924 獲得史密斯女子學院醫學士，1928 康乃爾大學醫學博士（M.D.）。

姓 名 字號	籍貫	生 年 與 出 身	批別	留學時間、校系與學位
陸愼儀	江蘇嘉定	1900 生，金陵女子大學肄業；長於中國文學。	4	1921.8.12 赴美；1924 獲得衛斯理女子學院數理學學士，1925 獲得康乃爾大學數理學碩士。
黃孝貞	湖北宜昌	1901 陰曆 4.7 生；父黃伯賓。幼隨父母留日，初小 4 年肄業。1912 家遷北京，入女子師範學校畢業。轉上海大同中學肄業 1 年。1920 考取北大預科，後因學潮，有 2／3 停課。	4	1921.8.12 赴美；入科羅拉多大學 1 年肄業，轉學雷克利夫女子學院先後專修數學、統計。1925 以 Magna cum laude 學績優，獲得學士，入選 Phi Beta Kappa 會員。1926 得同校統計學碩士。在劍橋初識 1920 清華留美同學李幹；1926.2 在康乃狄克州結婚，同年秋相偕返國。
王志宜	河北天津	北京培華女學畢業。	5	1923 至美；1927 獲得康乃爾大學醫學士。1931 密西根大學醫學碩士。
胡漢納	江西九江	上海中西女校畢業。	5	1923 至美；史羅克士（西拉克斯）大學醫科肄、俄亥俄牙醫學院畢業。
顧靜徽	江蘇嘉定	1900-1983；1923 大同大學肄業。	5	1923 至美；1926 獲得康乃爾大學物理系學士。1928 獲得耶魯大學數學及物理學碩士，1931 獲得密西根大學物理學博士返國。
張緯文	浙江吳興		6	1925 至美；康乃爾大學習化學科。
凌淑浩	廣東番禺		6	1925 至美；1928 獲得西方學院醫學士。
張　錦	山東無隸	1908（或 1911）生。	7	1927 至美，獲得密西根大學化學士、伊利諾大學化學碩士，1933 伊利諾大學化學博士。
曹簡禹	江蘇宜興	1907（或 1908）生；寄居江陰。	7	1927 至美，獲得康乃爾大學學士與碩士，專修植物生理學。1933 伊利諾大學化學博士返國。
龔蘭珍蘭眞	江蘇上海	1904 生；燕京大學畢業。	7	1927 至美；入哥倫比亞大學專攻營養學，1932 獲哲學博士。嫁許氏。

表 3-5：1912-1919 年間留美實科女生名單（清華官費女生除外）

姓名字號	籍貫	出 身 背 景	留學時間、校系與活動
王立明	安徽太湖	1896-1970；父早喪。1905-1908 福音小學畢業。1908-1912 九江儒勵書院畢業，留校任教。基督徒。	1916 以獎學金留美，1920 獲得伊利諾西北大學生物學士。
王安福	江西餘江	1888 生；父王正廷。1897-1902 就讀貴谿內地會 Wu-cheng 女中。1903-1910 九江儒勵學校畢業。1910-1912 任教九江但福德醫院。	1912.9 自費抵美，入西拉克斯（Syracuse）大學攻讀醫科，1913.5 返國。
王世靜 Lucy C. Wang	福建閩侯	1899-1983．祖父王仁堪；姊世秀，妹世瑜。1913 福州英華學校（華南女子文理學院預科）畢業。1917 同校大學畢業。	1919 以獎學金入晨邊（望城）大學化學系，1921 畢業；1921-1923 密西根大學化學碩士，曾獲得清華津貼。
王季玉	江蘇蘇州	1885-1967；母王謝長達，創辦蘇州振華女校。排行三女，有兄季烈、季同、季點，妹季茝、季昭。	1912 自費赴美；1916-1917 獲得清華津貼；1916 麻省何樂山女子大學文學士；再入伊利諾大學主修生物，1917 獲得理學碩士返國；1926 又入讀哥大師範學院及芝加哥大學，研究教育，畢業返國。
王恩梅		公理會基督徒。	遊美女醫士，1915 年已經返國行醫。
石成志 梅春枝	湖北黃梅	1881 生，18 歲嫁給石美玉之弟；惟婚後 2 個月，丈夫病逝，後生一遺腹子道生。由石家人悉心栽培，考入北平協和醫院學醫，後赴日學婦產科。	1910 年代由教會資助，赴美深造學婦產科。1920 年代已經學成歸國。
石美玉	湖北黃梅	1873-1954；生於江西九江。九江及鎮江教會學校畢業。1892-1896 留美密西根大學醫科畢業，1896 年 9 月返國，任九江醫院醫生。1907 再留美。	1915 由教會資助而三度赴美，獲獎學金，入約翰·霍浦金斯大學醫科研究，1916 返國。1918-1920 四度赴美進修。
石腓比	湖北黃梅	生長江西九江；石美玉之妹。	1913 獲得獎學金赴美學醫，獲得約翰·霍浦金斯大學醫學博士，1917 已返國。
伍哲英	福建長樂	1884-1960；福州文山女中肄業。1910 教會資助，就讀九江但福德醫院護士學校至 1915 年。	1915 入約翰·霍浦金斯大學醫院護士學校，1918 畢業；1919 紐約萊因醫院研究產科，同年回國。
伍智梅	廣東台山	1898-1956；伍漢持長女，夏葛醫科大學畢業。兄為留德醫學博士。	自費入芝加哥大學醫學院旁聽，研究麻醉術，1919 已返國。
沈彬貞	江蘇上海	1896 生。	清華津貼生（1917-1918），獲得西拉克斯大學理學士、芝加哥大學理學碩士返國。
李昂 Ang Lanfen Lee	雲南	1897?-1925。1913 年 4 月以雲南官費至日，1917 年 3 月東京女高師文科第 2 部畢業，成績普通，時 23 歲。	雲南特別生官費留美；1925 紐約哥倫比亞大學哲學博士。
李美步 美寶 Mabel	廣東南海	1897 生。父李韜，為前清舉人，曾任雲南財政廳長，後為紐約基督教華人牧師，主持華埠晨星書館。	1911 在紐約參加中國留紐學生會。1914 獲得廣東官費，入學哥大巴納德及師範學院，以成績優異，再取得清華津貼。1921 獲得哥大農事經濟博士。

姓　名 字號	籍貫	出　身　背　景	留學時間、校系與活動
范承俊	江蘇 蘇州	醫學士。歐戰期間參加美國紅十字會赴俄西伯利亞、海參崴服務，回國後有志向學，擬赴美研習。妹范承傑。	1919 年 8 月 5 日乘中國郵輪西渡留美。
陶慰孫	江蘇 無錫	1898 生於上海；1909 自費留日，東京女師理化科，後補上江蘇官費，1918 返國畢業；任北京女高師教員。	1919 年 6 月教育部選派赴美習化學，1921 哥倫比亞大學理學士；1922 獲得康乃爾大學碩士返國。
黃振華	湖南 長沙	1896 生；黃克強的長女。	1912 以稽勳局費赴美。獲哥倫比亞大學理學士、文學碩士。
曾茅雲	浙江		衛斯理女子大學肄業，獲得哥倫比大學學士，1920 以前返國，在上海女青年會女子體育師範學校任教理化科目。
楊秀芳	江蘇 ？		學醫，1927 已返國行醫。留美期間，與朱韻珩為至交好友，很可能 1920 年以前留美。
楊紹蓮			1918 赴美，入麻省理工學院習化學。
楊蔭榆	江蘇 無錫	1884-1938；楊蔭杭（1878-1945）妹。1907-1912 年曾留日習理科。	1918 教育部費選派教授赴美，入哥倫比亞大學，主修教育學，副修算學及應化學，獲碩士學位。1923 年返國。
戴女士 Mary F. Tai	江蘇 蘇州	蘇州出身的女醫生。	被指定得到洛克斐勒醫藥獎學金，1919 秋正在紐約市進修。是醫學榜上第一位獲此榮譽者。

表 3-6：1920-1927 年留美實科女生名單（清華官費女生除外）

姓名 字號	籍貫	生 年 與 出 身	留學時間、學校與活動
刁亞芳	山東 蓬萊	約 1901 生，九江儒勵書院畢業。	1920 初呈請赴美學醫科，留學期間籌定經費為每年 1 千元，由世誼山東交涉署科員王蘭汀作保。
王非曼	山東 齊河	1904 生。	麥克那斯特學院化學系畢業；明尼蘇達州立大學家政系畢業；哥倫比亞大學家政碩士；1942 已返國。
王宗瑤	江蘇 丹徒	北京女子師範學院出身。	1925 自費留美；密西根大學化學系畢業。
王桂苓	直隸 灤縣	北京慕貞女校畢業。	1923 年 5、6 月間核准自費赴美，習看護。
王素貞	江蘇 江寧		自費留美學醫。後獲得清華津貼。1921 年在美請補江蘇官費缺額。
王逸慧	福建 閩侯	1899-1958；1923 獲上海聖約翰大學醫學院博士學位。	1926-28 先後入辛辛那提大學醫學院、約翰霍浦金斯大學醫學院進修。
王女士 W. Rose			1920 年代留美醫學士。
方雪瓊	福建 泉州		1920 年代留美，科羅拉多大學文學士，波士頓大學醫學士。1931 以前返國。夫姓宋。
任倬	浙江 杭州	1919 金陵女大畢業。	1923 自費入密西根大學習醫科。
朱瑞禎	湖北	東北女師畢業。	1920 考取湖北公費備取，次年核補官費赴美學醫。
何守瓊 露茜	福建 閩侯		獲得清華津貼。1925 獲得波士頓大學醫學士返國。
何靜安	遼寧 新民	大約 1902 生；燕京大學畢業。	1924.9 赴美；奧理岡大學家政學碩士，輔修營養學。
沈驪英 家蕙	浙江 桐鄉	1897-1941；父沈欣伯，為巴黎大學法學博士；1918 上海神州女中畢業，1922-1923 燕大肄業。	1925 以獎學金入衛斯理女子學院，習植物學，1928 畢業，成績優異，獲選為 Atopa 學會會員；1929 夏康乃爾大學習作物育種學畢，同年返國。
李淑香		燕京大學肄業，北京協和醫院服務。	1923 年 5、6 月間核准自費留美，1927 赴美，習專門飲食衛生學術科。
李舜鶯	福建	華南女子文理學院畢業。	1924 自費入西里亞大學習植物學。
李舜匋 舜包	福建 仙遊	約 1901 生；1924 華南女子文理學院畢業。	1924-1927 自費入衛斯理女子學院習植物學，後獲芝加哥大學生物學碩士。
余寶笙	福建 莆田	1904 生；8 歲入福州陶淑女中；華南女子文理學院畢業；基督徒。	1924 自費入望城大學化學系，1927 畢業，1928 哥倫比亞大學化學碩士。
何彙蓮	江蘇 吳興	約 1904 生；上海中西女校畢業。	1924 自費入衛脫華司大學習自然科學。

姓名字號	籍貫	生年與出身	留學時間、學校與活動
吳辟疆	四川成都	約 1901 生，父吳虞。成都華美女中畢業；兄吳永權，北京法專教員。	1920.1 核准自費赴美學理化。嫁潘氏為妻。
吳克婉 仲和	安徽	約 1903 生，	獲得清華津貼。1928 年取得西拉克斯大學理學士，主修理科。
吳貽芳	浙江杭州	1893.1-1985；父母兄姊均早逝。1904-1915 先後入讀杭州女校、上海啟明女校、蘇州景海女校、北京女師；1919 金陵女大首屆畢業；任教北京女高師。	1922.8 獲得巴勃獎學金，次年赴美，就讀密西根大學，主修生物學，1927 獲昆蟲學博士，1928 回國。
吳瑞蘭	福建宣化		1925 自費入柏省醫院護士學校看護科。
林平卿	江蘇	1898 生。	獲得清華津貼，1931 獲威斯連女子大學心理學學士。
林徽因 徽音	福建閩侯	1904-1956；父林長民。培華女中肄業赴美。1919 曾留英，入倫敦瑪利亞女中 1 年。梁思成未婚妻。	1922 考取清華津貼赴美。入賓州大學美術系，選修建築系課程，1925-1926 獲得津貼。1927 以優異成績畢業（B.F.A.）。又至耶魯大學專習舞台設計半年，赴加國結婚。
花多秀	安徽潁上	約 1903 生，上海三育中學畢業。	1924.7 核准自費赴美入加州護士科。
胡俊	安徽桐城	約 1899 生，北京女師畢業。	1924.7 核准自費赴美習數理。
姜愛梅 阿梅	山東即墨	協和女醫校畢業。	1921 自費入密西根大學醫科，後獲醫學士，1925 返國。
姜愛蘭 阿蘭	山東即墨	姜阿梅的妹妹。	1921 自費入密西根大學醫科，1923 仍在學。
范承傑 承杰	江蘇蘇州	1895-1985；1922 金女大畢業，曾任教蘇州振華女校中學部。姐范承俊。	1925 年左右入密西根大學醫科，受吳貽芳照顧。
馬恭令 心儀	山東臨淄	山東女師出身；1921 上海體育專門學校畢業。	1924.2 核准山東津貼赴美習體育。1930 德克薩斯大學植物學博士。
高君韋	福建長樂	約 1903 生，滬江大學出身。高君珊之妹。	1924 自費留美，入康乃爾大學習自然科學。後獲得清華津貼。
高君珊	福建長樂	約 1895 生；高夢旦長女。	自費留美，1922 入哥倫比亞大學，後獲教育心理學碩士，1925 返國。1929 二度赴美。
高振貞	福建仙遊	約 1905 生，福州華南女中出身。	1924 自費留美，入白洛司白大學習看護科。後獲得清華津貼。
孫芝淑 之淑	安徽合肥	約 1902 生；1923 金女大畢業。	1922 年自費留美，哥倫比亞大學習家政與營養學碩士。
陳潔如	浙江鎮海	蔣介石第三任妻；1970 病逝香港。	1927-1933 自費留美；入哥倫比亞大學。後入賓州一所園藝學校就讀，學養蜂、園藝。

姓名字號	籍貫	生年與出身	留學時間、學校與活動
陳懿祝	福建海澄	約 1909 生。	西羅印大學學士，哥倫比亞大學教育暨心理學碩士。
陶善敏	浙江嘉興	1896 生；1922 金陵女大畢業。祖父陶謨，曾任清末新疆巡撫、陝甘總督、兩廣總督。父陶保霖，1920 接辦《東方雜誌》。姊陶善敦。	1922-1924 以巴勃獎學金入密西根大學醫學院牙醫預科；1926-1927 入約翰‧霍浦金斯大學，獲理學博士；1927-1928 於密西根州立醫院實習，1928 返國。
陶漱石	江蘇嘉定	江蘇女醫學校畢業。	1920 年代初期入費城女子醫科大學，爲研究員，1921 已返國行醫。
尉遲瑞蘭	江蘇江寧	1898-1981；1918 九江儒勵女中畢業。	1923-1928 先後入密西根大學醫院護校、芝加哥醫院護校、印地安納若利兒童醫院、芝加哥歐那拿依護校學習。
張瑞芬惠蓮	廣東恩平	1904 年生。	17 歲（1921）赴美，康納城多利音樂學院、南加州大學攻讀，1931 考入林肯航空學校，專學飛行。後獲私人飛行執照，畢業後又隨著名飛行專家學習 5 年，1935 獲得國際飛行執照。
張匯蘭	江蘇南京	1898.1 生，1919 上海女青年會體育師校畢。	1920 赴美，威斯康辛大學體育學士；1925 入麻省理工學院，1926 獲生物學碩士；1938 入愛阿華州立大，1944 獲公共衛生博士。
張鏡歐	江蘇上海	蘇州振華女校高中畢業，1921 年爲該校大學預科生。	1922 上半年獲得杜威夫人贈給振華女校的獎學金名額赴美留學。芝加哥大學研究院肄業，攻讀家政？。1927 年上半年返國。夫姓許。
黃韻松	江蘇	上海中西女校畢業。	1923 自費赴美，入太利尼大學醫科。
馮麗榮		1901 生。	1932 密西根大學物理學博士。
楊紹蓮			入麻省理工學院主修化學。
楊雲英	安徽當塗	約 1899 生，華北協和女醫校畢業。	1927 年 7、8 月間核准自費赴美習醫。
楊崇瑞	河北通縣	1891-1983；1917 華北協和女醫校畢業，自願赴黃汜區爲農民醫療；又投身婦幼衛生保健。	1925-1927 入約翰霍浦金斯大學醫學院研究。
鄒愛蓮	廣東番禺	中學肄業。	1924 年 7 月核准自費赴美，擬學醫藥。
鄒靜嫻	浙江鄞縣	約 1901 生；金女大出身。	密西根大學理學碩士。1927-1932、935-1937 在金女院生物系任教。
葛成慧	江蘇嘉定	北京協和女醫校畢業。	1921 官費留美習產科，1925 獲耶魯大學公共衛生碩士返國。1929 得到 Fellowship 獎學金，就讀密西根大學，1931 夏返國。
劉叔庭	直隸北京	1902 生。	1923 年赴美遊學，入密西根大學攻讀理科，先後獲得學士、碩士、博士（1930）。
劉劍秋		1919 金陵女大第一屆畢業。	1920 年代初期自費赴美學醫，1923 仍在美。

姓 名 字號	籍貫	生 年 與 出 身	留學時間、學校與活動
劉德珍	湖北 漢口		1925-1928 獲得清華津貼。哥倫比亞大學巴納德學院動物學士，1928 同校動物學碩士。
潘景之 景芝	江蘇 吳縣	1901（1899）-1968；1920 天津婦嬰醫院護校畢業。上半年	1923 入密西根大學護士師資班，再入哥倫比亞大學師範學院教育系和醫院管理系；1925 返國。
鄺文英	廣東 台山	約 1897 生；父鄺元亮。曾在天津公學、九江儒勵女中、金陵女大學肄業。	1920.6 核准自費留美習醫科；愛阿華州大學學士，後研究化學，又習商科。1930 已返國。
藍玉杏 如溪 Alice	湖北 廣濟	1905 生於江西九江。藍如涓之妹。基督徒。父母雙亡後，隨胡遵理與石美玉生活，1920 遷居上海。1923 上海美南浸信會晏摩氏女子中學畢業後，任教伯特利中學。	1926 由教會資助赴美，先入讀泰勒（Taylor）大學，後轉學阿士貝理（Asbury）學院，主修化學。1929 獲得理學士返國。曾獲得清華津貼。
藍玉蘭 如涓	同上	約 1900 生。基督徒。父母雙亡後，隨胡遵理與石美玉生活，於 1920 隨遷居上海。	1920 年代初期留美，西北大學文學士，於 1925 獲得密西根大學碩士，1926 返國。
鄺雲鶴	山東 濟南	1900 生，養女出身，16-19 歲讀畢小學 8 年課程，以優異成績考入濟南女師；1922-1926 北京女高師理科畢業。	1927 以山東省費入俄亥俄州大學，次年獲碩士；1931 獲化工博士，次年返國。